智能汽车设计与制作

——大学生智能汽车竞赛教程

主编　蒋　强　杨济豪　李富钢　范　兵
参编　郭劭杰　刘仁平　廖　聪　陈　龙
　　　郑钰欣　钟　磊　胡观慧　吕乾辉

電子工業出版社
Publishing House of Electronics Industry
北京·BEIJING

内 容 简 介

本书是产教融合产物，以大学生比赛用智能小车为对象，系统地阐述了全国大学生智能汽车竞赛的相关知识。主要内容包括全国大学生智能汽车竞赛赛事介绍，车模介绍，智能汽车设计基本知识，智能汽车硬件电路原理图设计、PCB 设计、电路调试，机械设计，系统软件设计，整车调试等。本书以全国大学生智能汽车竞赛实际赛题为例子，详细介绍设计、制作、调试过程和方法，以设计制作智能小车的流程为主线，详细阐述硬件及软件等环节的相关技术，融入了编者多年指导竞赛的经验，为对电子设计与制造感兴趣的大学生及爱好者提供较为详细的指导和参考。

本书适合具有单片机技术、C 语言编程基础的电子信息、智能制造、通信、低空飞行器、人工智能、自动化、电气、测控等专业的专科、本科学生作为教材，也可以作为对智能汽车感兴趣的技术人员、自学者的参考书。

图书在版编目（CIP）数据

智能汽车设计与制作 ： 大学生智能汽车竞赛教程 / 蒋强等主编. -- 北京 ： 电子工业出版社, 2025. 6.
ISBN 978-7-121-50496-9

Ⅰ. U46

中国国家版本馆 CIP 数据核字第 2025L4S247 号

责任编辑：李晓彤
印　　刷：泰安易捷数字印刷有限公司
装　　订：泰安易捷数字印刷有限公司
出版发行：电子工业出版社
　　　　　北京市海淀区万寿路 173 信箱　邮编：100036
开　　本：787×1 092　1/16　印张：11.5　字数：304 千字
版　　次：2025 年 6 月第 1 版
印　　次：2025 年 6 月第 1 次印刷
定　　价：49.90 元

凡所购买电子工业出版社图书有缺损问题，请向购买书店调换。若书店售缺，请与本社发行部联系，联系及邮购电话：（010）88254888，88258888。

质量投诉请发邮件至 zlts@phei.com.cn，盗版侵权举报请发邮件至 dbqq@phei.com.cn。

本书咨询联系方式：（010）88254177，lixt@phei.com.cn。

前　言

本书是乐山师范学院与成都逐飞科技有限公司深度合作共建，聚焦全国大学生智能汽车竞赛的优秀产教融合教程。本书从读者的需求出发，以设计、制作、调试好一辆智能小车为目标，构建教程内容和架构，旨在为大学生及智能汽车爱好者提供一本较为全面、系统，且具有实战指导价值的参考书。

全国大学生智能汽车竞赛是以模型类智能汽车为研究对象，开展的具有创意性、工程性、探索性的科技活动，是面向全国大学生的一种人才培养新模式，是教育部大力倡导的一项重要科技赛事。该项赛事最初叫作全国大学生“飞思卡尔”杯智能汽车竞赛，由飞思卡尔半导体公司冠名。我国大学生智能汽车竞赛的首届比赛于 2006 年由清华大学承办。该竞赛以“立足培养，重在参与，鼓励探索，追求卓越”为指导思想，旨在促进高等学校素质教育，培养大学生的综合知识运用能力、基本工程实践能力和创新意识，激发大学生从事科学研究与探索的兴趣和潜能，倡导求真务实的学风和团队协作的人文精神。

我国高校肩负着“为党育人、为国育才”的历史使命，如何培养出高质量人才，各高校都进行了积极探索。为此，必须深刻理解工科专业人才培养标准。工科专业为行业培养高素质工程师及技术研发人员，特别强调工程性和实践性，即解决工程实际问题的能力。这也就决定了工科专业的学习方法和知识获取途径有别于理科和文科，学生学习专业知识最重要的途径之一就是实践训练，理论联系实际。很多院校特别重视实践育人环节，搭建实践平台，创新培养模式，“以赛促学、以赛促教、赛教结合”已成为众多高校工科人才培养的首选模式。全国大学生智能汽车竞赛就是一个实践锻炼的舞台，为此，各高校都积极融入该项赛事，将其作为创新型、应用型人才培养的平台。

全书共 8 章。

第 1 章：阐述从事智能汽车行业的意义和价值，以及全国大学生智能汽车竞赛的来历、规则与发展。

第 2 章：阐述智能汽车竞赛如何助力个人成长。

第 3 章：介绍智能汽车竞赛车模、开发软件、常用元器件、硬件电路设计软件的操作步骤等，为读者建立起智能汽车开发的基础框架。

第 4 章：着重讲解智能汽车竞赛常用车模的调校方法，包括相关硬件模块在车模上的安装步骤说明，以及自制车模的设计方法。

第 5 章：对智能汽车上常用的传感器展开讲解，包括电磁传感器、CCD 传感器、图像传感器、测速传感器、测距传感器等。

第 6 章：介绍智能汽车硬件电路中的电源模块、基本输入输出电路、数据采集模块、最小系统模块、MOS 驱动电路等，它们共同构建起完整的硬件电路体系。

第 7 章：讲解智能汽车系统软件设计及调试方法，详细阐述软件框架的搭建思路，解析输入输出的运作机制，介绍赛道信息采集的方法与要点，探讨转向、速度控制的策略，以及各类特殊元素的处理方式。

第 8 章：阐述整车调试方法，包括机械调试、传感器调试、舵机电机调试、基本赛道调试、特殊元素调试。整车调试是保障车模稳定运行的关键环节。

本书由乐山师范学院蒋强教授担任第一主编，负责全书整体架构及统稿工作，并完成第 1、2 章的编写。其余主编分工如下：杨济豪主要完成第 7、8 章的编写，李富钢主要完成第 3、5 章的编写，成都逐飞科技有限公司（简称逐飞科技）的范兵主要完成第 4、6 章的编写。另外，还要感谢乐山师范学院电子信息与人工智能学院的郭劭杰、刘仁平、廖聪、陈龙、郑钰欣、钟磊、胡观慧、吕乾辉等为本书编写所做的大量工作。

人才的竞争力是什么？如何才能提高自身在社会中的竞争力？这是摆在我们每个青年人、当代大学生面前的现实问题。简单来说，就是别人不能解决的问题你能解决，对于新技术你能花比别人少的时间去掌握，以及具备创新能力。这个回答看似简单的一句话，但充分体现了“厚德载物”的哲学思想。智能汽车领域所需的专业知识是多方面的，不仅包括电子工程、计算机科学等技术知识，还包括系统思维和跨学科的综合能力。随着技术的不断进步和行业的发展，这些知识需求也在不断更新和扩展。智能汽车是一个综合多种技术的载体，参与智能汽车竞赛可以在多个层面上助力个人成长，个人的专业能力、综合素养也会得到显著提升。

通过本书的学习，相信能打牢你的专业知识基础，更能锻造出你不怕困难、追求卓越的精神品质，也能塑造你取得成功的“韧劲”。

编者

2025 年 4 月

目　录

第1章　全国大学生智能汽车竞赛发展概况

智能汽车的发展离不开两个关键因素——市场和人才。全国大学生智能汽车竞赛是促进智能汽车发展的重要基础性工作，为其提供人才支撑。智能汽车发展的市场成为拉动汽车产业发展的强大动力，也带动了汽车电子产业发展，促进了相关专业的人才培养。智能汽车最好的载体就是新能源汽车，所以，本章首先介绍该类型汽车的发展情况。全国大学生智能汽车竞赛重在培养创新型人才，服务于汽车电子产业的快速发展，以及各行各业的智能化改造升级。本章重点介绍中国新能源汽车发展情况和全国大学生智能汽车竞赛相关情况。

1.1　新能源汽车发展概况

根据中国汽车工业协会、中商产业研究院公布的数据，从2018年到2023年，我国新能源汽车发展非常迅速，在新车中的市场占比逐年显著提高。详细对比数据见表1-1。

表1-1　2018—2023年中国汽车销量数据

年　份	汽车销量/万辆	新能源汽车销量/万辆	新能源汽车销量占比
2023	3009.4	949.5	31.5%
2022	2686	688.7	25.6%
2021	2627	352.1	13.4%
2020	2531	136.7	5.4%
2019	2571	120.6	4.7%
2018	2808	125.6	4.5%

数据来源：中国汽车工业协会、中商产业研究院整理

从表1-1可以看出，从2018年到2022年，我国汽车销量整体基本稳定在2600万辆左右。新能源汽车的销量，2019年比2018年略低，占比增长0.2个百分点；从2019年到2023年，新能源汽车的销量和占比都呈现大幅度增长。

从技术层面看，新能源汽车正在成为集先进电子信息技术、人工智能技术、通信技术、自动化技术、先进制造技术等为一体的平台和载体。从绿色和可持续发展战略层面看，我国提出了“3060”双碳目标，全球各国也都提出了相应的双碳政策，这为新能源汽车的发展提供了环境和政策保障。现阶段新能源汽车全球发展态势良好，呈现勃勃生机，国内、全球新能源汽车制造业竞争激烈，这充分体现了其代表未来发展方向，市场和人才需求巨大。

1.2　全国大学生智能汽车竞赛的由来

全国大学生智能汽车竞赛是以模型类智能汽车为研究对象，面向全国大学生，开展具有创意性、工程性、探索性的科技活动的一种人才培养新模式，是教育部大力倡导的一项重要科技赛事。

这项赛事最初叫作全国大学生“飞思卡尔”杯智能汽车竞赛，由飞思卡尔半导体公司冠名，起源于韩国，由韩国汉阳大学汽车控制实验室在飞思卡尔半导体公司资助下举办，是一项以HCS12单片机为控制核心的大学生课外科技竞赛。后续又冠名“恩智浦”等名称。

我国大学生智能汽车竞赛的首届比赛于2006年由清华大学承办。该竞赛以“立足培养，重在参与，鼓励探索，追求卓越”为指导思想，旨在促进高等学校素质教育，培养大学生的综合知识运用能力、基本工程实践能力和创新意识，激发大学生从事科学研究与探索的兴趣和潜能，倡导求真务实的学风和团队协作的人文精神。

全国大学生智能汽车竞赛全国比赛的主办单位为教育部高等学校自动化类专业教学指导委员会，各省的比赛由省教育厅主办。

竞赛包括竞速赛和创意赛，因创意赛的组织方式、评判标准等与竞速赛是独立的，可以视为不同比赛，各省及各赛区的全国大学生智能汽车竞赛均指竞速赛，故本书中未特别说明时均只针对竞速赛。

1.3 全国大学生智能汽车竞赛的组织

1.3.1 竞赛的组织形式

全国大学生智能汽车竞赛的组织遵循“政府倡导、专家主办、学生主体、社会参与”十六字方针，充分调动各方参与的积极性。

（1）领导与组织机构

全国大学生智能汽车竞赛由教育部高等教育司委托教育部高等学校自动化类专业教学指导委员会（即原教育部高等学校自动化专业教学指导分委员会，以下简称“自动化教指委”）主办，并负责指导全国范围内的竞赛工作。

竞赛设立秘书处，包括主任一人，副主任若干人，主持全国大学生智能汽车竞赛的日常工作，竞赛秘书处挂靠清华大学。

在竞赛秘书处协助下，挑选学校分别组织竞赛的分/省赛区预赛和全国总决赛。

（2）竞赛组织委员会

每届全国竞赛组织委员会由自动化教指委、主赞助企业、竞赛秘书处、竞赛承办学校的有关领导和专家组成，负责决定竞赛的重要事项并指导分/省赛区预赛和全国总决赛的相关工作，审核并投票决定下一届全国总决赛的承办单位。

各分/省赛区竞赛组织委员会由所在省（自治区、直辖市）教委（教育厅、局）、承办学校相关教学指导委员会委员及高校领导与专家、企事业单位代表组成，负责本赛区的竞赛组织领导工作。

（3）竞赛秘书处

竞赛秘书处是竞赛的常设组织与运行机构。竞赛秘书处在自动化教指委领导下，直接负责各届竞赛的组织工作，包括确定各分/省赛区的承办学校，进行比赛指导工作与赛后总结等。竞赛秘书处设置技术组、宣传组和综合组。

技术组负责每届全国竞赛的总体方案设计、竞赛题目预研与竞赛命题；制定和修改竞赛规则，落实竞赛器件和组织培训；协调分/省赛区预赛和全国总决赛的竞赛技术工作。

宣传组负责整个竞赛的宣传报道；组织与指导各分/省赛区预赛和全国总决赛的宣传报道；维护和更新竞赛官方网站；组织竞赛有关出版物的出版发行。

综合组负责联系主赞助企业，协调竞赛经费的申报和分配；协调和联系社会赞助事宜；组织与指导各分/省赛区与总决赛后勤保障工作。

1.3.2 竞赛的参赛与规则

在广泛征集的基础上，竞赛秘书处技术组统一进行分/省赛区预赛与全国总决赛的命题工作。

（1）竞赛题目要求

竞速赛题目应该具有客观的评价指标，可以通过独立的电子裁判系统现场完成成绩评定，避免人为和主观因素的影响，保证公平、公正、公开的竞赛原则。竞速赛题目可采用统一命题，也可以分成不同组分别命题，以适应参赛高校与学生的广泛性；其难度原则上应该符合大学本科的教学要求，易于制作和实现，对于由学生组成的参赛队，能在指导教师的辅导下于 6 个月内完成。竞速赛题目的内容原则上应包括汽车模型的组装和改造、嵌入式系统的开发和调试、传感器的选择与测试、综合信息处理与算法设计等。

（2）分/省赛区竞赛

分/省赛区竞赛分为预赛与决赛两个阶段，并根据当年报名参赛的队伍总数，按照一定比例确定各分/省赛区进入全国总决赛的队伍名额，选拔本赛区竞速赛进入全国总决赛的竞赛队伍。分/省赛区可以设立一等奖、二等奖、三等奖及优胜奖等各类奖项。

（2）全国总决赛

全国总决赛的竞赛工作由全国竞赛组织委员会组织，竞赛秘书处指导，承办学校执行。

全国总决赛期间的比赛一般分为预赛与决赛两个阶段。全国总决赛设立各类竞赛奖项及优秀组织工作奖等，名额由每届全国竞赛组织委员会按照一定比例确定。其中竞速赛设一等奖、二等奖；其他奖项由每届全国竞赛组织委员会视具体情况确定。

（4）异议制度

为保证全国大学生智能汽车竞赛评奖工作的公正性，对全国和各分/省赛区的评奖结果坚持执行异议制度，异议须由参赛队指导教师代表参赛队伍以书面形式提出，签署本人姓名，注明参赛队伍所在单位、通信地址；各分/省赛区竞赛组织委员会和全国竞赛组织委员会必须对提出异议的参赛队伍及所在单位严格保密，对异议的审议结果在适当场合予以公布。

全国竞赛组织委员会充分尊重各分/省赛区的比赛结果与评奖结果，各分/省赛区比赛过程中与评奖结果出现的异议由各分/省赛区比赛仲裁委员会协调解决。

1.4 全国大学生智能汽车竞赛的参赛情况

全国大学生智能汽车竞赛自 2006 年由清华大学承办第一届开始，到 2024 年，已连续举办了十九届，参赛高校数及队伍数均快速增长，并稳定在高位。除疫情期间采用线上比赛以外，竞赛均采用线下比赛方式，以及分/省赛区和全国总决赛相结合的方式，只有在分/省赛区获得一等奖的队伍才有资格参加全国总决赛，充分体现了该项赛事在全国高校的热度。具体数据见表 1-2。

表 1-2 历届全国大学生智能汽车竞赛全国总决赛基本信息表

届数（年份）	承办单位	全国总决赛参赛高校数（队伍数）	所设组别	备注
第一届（2006 年）	清华大学	57（112）	光电组	
第二届（2007 年）	上海交通大学	130（242）	光电组	
第三届（2008 年）	东北大学	190（551）	摄像头组、光电组	
第四届（2009 年）	北京科技大学	230（780）	摄像头组，光电组，（创意组）	
第五届（2010 年）	杭州电子科技大学	100（180）	摄像头组，光电组，电磁组，（创意组）	

续表

届数（年份）	承办单位	全国总决赛参赛高校数（队伍数）	所设组别	备注
第六届（2011年）	西北工业大学	101（186）	摄像头组，光电组，电磁组，（创意组）	
第七届（2012年）	南京师范大学	118（195）	摄像头组，光电组，电磁组，（创意组）	
第八届（2013年）	哈尔滨工业大学	120（202）	摄像头组，光电组，电磁组，（创意组）	
第九届（2014年）	电子科技大学	126（205）	摄像头组，光电组，电磁组，（创意组）	
第十届（2015年）	山东大学	138（219）	摄像头组，光电组，电磁组，（创意组）	
第十一届（2016年）	中南大学	141（283）	摄像头组，光电组，电磁组，电轨组，双车追逐组，信标越野组，（创意组）	
第十二届（2017年）	常熟理工学院	168（365）	普通电磁组，电磁节能组，电磁追逐组，光电四轮组，光电直立组，光电追逐组，创意组四旋翼导航组，创意组双车对抗组	
第十三届（2018年）	厦门大学嘉庚学院	153（348）	光电四轮组，电磁三轮组，直立两轮组，双车会车组，无线节能组，信标对抗组	
第十四届（2019年）	山东大学威海校区	185（391）	四轮组，三轮组，双车组，节能组，信标组，室内对弈组，室外电磁组，室外光电组	
第十五届（2020年）	南京信息工程大学	225（300）	普通四轮组，双车接力组，直立节能组，声音信标组，AI 电磁组	
第十六届（2021年）	哈尔滨工程大学	450（2317）	基础四轮组、全向行进组、双车接力组、节能信标组、单车拉力组、电磁越野组、智能视觉组、专科基础组	分/省赛区线上比赛，所以参赛高校数和队伍数多
第十七届（2022年）	南京信息工程大学	200（515）	四轮电磁组，四轮摄像头组，多车编队组，平衡单车组，无线充电组，平衡信标组，智能视觉组，极速越野组，完全模型组，电磁专科组	
第十八届（2023年）	天津工业大学	252（508）	负压电磁组，三轮摄像头组，电能接力组，独轮组，极速越野组，单车越野组，智能视觉组，完全模型组，声音信标组	
第十九届（2024年）	哈尔滨工程大学	236（550）	气垫船组，摩托组，镜头组 infineon，镜头组 STC，镜头组 NXP，AI 视觉组，完全模型组，独轮组，越野信标组，电磁组	

从过往数据不难看出，全国大学生智能汽车竞赛是伴随电子信息、人工智能等技术的发展而不断发展的，比赛组别随着新技术的加入不断增加，由最初的 1 个组别发展到 2024 年的 10 个组别，参赛高校数和队伍数也不断增加，所以全国总决赛只能采取限制措施，只有获得各分/省赛区一等奖的队伍才具有参赛资格。这充分说明，该项赛事在人才培养、师资建设、专业建设等方面的重要作用，全国大学生智能汽车竞赛因此得到国内包括清华、北大等知名高校的高度认可。

第 2 章　智能汽车竞赛是你成长的沃土

工科专业的主要职能是为行业培养高素质工程师及技术研发人员，特别强调工程性和实践性，即解决工程实际问题的能力。因此工科专业的学习方法和知识获取途径有别于理科和文科，学生学习专业知识最重要的途径之一就是实践训练，理论联系实际。对于如何开展工科人才培养，很多本科院校特别重视实践育人环节，搭建实践平台，创新培养模式。“以赛促学、以赛促教、赛教结合”已成为众多高校工科人才培养的首选模式。全国大学生智能汽车竞赛就是一个实践锻炼的平台。为此，各高校加强训练平台建设，为社会培养了一批又一批优秀人才。乐山师范学院特别重视学生创新、实践能力培养，为学生提供了优良的训练环境，成立了乐山师范学院大学生创新训练中心，专用场地 400 平方米，配备工程能力强的师资作为指导教师。

2.1　智能汽车竞赛的专业知识需求

智能汽车领域需要具备的专业知识涵盖了多个方面，主要集中在电子工程、计算机科学和自动化控制等领域。以下是一些重要的知识需求。

电子与电路知识：包括数字电路和模拟电路的设计，这是智能汽车硬件开发的基础。

编程语言：C 语言是嵌入式系统开发中常用的语言，对于智能汽车的软件工程师来说尤为重要。

自动化控制：理解自动控制原理是进行车辆动态控制和稳定性分析的关键。

计算机原理：了解计算机工作原理有助于开发和维护车载计算机系统。

算法开发：算法工程师需要掌握机器学习、图像处理等先进技术，用于自动驾驶和环境感知等功能的开发。

车载芯片和硬件开发：硬件工程师应具备车载芯片设计和开发的能力，这是智能汽车性能提升的关键因素。

综上所述，智能汽车领域所需的专业知识是多方面的，不仅包括电子工程、计算机科学等技术知识，还包括系统思维和跨学科的综合能力等。随着技术的不断进步和行业的发展，这些知识需求也在不断更新和扩展。

2.2　智能汽车竞赛如何助力个人成长

智能汽车是一个综合多种技术的载体，参与智能汽车竞赛可以在多个方面助力个人成长，个人的专业能力、综合素养都会得到显著提升。

（1）专业能力方面：智能汽车竞赛是一个多技术综合应用平台，通过设计和制造智能汽车，可以将理论知识转化为实际应用，提升工程实践能力，加深对智能汽车技术的理解，提升应用知识的能力，从而实现个人在技术层面的提升和成长。

（2）创新思维方面：通过竞赛鼓励创新和提升解决实际问题的能力，在竞赛中可能需要设计新算法或改进车辆设计、创新控制结构、提升控制性能，这有助于培养创新思维。

（3）动手能力方面：在提出控制思路后，需要设计加工出控制板，将一堆零散的元器件正确地焊接到位，并用万用表、示波器、信号源等仪器进行上电检查，最后安装到智能小车上进行各种测试和在赛道上调试；在比赛中，需要动手操作调整各种参数，准确发车。从编程到硬件调试，每个环节都需要主动投入，积极动手去完成，这将大大提高个人的实践动手能力，以及工程能力。

（4）团队意识和沟通能力方面：智能汽车竞赛通常是 3 人组成团队，分工合作，成员之间必须有良好有效的沟通协作。通过制作车模和比赛，能培养每位队员的团队合作与沟通意识和能力。在这个过程中，可以学习如何与他人合作，分工协作，共同解决问题。项目的成功往往取决于团队成员之间的有效沟通。参与竞赛可以提高个人的沟通能力和协调能力，为走入职场、融入团队打下坚实基础。

2.3 智能汽车竞赛获奖后的收获

2.3.1 专业能力显著提升

从组委会给出智能汽车竞赛的比赛组别和要求，到智能汽车能在赛道上飞驰，这本身就是一个工程问题，需要设计控制电路、编写程序、对智能汽车的结构进行设计、分模块调试及整车调试，每个环节都是挑战。要实现这个目标需要解决无数个实际问题，反复进行发现问题—解决问题的过程，不断检阅着知识掌握情况和应用知识的能力，也逐渐培养了思考问题、解决问题、探索创新的能力。智能汽车是体现知识和能力的一个载体，通过实践应用，对智能汽车相关技术的理解会更加深入，技术知识得到了深化；设计智能汽车需要综合考虑性能、成本、可靠性等多方面因素，能够提升工程设计和系统优化的能力；智能汽车竞赛通常涉及编写和调试代码，可以提升编程技能，熟悉嵌入式系统开发。

2.3.2 综合素养明显提高

在智能汽车竞赛中，选手们精诚合作，各司其职，不仅在竞赛中取得了优异的成绩，更在个人综合素养上得到了很好的锻炼。这包括：团队能力，领导力，沟通技巧，时间管理能力，适应能力和灵活应变能力，抗压能力。智能汽车竞赛通常需要团队协作完成，参与其中可以培养与人合作、分工协调的能力。在团队中担任领导角色时，可以锻炼组织、领导和决策的能力。在遇到技术问题和突发情况时要及时与团队成员、指导老师以及赞助商等交流，可以提高口头和书面沟通能力。要在有限的时间里提高工作效率，需要学习如何高效管理时间，平衡学业、竞赛和个人生活。面对项目需求的变化或竞赛中的意外情况，要提高适应性和灵活应变的能力。在紧张的竞赛环境下，可以学习如何在压力下保持冷静和高效地工作。

总之，通过参加智能汽车竞赛，体现未来竞争力的核心素养——踏实、自律、协作、韧劲和学习能力都得到显著提高，助力个人在未来竞争中脱颖而出。

2.3.3 个人荣誉接踵而至

通过参加智能汽车竞赛，除本身竞赛获奖外，可以增加在各类评优、评先、评奖等方面的优势，丰富个人履历。在研究生入学考试的面试阶段，各重点院校特别看重大学期间的科创经历，如果参加过智能汽车竞赛，就是很好的亮点。乐山师范学院电子信息工程专业李同学，尽管研究生初试成绩一般，但因曾获得全国大学生智能汽车竞赛一等奖，在复试阶段得到老师们的高度认可，复试成绩第一名，最终被“985”院校电子信息专业录取，成功上岸。廖同学通过参加智能汽车竞赛，个人专业能力和综合素质都得到了显著提高，在大三阶段就被智能汽车科技公司预先录用。这样的案例还有很多。

2.3.4 职业发展有所裨益

竞赛经历通常被视为实践能力强、具有团队协作和解决问题能力的体现，这些是工程和技术领域雇主所看重的。参与竞赛可能会接触到潜在的雇主，特别是那些赞助或关注竞赛的公司；如果对学术研究感兴趣，竞赛中的项目可以作为硕士或博士研究的有利开端，竞赛中获得的数据和结果可以作为发表学术论文或进一步研究的基础；如果有意创业，竞赛中获得的技术和经验可能为创业提供灵感和基础，竞赛中建立的联系和人际网络有助于找到合作伙伴、投资者或顾问；在竞赛中结识的同行、导师和行业专家可能成为未来职业发展的宝贵资源，通过与不同背景的参赛者交流，可以拓宽职业视野。

从乐山师范学院智能汽车训练中心十多年的经验来看，参加智能汽车竞赛的同学在考研和求职中都具有一定优势，就业率和专业对口就业率历年均为100%，有些同学在大三就被公司预先录用。

2.4 乐山师范学院智能汽车训练中心介绍

乐山师范学院是一所坐落在四川省乐山市的地方二本院校，乐山因乐山大佛而闻名世界，乐山师范学院因智能汽车竞赛而在业内有名。因在2010年、2011年连续获得智能汽车竞赛全国赛特等奖，获得了2012年四川省教育厅主办的首届四川省大学生智能汽车竞赛的承办资格，并在2012年的全国赛上再次获得特等奖。连续3届获得全国赛特等奖，这是创造历史的成绩！

2.4.1 中心简介

乐山师范学院智能汽车训练中心于2013年正式挂牌入驻学校实训大楼。中心拥有设计室、调试室、加工室、指导教师室和展示区，总面积400平方米左右，拥有3D打印机、激光雕刻机、数字示波器等各类电子设计制造所需仪器设备。该中心能满足100人同时进行实训，每年受训学生120人以上，参加比赛人数在90人以上。中心采取学生自主管理，全天开放、全年开放的方式，为学生提供足够的学习训练空间。所有耗材的管理采取领用制，学生根据项目需要到老师那里去领用。图2-1和图2-2所示为中心部分照片。

图2-1 调试室

图2-2 设计室

2.4.2 参赛与承办赛事

2012年至2024年，乐山师范学院连续承办13届四川省大学生智能汽车竞赛，并于2022

年承办全国大学生智能汽车竞赛西部赛，如图 2-3 所示。这是全国大学生智能汽车竞赛组委会首次将该项赛事交地方二本院校承办，在疫情情况下，学院高度重视，既确保了疫情防控要求，又高质量完成了承办比赛的任务，高度负责、严谨务实的工作作风获得组委会充分肯定。

第十七届全国大学生智能汽车竞赛（西部赛） 在乐山师范学院开幕

浏览量：660　日期：22-07-23 11:23　作者：雷雄锴　来源：电子信息与人工智能学院　审核人：蒋强

本网讯（文/雷雄锴，图/唐明可）7月22日，由中国自动化学会主办，乐山师范学院承办的第十七届全国大学生智能汽车竞赛（西部赛）开幕式在乐山师范学院隆重举行。出席开幕式的有教育部高等学校自动化类专业教学指导委员会委员、陆军勤务学院涂亚庆，乐山师范学院党委常委副校长汪天飞，乐山师范学院党委委员教学部部长龙述君，乐山师范学院党委委员电子信息与人工智能学院党委书记蒋强，乐山师范学院电子信息与人工智能学院党委副书记方忠，开幕式由蒋强主持。

第十七届全国智能汽车大赛（西部赛）开幕式现场，在奏唱国歌声中拉开序幕。礼毕，乐山师范学院教学部部长龙述君为本次大赛致辞，他表示我校一直高度重视学生创新精神和实践能力的培养，依托各类科技竞赛，积极开展应用型创新人才培养模式改革的探索与实践，曾三

图 2-3　乐山师范学院承办第十七届智能汽车竞赛西部赛

2.4.3　近年取得的成绩

近年来，我校在全国大学生智能汽车竞赛中取得的成绩及部分参赛学生的去向如下。

（1）获奖统计表

近三年我校获全国一等奖的队伍如表 2-1 所示。2012—2024 年我校在省赛和全国赛中的获奖情况如表 2-2 所示。

表 2-1　2022—2024 年我校学子获全国一等奖名单

序号	姓名	竞赛名称	级别	获奖等级	颁证单位
1	邓登，肖张玲，方嵊朣	2024 全国大学生智能汽车竞赛	国家级	一等奖	中国自动化学会
2	杨龙，李黄萍，秦羽	2024 全国大学生智能汽车竞赛	国家级	一等奖	中国自动化学会
3	卢亚军，张小乐，谢雨欣	2024 全国大学生智能汽车竞赛	国家级	一等奖	中国自动化学会
4	邱豪，李智翔，赵银，李光强，付玉兰	2024 全国大学生智能汽车竞赛	国家级	一等奖	中国自动化学会
5	李岩，罗道军，杨登希	2023 全国大学生智能汽车竞赛	国家级	一等奖	中国自动化学会
6	肖紫阳，何嘉雨，彭思茗	2023 全国大学生智能汽车竞赛	国家级	一等奖	中国自动化学会
7	吴涛，余洋，李文倩	2023 全国大学生智能汽车竞赛	国家级	一等奖	中国自动化学会

续表

序号	姓名	竞赛名称	级别	获奖等级	颁证单位
8	谭育明，刘志勇，周冯权	2023 全国大学生智能汽车竞赛	国家级	一等奖	中国自动化学会
9	白奉国，徐浩，谭玉民，雍昊，李力力	2022 全国大学生智能汽车竞赛	国家级	一等奖	中国自动化学会
10	唐冰奇，罗文祝，唐玉琴	2022 全国大学生智能汽车竞赛	国家级	一等奖	中国自动化学会
11	苟黄松，肖紫阳，孙永元	2022 全国大学生智能汽车竞赛	国家级	一等奖	中国自动化学会

表 2-2　2012—2024 年我校智能汽车竞赛省赛和全国赛获奖统计表

年份	项目	获奖等级						合计
		国一	国二	国三	省一	省二	省三	
2012	四川省智能汽车竞赛	0	0	0	3	3	3	9
	全国智能汽车竞赛	3		0	6	0	0	9
	汇总	3	0	0	9	3	3	18
2013	四川省智能汽车竞赛	0	0	0	3	3	3	9
	全国智能汽车竞赛	1	0	0	1	4	0	6
	汇总	1	0	0	4	7	3	15
2014	四川省智能汽车竞赛	0	0	0	3	3	3	9
	全国智能汽车竞赛	0	0	0	1	4	1	6
	汇总	0	0	0	4	7	4	15
2015	四川省智能汽车竞赛	0	0	0	3	3	4	10
	全国智能汽车竞赛	0	2	0	5	1	0	8
	汇总	0	2	0	8	4	4	18
2016	四川省智能汽车竞赛	0	0	0	3	4	3	10
	全国智能汽车竞赛	2	0	0	6		0	8
	汇总	2	0	0	9	4	3	18
2017	四川省智能汽车竞赛	0	0	0	5	4	3	12
	全国智能汽车竞赛	1	0	0	2	3	1	7
	汇总	1	0	0	7	7	4	19
2018	四川省智能汽车竞赛	0	0	0	5	4	5	14
	全国智能汽车竞赛	1	2	0	4	0	0	7
	汇总	1	2	0	9	4	5	21
2019	四川省智能汽车竞赛	0	0	0	5	3	4	12
	全国智能汽车竞赛	0	1	0	2	1	0	4
	汇总	0	1	0	7	4	4	16
2020	四川省智能汽车竞赛	0	0	0	5	5	5	15
	全国智能汽车竞赛	1	2	0	2	1	0	6
	汇总	1	2	0	7	6	5	21
2021	四川省智能汽车竞赛	0	0	0	6	7	8	21
	全国智能汽车竞赛	1	6	0	6	1	0	14
	汇总	1	6	0	12	8	8	35

续表

年份	项目	获奖等级						合计
		国一	国二	国三	省一	省二	省三	
2022	四川省智能汽车竞赛	0	0	0	4	6	8	18
	全国智能汽车竞赛	3	4	0	5	4	0	16
	汇总	3	4	0	9	10	8	34
2023	四川省智能汽车竞赛	0	0	0	7	7	10	24
	全国智能汽车竞赛	4	3	0	7	2	0	16
	汇总	4	3	0	14	9	10	40
2024	四川省智能汽车竞赛	0	0	0	3	8	12	23
	全国智能汽车竞赛	4	3	0	7	2	0	16
	汇总	4	3	0	10	10	12	39
总计		**21**	**23**	**0**	**109**	**83**	**73**	**309**

注：全国智能汽车竞赛含西部赛和全国总决赛，西部赛获奖归为省赛。

（2）就业统计表

我校参加智能汽车竞赛部分学生的就业去向如表 2-3 所示。

表 2-3　我校参加智能汽车竞赛部分学生就业统计表

姓名	年级	班级	就职单位	目前职位
吴**	2013 级	电信 1 班	中国电子科技集团公司第三十研究所	软件工程师
李**	2015 级	电信 1 班	中国电子科技网络信息安全有限公司	JAVA 研发工程师
温**	2019 级	电信 2 班	广州致远电子科技有限公司	嵌入式软件工程师
蒲**	2019 级	电信 2 班	北京凝思软件股份有限公司	Linux 研发工程师
唐**	2019 级	电信 2 班	上海纵苇科技有限公司	软件开发工程师
罗**	2019 级	电信 3 班	北京华通时空通信技术有限公司	硬件工程师
何**	2020 级	电信 3 班	广州致远电子科技有限公司	嵌入式软件工程师
薛**	2020 级	电信 5 班	广州致远电子科技有限公司	嵌入式软件工程师
雍**	2020 级	电信 1 班	成都逐飞科技有限公司	硬件工程师
郑**	2018 级	电信 4 班	北京经纬恒润科技股份有限公司	嵌入式软件工程师
廖**	2018 级	电信 3 班	广州致远电子科技有限公司	嵌入式软件工程师
李**	2020 级	电信 x 班	惠州乐亿通有限公司	软件工程师
符**	2017 级	电信 3 班	万帮数字能源股份有限公司	硬件工程师
陈**	2018 级	电信 3 班	成都逐飞科技有限公司	软件工程师
肖**	2020 级	电信 3 班	成都逐飞科技有限公司	嵌入式软件工程师
钟**	2018 级	电信 3 班	广东为辰信息科技有限公司	嵌入式软件工程师
谭**	2020 级	电信 5 班	成都逐飞科技有限公司	嵌入式软件工程师
吴**	2020 级	电信 4 班	四川大能科技有限公司	嵌入式软件工程师
刘**	2018 级	电信 3 班	成都逐飞科技有限公司	嵌入式硬件工程师
苟**	2020 级	电信 3 班	成都泰盟软件有限公司	嵌入式软件工程师
任**	2020 级	电信 5 班	成都逐飞科技有限公司	嵌入式硬件工程师
徐**	2012 级	电信 1 班	成都逐飞科技有限公司	嵌入式软件工程师

续表

姓名	年级	班级	就职单位	目前职位
邓**	2016 级	电信 3 班	四川福德机器人股份有限公司	算法工程师
李**	2016 级	电信 3 班	苏州华兴源创科技股份有限公司	图像算法工程师
颜**	2012 级	电信 4 班	乐山有研稀土新材料有限公司	科研主管
刘**	2013 级	电信 x 班	浙江天猫技术有限公司	高级无线开发工程师
李**	2015 级	电信 2 班	成都逐飞科技有限公司	嵌入式软件工程师
范**	2008 级	电信 3 班	成都逐飞科技有限公司	总经理
叶**	2016 级	电信 3 班	迈克医疗电子有限公司	嵌入式工程师
艾**	2019 级	电信 3 班	上海司羿智能科技有限公司	嵌入式工程师
张**	2019 级	电信 3 班	成都汇蓉国科微系统技术有限公司	嵌入式工程师
肖**	2019 级	电信 3 班	成都泰盟软件有限公司	硬件工程师
曹**	2018 级	电信 1 班	新拓尼克科技（成都）有限公司	PCB 工程师
唐**	2015 级	电信 1 班	深圳安智杰科技有限公司	嵌入式工程师
李**	2018 级	电信 4 班	山海芯半导体科技（上海）有限公司	模拟 IC 设计工程师
费**	2018 级	电信 3 班	成都博思微科技有限公司	模拟 IC 设计工程师
孙**	2020 级	电信 5 班	希望森兰科技股份有限公司	技术支持工程师
杨**	2020 级	电信 4 班	成都友赞科技有限公司	硬件开发工程师
毛**	2016 级	汽服班	博世汽车部件（长沙）有限公司	工艺工程师
刘**	2018 级	电信 4 班	格星微电子科技成都有限公司	嵌入式软件工程师

同样，从训练中心也走出大量继续深造的优秀学子，比如：张同学、李同学、邓同学等都考上西南交通大学研究生，李同学考上电子科技大学研究生，白同学考上贵州大学研究生等。

第 3 章　智能汽车设计开发流程

全国大学生智能汽车竞赛至今已经成功举办十九届，每年的赛题设置都会在上一届的基础上进行一定的改动，比如赛道元素的增减变化，不同的组别对车模和传感器改装及使用的限制，以及各组需要完成的竞赛任务等，与此同时，每年的车模也会因此而做出调整。

对于智能汽车的设计，可总结为以下开发流程。第一步，根据自己队伍的实力选择参加的组别。比如四轮组就是新手入门的最佳选择。第二步，根据赛题任务确定传感器方案，只有确定了传感器方案，才能着手进行车模改造和电路板设计。第三步，选择一辆车模进行改造和调试。比赛规则中如果允许使用不同的车模，可以尽量选择控制性能优越、便于改装、结构稳定、易维护的车模。

3.1　竞赛车模介绍

智能汽车竞赛是一个以车模为载体来实现智能化无人驾驶的竞赛平台，车模必然是参赛者要重点掌握的部分。车模本身包括底盘、车轮、悬挂，以及直流电机和舵机。如何对车模进行改造、调校、维护等，本书将一一进行讲解，最大限度地将多年的宝贵经验与读者分享。本节首先梳理车模的演化和变迁，以帮助新入门的读者更好地了解车模。

智能汽车竞赛在类别上分为竞速组和创意组。竞速组由组委会指定车模型号，目前能够在比赛中使用的是 C、D、F、L、H、K 车模。创意组可以在规则范围内自己选择车模或者自制车模。竞速组通常有 5～6 个组别，包括四轮组、双车组、节能组、信标组、越野组、电单车组等，详细规则可以查看历届的智能汽车竞赛规则。

四轮车模包括 A 车模、B 车模、C 车模、C1 车模；两轮车模包括 D 车模、E 车模、新 D1 车模；三轮车模包括 F 车模和 D1 车模改造；室外越野车模包括 L 车模、N 车模；全向车模包括 H 车模、M 车模；单车拉力车模包括 K 车模、N 车模；节能车模一般为自制车模。

下面依次介绍竞赛中常用的车模类型，包括车模参数、性能指标、车模特点，以帮助读者进行车模选择及搭配。

3.1.1　四轮车模

2006 年首届智能汽车竞赛，诞生了 A 车模，如图 3-1 所示。该车模的特点是重心低，车模轻巧，控制灵活，采用被动差速。后来又引入了 B 车模，如图 3-2 所示。该车模最大的特点是采用 RS540 电机，具有很强的爆发力，但是机械和轮胎方面受到诟病，已经很少使用。之后又加入了 C 车模，该车模相比于现在的 C1 车模，在电机功率、轮径、车身大小上都较小。直到今日，绝大部分参赛者均选用 C1 车模作为四轮车模。本节重点讲解 C1 车模的特点及参数。

2017 年智能汽车竞赛，C1 车模加入智能汽车大家族。该车模作为 C 车模的进化版本，在性能上有极大提升。底盘由悬挂设计改为整体设计；出厂时便设计了相应的舵机安装孔及固定架，解决了自行手工打孔不对称的问题；编码器安装也不需要再单独定制编码器支架，极大地减少了车模改装工作量。车模外观如图 3-3 所示，参数如表 3-1 所示。

图 3-1　A 车模

图 3-2　B 车模

图 3-3　C1 车模

表 3-1　C1 车模参数

电机	RS380×2
电池	7.2V，2000mAh
车身尺寸	280mm×180mm×80mm
伺服舵机 Futuba S3010	6V，扭矩 0.65N·m，动作速度 0.16s/60°
轮径	直径 64mm，轮宽 27mm

3.1.2　两轮车模

2012 年第七届智能汽车竞赛中出现了新的组别——两轮直立组，D 车模便应运而生，其外观如图 3-4 所示。这意味着智能汽车的机械设计和控制算法又有了新的尝试和挑战。在这场直立组大战中，陆续又加入了新的车模，如 E 车模，以及现在参赛者普遍选用的 D1 车模。E 车模外观如图 3-5 所示。

图 3-4　D 车模

图 3-5　E 车模

D1 车模继承了前两代车模的优点，采用了驱动力更强的 RS380 电机，同时增加了轮距，削减了车身底板，降低了车模重心，车模整体表现非常稳定。竞赛规则还允许通过给 D1 车模前面加装万向轮，将其改造为三轮车模使用。自主改造以后的车模因为比原装 F 车模在前半部分车身上轻了许多，所以也得到很多参赛者的青睐。D1 车模外观如图 3-6 所示，参数如表 3-2 所示。

图 3-6　D1 车模

表 3-2　D1 车模参数

电机	RS380×2
电池	7.2V，2000mAh
车身尺寸	280mm×180mm×80mm
轮径	直径 64mm，轮宽 27mm

3.1.3　三轮车模

F 车模的引入使得智能汽车竞赛的车模体系更加完善。F 车模同样采用 RS380 电机，前轮采用万向福来轮，轮距比 D1 车模更小，整车小巧灵活，操控性能极佳。第一次国赛亮相，搭载的是电磁传感器，跑出了 3m/s 以上的极好成绩，表现非凡。在第十五届的比赛中，三轮车模与四轮车模构成双车组别。车模外观如图 3-7 所示，参数如表 3-3 所示。

图 3-7　F 车模

表 3-3　F 车模参数

电机	RS380，双电机差速转向
电池	7.2V，2000mAh，镍镉电池
车身尺寸	252mm×180mm×64mm
前轮	万向福来轮

3.1.4　室外越野车模

2019 年智能汽车竞赛首次设立室外越野组，旨在尝试将车模运行环境拓展到户外，提高车模对环境的适应能力，将智能汽车的应用逐渐向实际场景靠拢，通过这样的方式，让参与智能汽车竞赛的选手能够在以后的无人驾驶领域提前有所铺垫。

L 车模采用四驱前后差速结构，具有很强的场地适应能力，不管是草地、沙地还是湿滑路面，都能轻松应对。但是由于车模体积大，转向负载大，转向不灵活，参赛者需要自主对机械进行改造，机械改造环节成为拉开成绩差距的一个突破点。车模外观如图 3-8 所示，参数如表 3-4 所示。

图 3-8　L 车模

表 3-4　L 车模参数

舵机	SD 升级版
电机	LS-540SM，四驱动力
电池	7.4V，2000mAh，动力型锂电池
车身尺寸	380mm×255mm×85mm

3.1.5　全向车模

2019 年竞赛组委会首次在信标组中引入麦克纳姆轮车模。麦克纳姆轮车模的特点是能够前后左右斜 45°移动，常被应用于物流仓库搬运、包裹分类等场合，其因为高度灵活的特点，在极小的空间内也能做到行动自如，所以在行业内大受追捧，各类竞赛中也争相使用。

H 车模采用 4 个麦克纳姆轮，4 个 RS380 电机，减速齿轮比和 C1 车模相同。麦克纳姆轮车模横向移动需要产生横向移动的合力，这个时候需要车轮均匀着地，产生稳定的抓地力。然而该车模唯一的不足是悬挂系统的设计，整体式车身的设计使得如遇地面不平，其中一个车轮会悬空。车模外观如图 3-9 所示，参数如表 3-5 所示。

图 3-9　H 车模

表 3-5　H 车模参数

车轮	麦克纳姆轮
电机	RS380×4
电池	7.4V，2000mAh，动力型锂电池
车身尺寸	25mm×20mm×6.9mm

3.1.6　单车拉力车模

2021 年竞赛组委会又引进室外拉力电单车 K 车模。该车模为前后两轮单车结构，通过方向调节控制车身重心，模拟人在骑行中控制单车的平衡，有着较强的实践性。利用 K 车模，可以进行无人驾驶单车及单车跟随的前瞻性研究。

K 车模采用舵机控制方向，由 RS380 电机驱动后轮，铝合金车身，重心靠后。在实际赛道运行中，该车模噪音小，运行平稳，可控性好，用心打造后可以有较高的竞技速度。车模外观如图 3-10 所示，参数如表 3-6 所示。

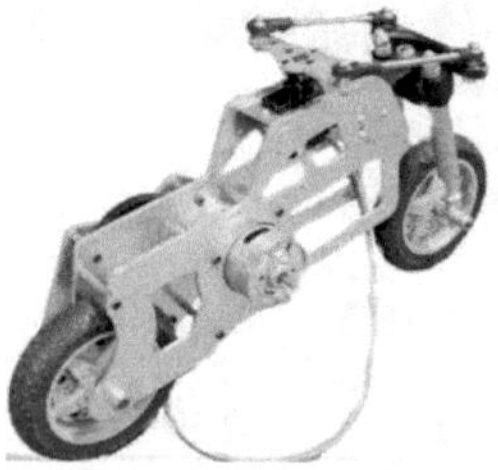

图 3-10　K 车模

表 3-6　K 车模参数

舵机	Futuba S3010
电机	RS380
电池	7.4V，2000mAh，动力型锂电池
车身尺寸	256mm×80mm×119mm

3.1.7　节能车模

节能组对车模的要求是自制车模，也可以使用现成的车模，但是出于重量考虑，大部分队伍选择自制车模。这里介绍一些在比赛中取得优异成绩，又比较有特色的车模。

1．第十四届的履带车模和滚筒车模

在该届比赛中，要求设计一辆采用履带着地或者一体式滚筒的车模。履带车模如图 3-11 所示，其特点是主动轮利用摩擦力或者齿轮带动履带，履带再带动从动轮，利用差速进行转向。该车设计的特点是较低的底盘重心以及尽量短的履带，目的是减小与地面的摩擦。

滚筒车模如图 3-12 所示，其特点是滚筒直接接触地面，有着最大的输出效率，制作难点在于需要将电路板全部置于滚筒内部，对机械设计和软件平衡控制都有着较高的要求，而且电路板在滚筒内部也很难拆卸维修，对整车的可靠性、稳定性要求极高。该车取得了该组别全国总决赛的第一名。

图 3-11　履带车模

图 3-12　滚筒车模

2．第十五届的两轮直立节能车模

在该届比赛中，要求设计一辆两轮直立行驶车模。车模设计的重点在于机械平衡设计，以及轻量化车身设计。车模需要搭载至少两种传感器，CCD 传感器用于识别车库，电磁传感器用于巡线。参赛的两轮直立节能车模如图 3-13 所示。

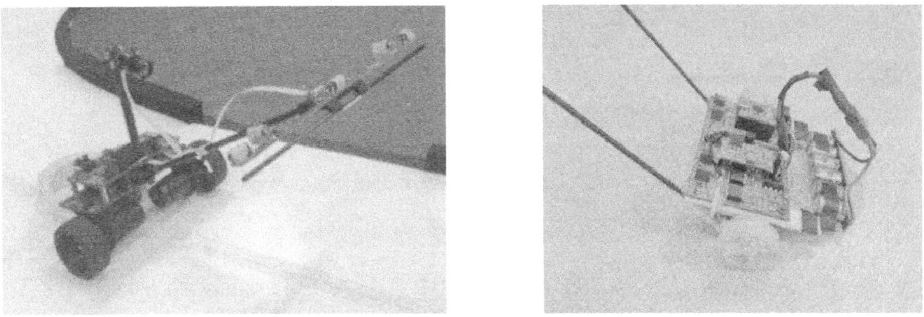

图 3-13　两轮直立节能车模

3.2　开发软件介绍

3.2.1　Keil 软件

Keil 是一款由美国 Keil Software 公司开发的软件，专为 51、ARM 等系列单片机设计。它包含了 C 编译器、宏汇编器、链接器、库管理器以及功能强大的仿真调试器等工具，全部集成在名为 μVision 的开发环境中。这款软件在代码编写和调试方面表现出色，性能优越。

1．下载安装包

首先下载 STC 单片机所需要的开发环境 Keil 的安装包，如图 3-14 所示。

图 3-14　Keil 安装包

2．安装步骤演示

双击安装包，打开安装对话框，如图 3-15 所示。

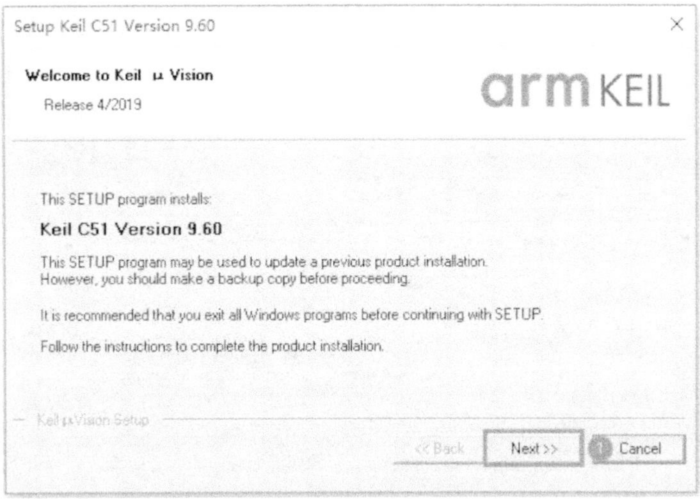

图 3-15　安装对话框

单击【Next】按钮，按照图 3-16 至图 3-20 所示步骤完成安装。

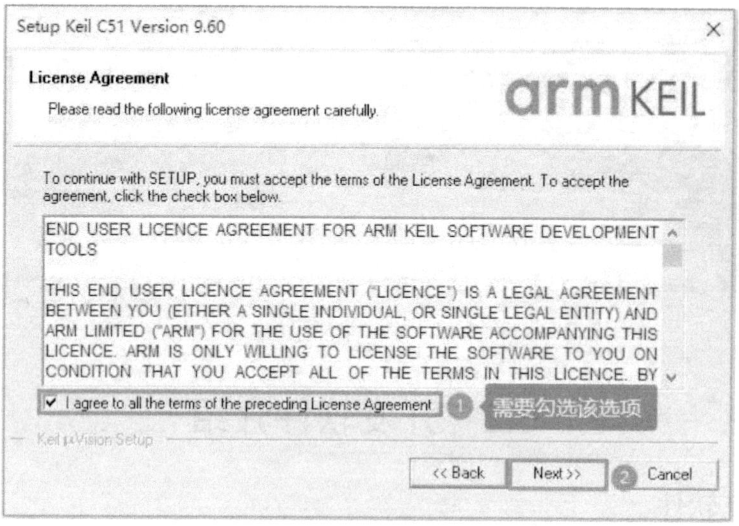

图 3-16　同意许可协议

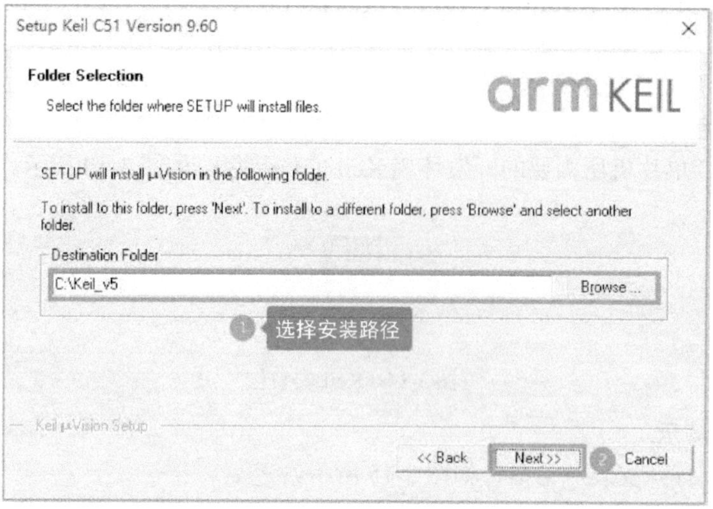

图 3-17　选择安装路径

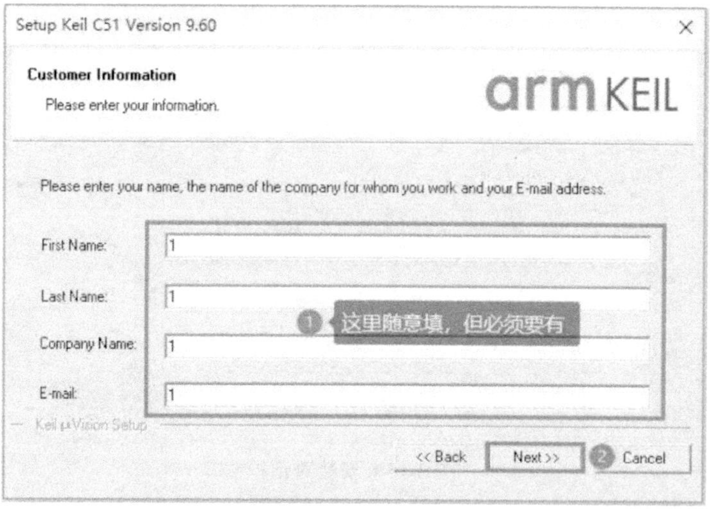

图 3-18　填写用户信息

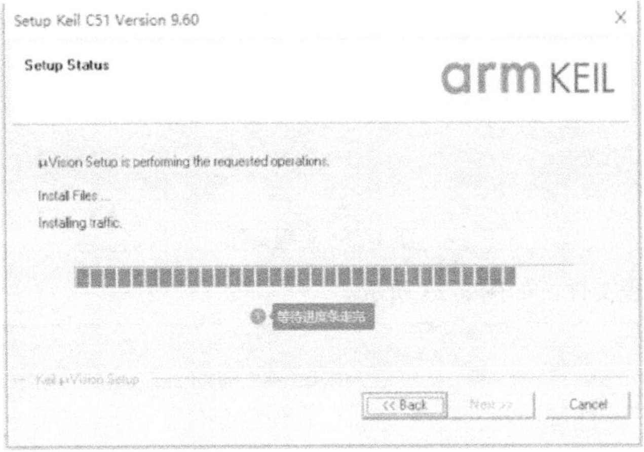

图 3-19　安装进度界面

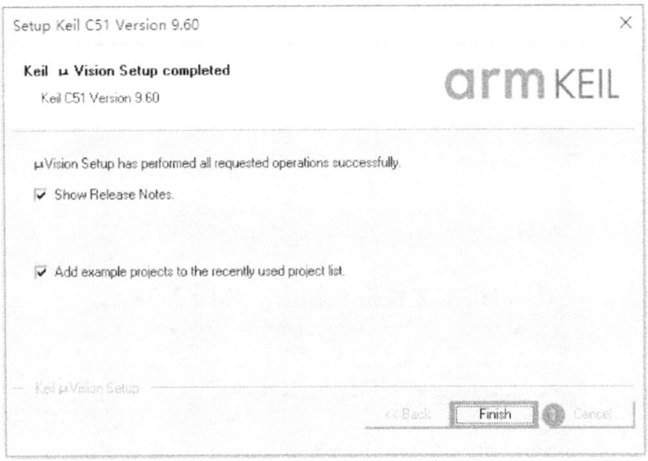

图 3-20　安装完成界面

单击【Finish】按钮，软件安装完毕。桌面上出现一个快捷图标，右击图标，使用管理员权限打开软件。软件界面如图 3-21 所示。

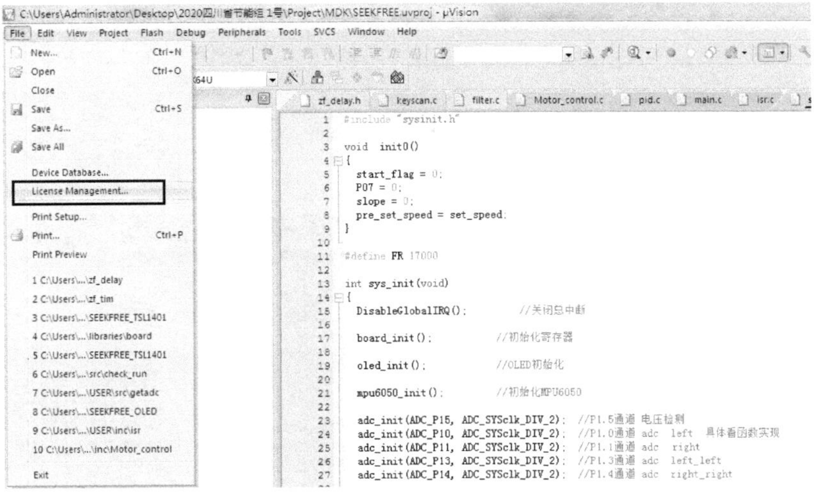

图 3-21　软件界面

3．软件使用演示

这里以逐飞科技的开源代码为例，进行演示说明，工程文件如图 3-22 所示。

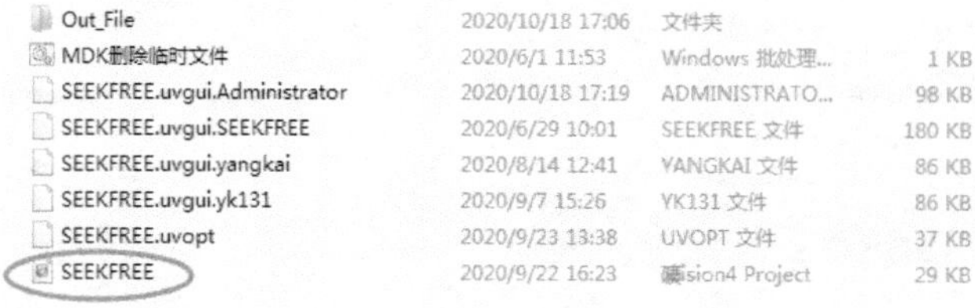

图 3-22　工程文件

第一步：打开工程文件，如图 3-23 所示。

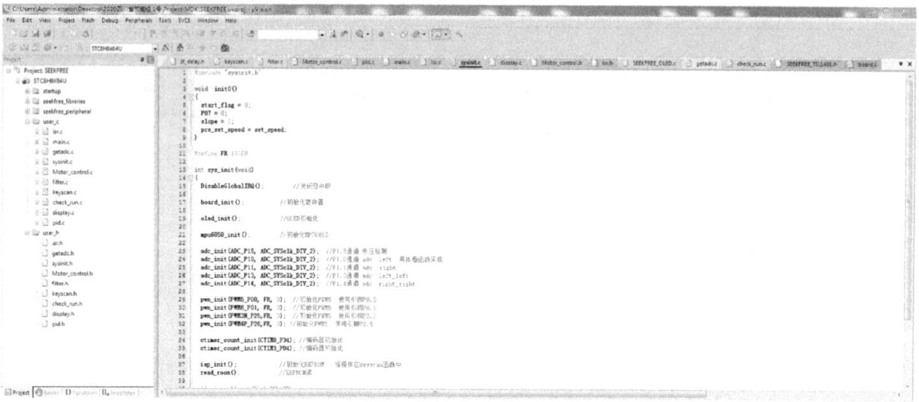

图 3-23　软件主界面

第二步：进行配置，设置以 HEX 文件格式输出，如图 3-24 所示。

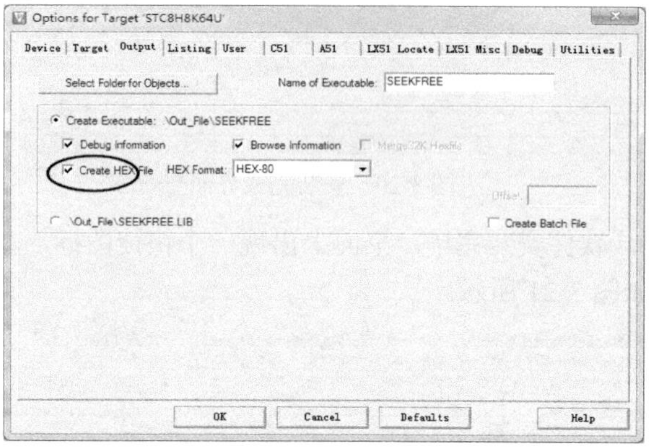

图 3-24　配置界面

第三步：编译程序并下载，如图 3-25 所示。

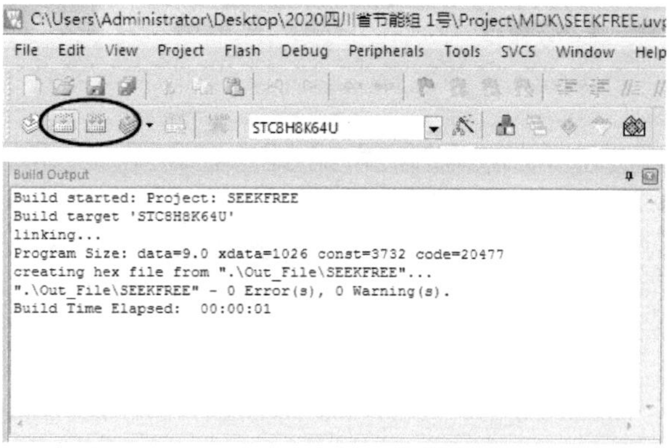

图 3-25　编译界面

代码编译完成后，自动生成 HEX 执行文件。

第四步：烧录 HEX 文件到单片机，使用 STC-ISP（烧录软件）进行程序下载（选择正确的单片机型号，以及 IRC 频率），如图 3-26 所示。

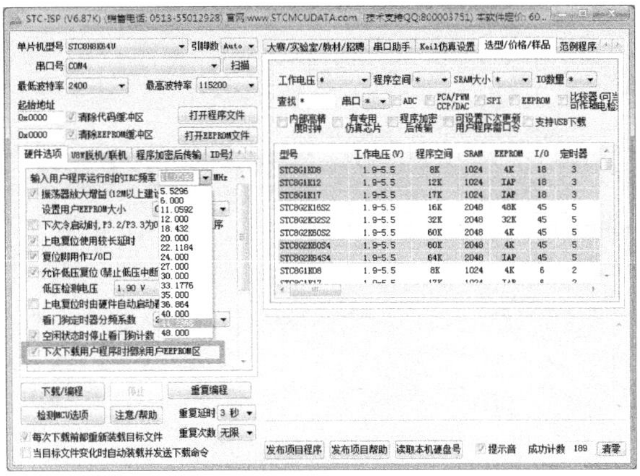

图 3-26　烧录软件界面

3.2.2　AURIX Development Studio 软件

使用 AURIX Development Studio（以下简称 ADS）作为英飞凌（Infineon）TC264 的开发平台。这里重点介绍 ADS 的工程导入及使用方法。

1．导入工程

单击 ADS 菜单栏【File】→【Import】命令，如图 3-27 所示，打开【Import】对话框。

在【Import】对话框中选择【General】→【Existing Projects into Workspace】选项，单击【Next】按钮进入下一步，如图 3-28 所示。

图 3-27　导入命令

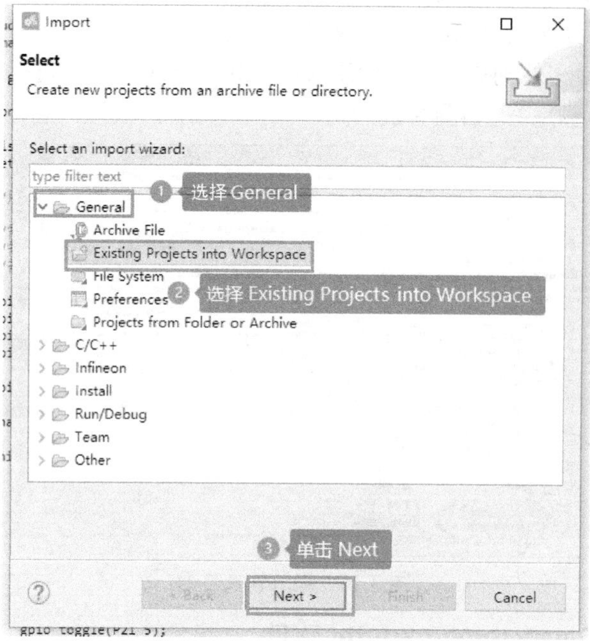

图 3-28　选择导入已有工程

接下来选择需要导入的已有的工程。注意，务必勾选【Copy projects into workspace】选项。如果该工程为存在于 ADS 工作空间内的工程，则不需要勾选这个选项。确认无误后单击【Finish】按钮完成导入，如图 3-29 所示。

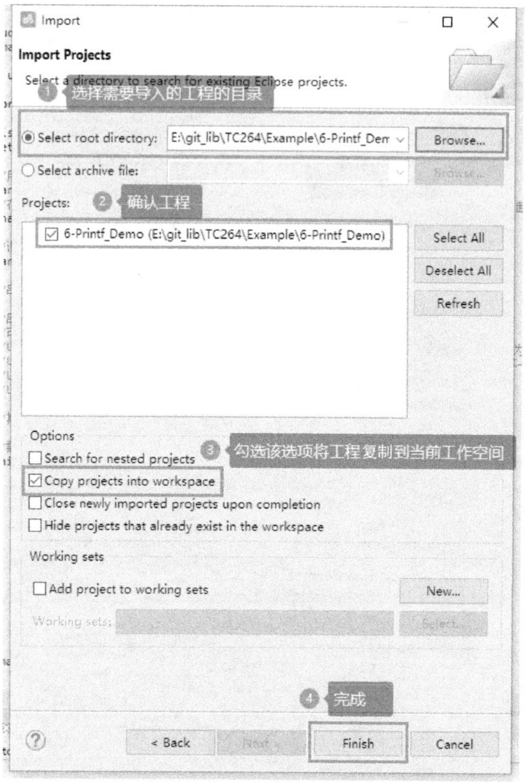

图 3-29　导入工程

导入工程后，进行第二步导入操作，先关闭工程，如图 3-30 所示。请务必不要跳过这一步！

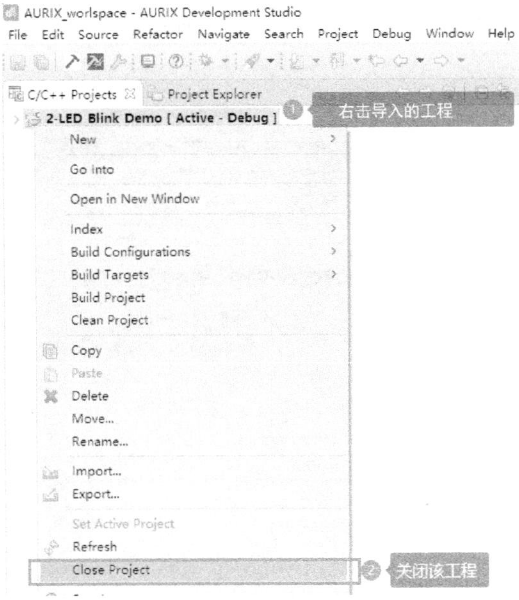

图 3-30　关闭工程

使用逐飞科技提供的 project_file 文件夹下的文件，替换导入的工程的同名文件。由于导入工程时勾选了【Copy projects into workspace】选项，工作空间中会生成对应工程的路径，需要替换的是工作空间内的这个工程的文件。

此时不能进行编译与调试，可能会导致错误，请按照以下步骤继续进行操作。

2. 重命名工程

回到 ADS，此时在 ADS 中可以看到导入的工程，双击打开导入的工程，此时虽然可以进行编译和调试，但不能使用这个工程进行导入操作（即将此工程复制到别人电脑上进行导入操作），.project 和.cproject 文件中工程名为替换文件的原工程名，这里需要进行一次工程重命名。重命名工程后即可继续操作。

3. 编译工程并进行调试

首先需要设置导入的工程为 Active - Debug 状态，请务必进行这一步操作，否则容易出错！然后右击工程，在弹出菜单中选择【Clean Project】选项清理工程，如图 3-31 所示。

图 3-31　设置工程

此时可以对工程进行编译操作，推荐右击工程，在弹出菜单中选择【Build Project】选项，如图 3-32 所示。

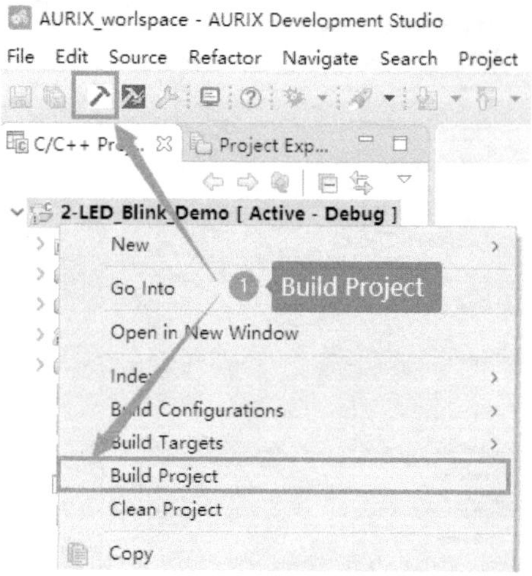

图 3-32　编译工程

在调试工程前请务必确认已经正确连接调试下载器，并且连接好了核心板。

工程编译完成后，右击工程，在弹出菜单中选择【Debug As】→【Debug Configurations】选项，如图 3-33 所示。由于此时并没有 ADS 调试模式所需的.launch 文件，所以务必选择【Debug Configurations】选项打开【Debug Configurations】对话框。

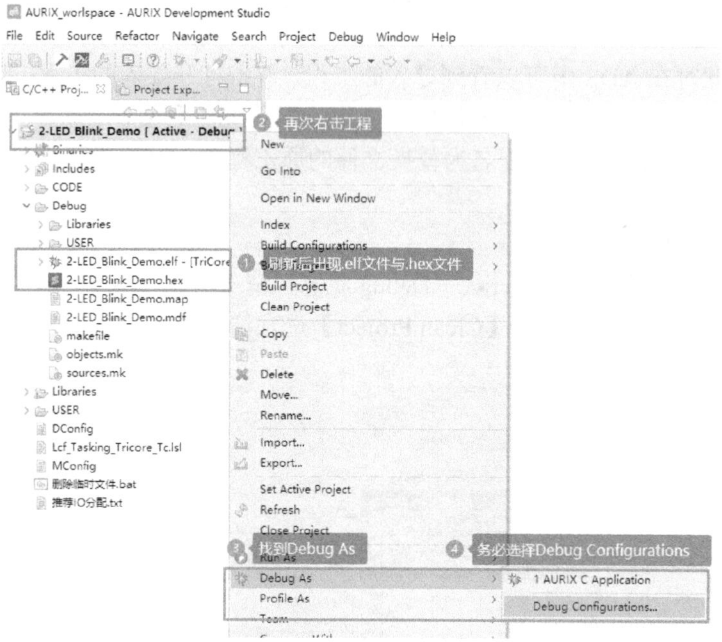

图 3-33　配置工程

在【Debug Configurations】对话框中，选中【TASKING C/C++ Debugger】选项后，单击按钮新建 launch，然后选中新建的 launch 进行设置。这里如果已经有可选的 launch，那就只需要确认选项。

将【Configuration】选项设置为 TC26X（这里导入的是 TC264 的开源库，所以设置为 TC26X）。设置完成后，单击【Debug】按钮进行调试。

完成初次调试后，再次调试时无须进行调试的编译过程，直接进入调试界面。推荐使用以上介绍的调试步骤，进入【Debug Configurations】对话框确认无误后再进行调试。至此，导入及编译、调试工程的整个流程完成。

编译工程的步骤与其他环境中差别不大，方式为：

（1）右击工程，选择【Build Project】选项；

（2）单击工具栏中 或 按钮。

界面下方【Console】窗口中会输出编译步骤及最终耗时，【Problems】窗口中会输出错误及警告信息，如图 3-34 所示。

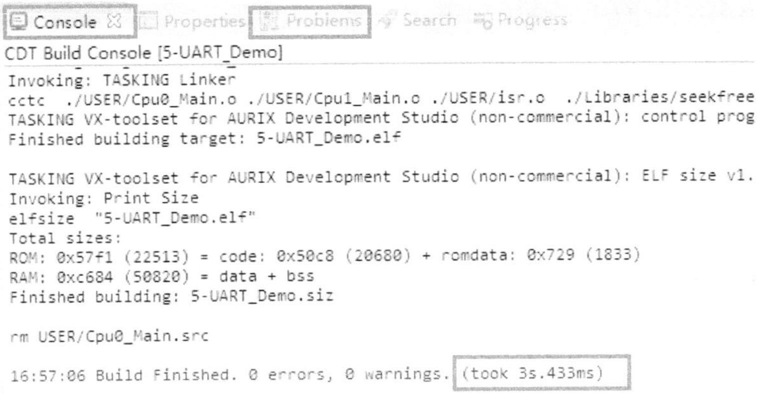

图 3-34　编译信息

如出现图 3-35 所示报错，证明没有检测到调试下载器、没有检测到芯片（核心板）。请检查调试下载器是否正确连接，核心板硬件是否正确连接，调试下载器是否能正常被电脑识别，DAS Device Scanner 是否能够扫描到核心板。

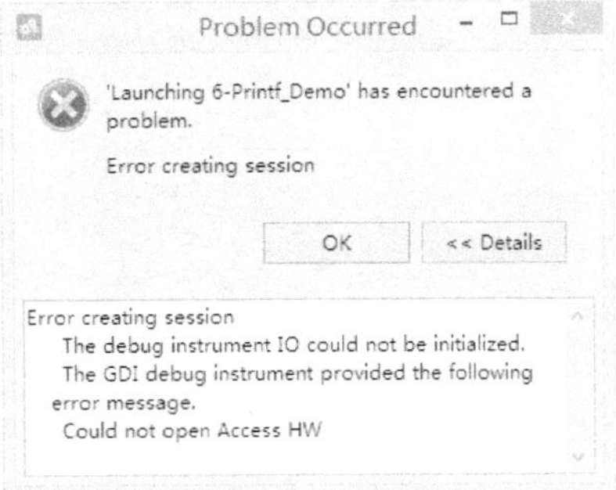

图 3-35　报错窗口

在需要设置断点的行的标号左侧双击可以设置断点，如图 3-36 所示。右击该位置可以进行断点的相关操作，如取消、启用、屏蔽等。

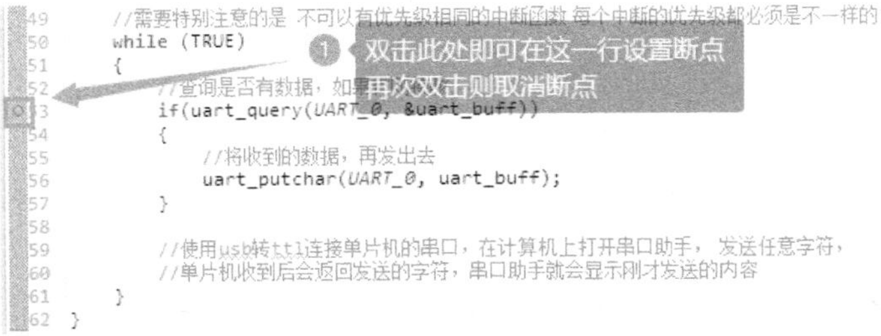

图 3-36　设置断点

进入 Debug 模式后，单击工具栏 （Resume）按钮（快捷键 F8）即可运行代码，运行到断点处停止，此时可以使用 （Step Into）按钮（快捷键 F5）进行指令单步调试（每个操作为一步，可以跳转到所调用函数的定义处），或者使用 （Step Over）按钮（快捷键 F6）进行代码单步调试（当前函数单行为一步）。

单击 （Terminate）按钮（快捷键 Ctrl+F2）结束调试，结束调试后并不会自行跳转回代码编辑界面，单击工具栏右侧 TASKING C/C++ 按钮可切换回代码编辑界面。

在调试界面内，可以通过【Variables】窗口查看全局变量。在窗口内空白区域右击，在弹出菜单中选择【Add Global Variables】选项，打开【Global Variables】对话框，勾选要查看的全局变量，单击【OK】按钮，如图 3-37 所示。

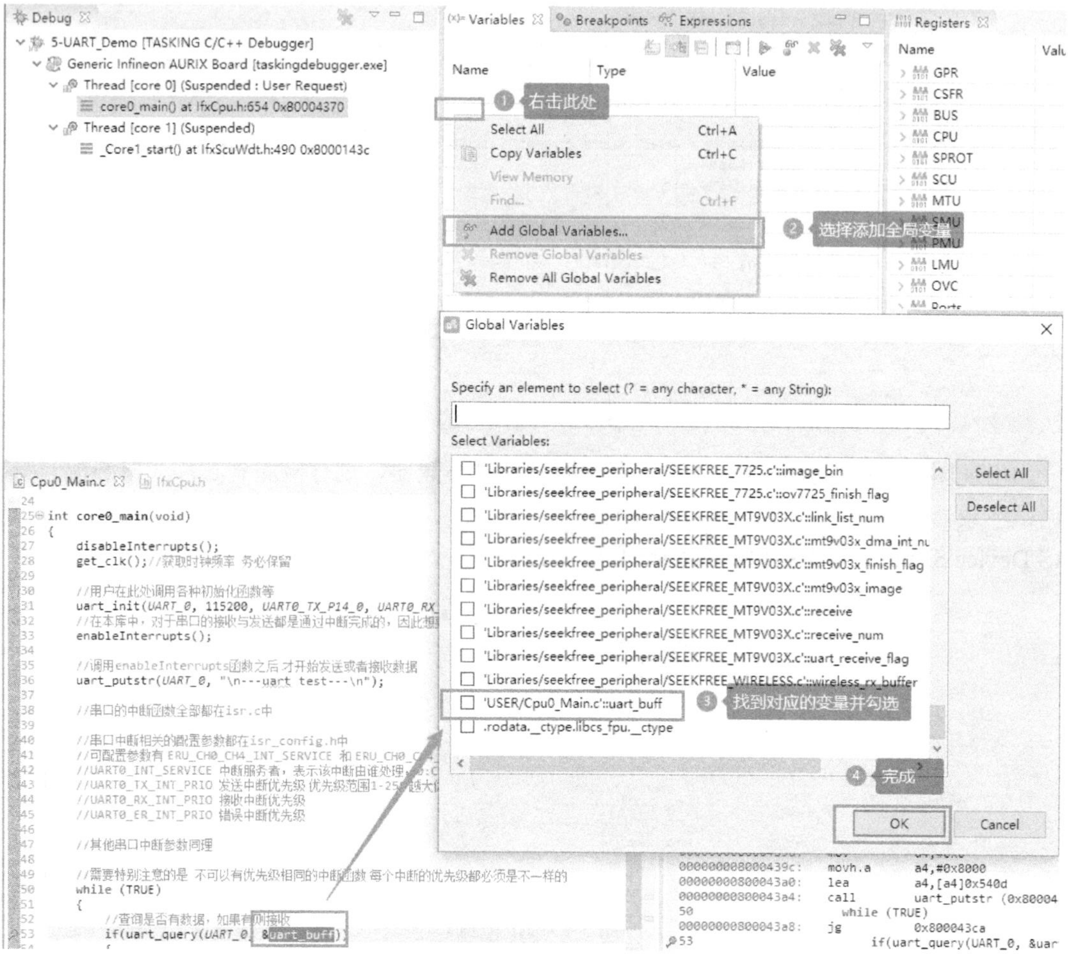

图 3-37　查看全局变量

此时在【Variables】窗口中可看到所选变量的状态。注意，只能查看全局变量。

ADS 同样提供了查看内存的工具，可以直接查看指定地址下的数据情况，在【Memory】窗口中【Monitors】列表下添加映射地址，【New Renderings】窗口中显示该地址下的数据，具体操作如图 3-38 所示。

在【New Renderings】窗口中可以针对一个地址添加不同的数据格式，具体操作如图 3-39 所示。

ADS 还提供了 log 输出的工具，可以通过重定向的 printf()函数将 log 信息输出到界面下方的【FSS】窗口中。

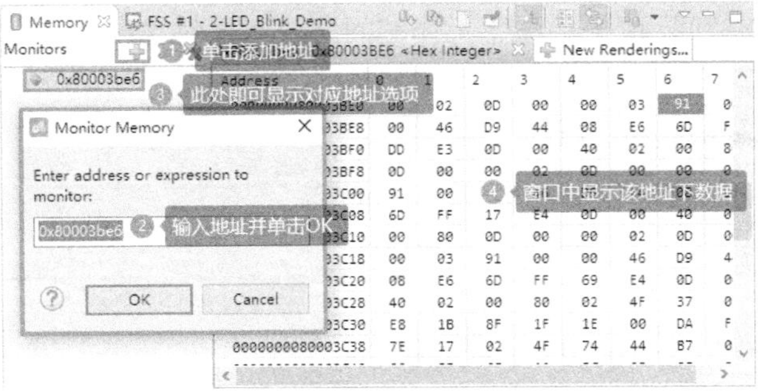

图 3-38 查看内存

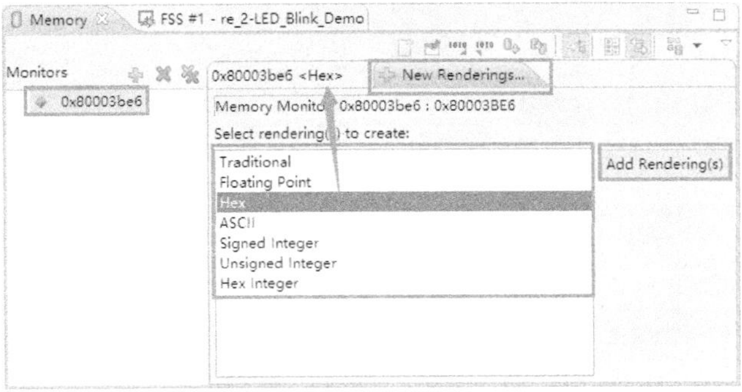

图 3-39 添加查看的数据格式

为了方便调试，可以在 debug 版本代码中添加 log 输出，而在 release 版本代码中可以将 log 输出删除以提高运行效率。不同版本可以在后续熟悉 TASKING 环境后再行尝试。实际运行效果如图 3-40 所示。

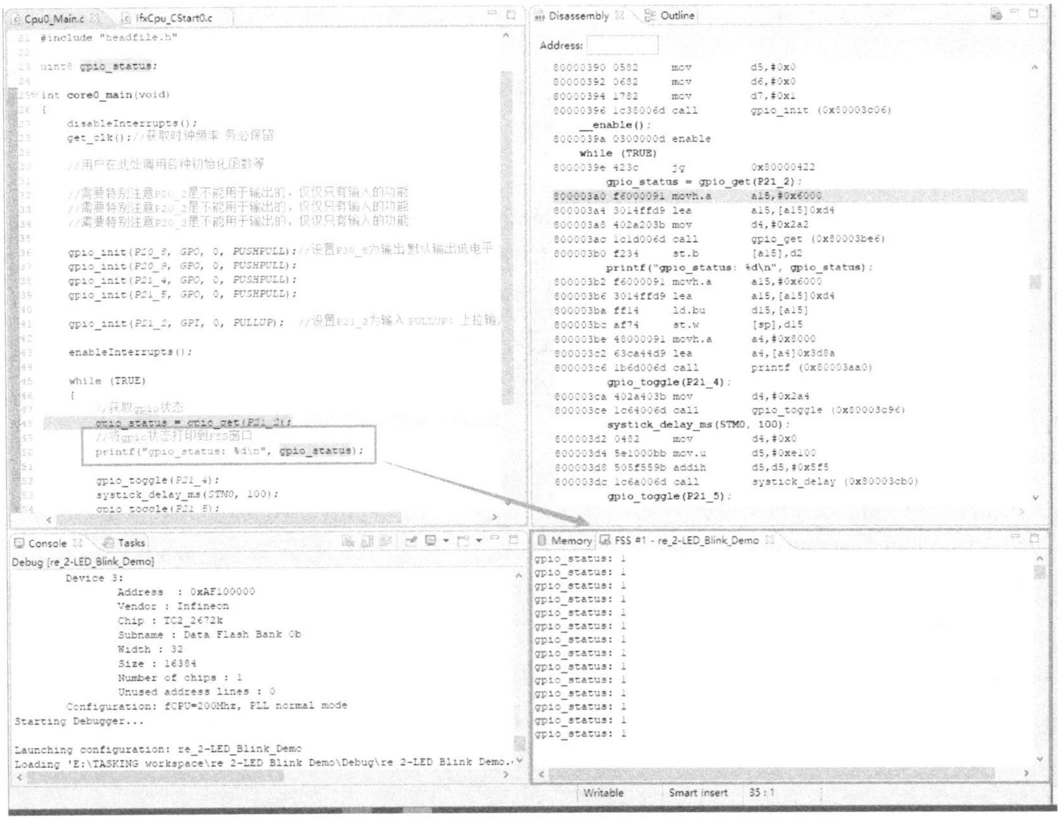

图 3-40 输出打印功能

如果需要切换工作空间，请务必注意工作空间路径不要包含中文和空格。操作步骤如图 3-41 所示。

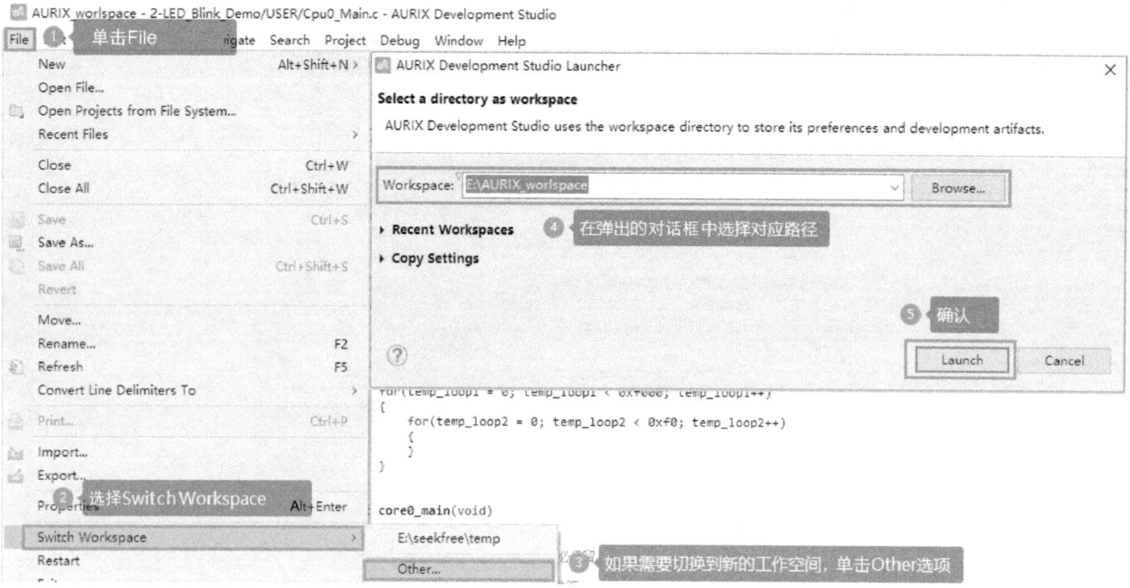

图 3-41　切换工作空间

按照图 3-41 所示步骤，即可切换工作空间，确认后 ADS 会重新启动一次并切换到新的工作空间。

注意，不要随意改动当前工作空间路径以及路径中的文件夹名称。如果当前工作空间路径包含中文，也不要直接对工作空间路径中的中文部分进行修改，请按照图 3-41 所示步骤更改工作空间路径。

当工作空间中留存有许多的工程时，需要注意打开的源文件是否是 Active-Debug 状态，Active-Debug 状态的工程在【C/C++ Projects】窗口中以粗体标示，编译、调试等操作会针对该工程进行。

如图 3-42 所示，当前打开了例程 3-PIT_Demo 的文件，但实际处于 Active-Debug 状态的工程为 2-LED_Blink_Demo，所以此时单击编译按钮时，会编译例程 2-LED_Blink_Demo 而不是 3-PIT_Demo，请务必注意这一点。此时，需要切换工程 3-PIT_Demo 为 Active-Debug 状态，右击工程，在弹出菜单中选择【Set Active Project】选项。

切换后，3-PIT_Demo 变为 Active-Debug 状态，此时再进行编译、调试等操作时，就会对 3-PIT_Demo 工程进行。

工程处于打开状态时，其图标为带折叠箭头的打开的文件夹；工程处于关闭状态时，其图标为不带折叠箭头的关闭的文件夹。

使用 Build ALL 操作会对工作空间内所有打开的工程进行编译操作，请务必注意。

关闭工程的操作为：右击工程，在弹出菜单中选择【Close Project】选项。打开工程的操作为：双击工程。

如果当前工作空间内有工程不需要进行修改、调试，可以将其移除，操作为：右击工程，在弹出菜单中选择【Delete】选项。此时会弹出【Delete Resources】对话框，如图 3-43 所示。

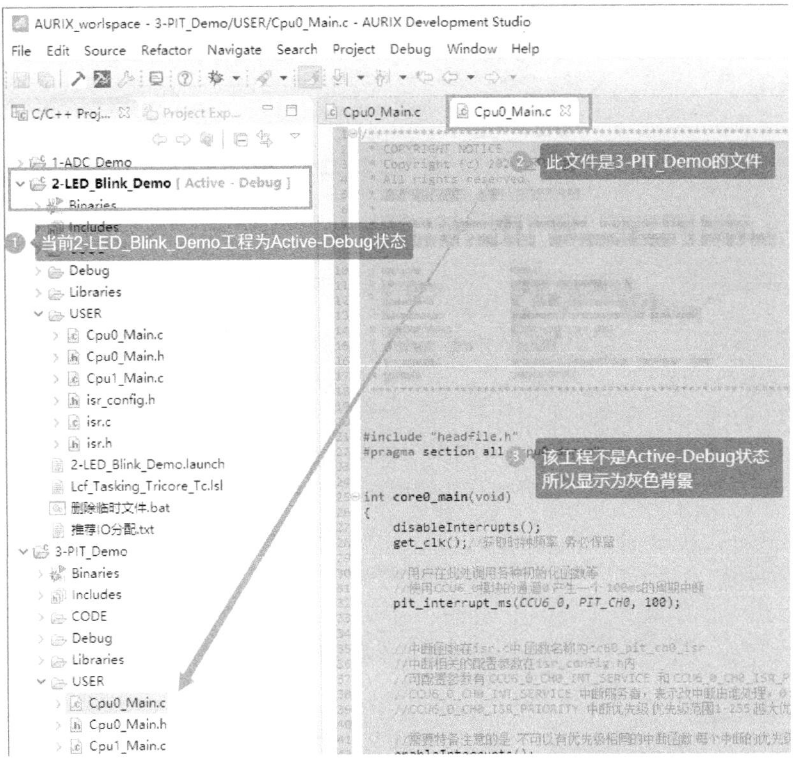

图 3-42　查看工程状态

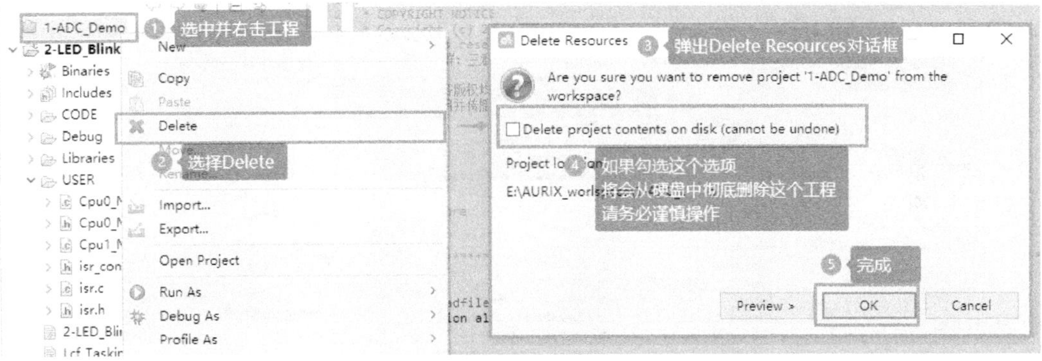

图 3-43　移除工程

如果勾选【Delete project contents on disk(cannot be undone)】选项，会从工作空间中移除该工程并且从磁盘（硬盘）中彻底删除该工程，请谨慎操作。

如果不勾选该选项，则只从工作空间中移除该工程，在需要该工程时可以通过 Import 操作从工作空间所在目录中将该工程添加回工作空间。

如果需要向工程中添加文件，需要注意包含路径的问题，软件库中已经设置好了相应的包含路径，操作如图 3-44 所示。

4．环境设置

ADS 默认的字体是非等宽的字体，这样会导致代码对齐困难，显得代码格式杂乱，不美观，并且不方便查找与编写。所以需要重新设置字体，使用等宽字体保证代码的美观性与可阅读性，操作步骤如图 3-45 所示。

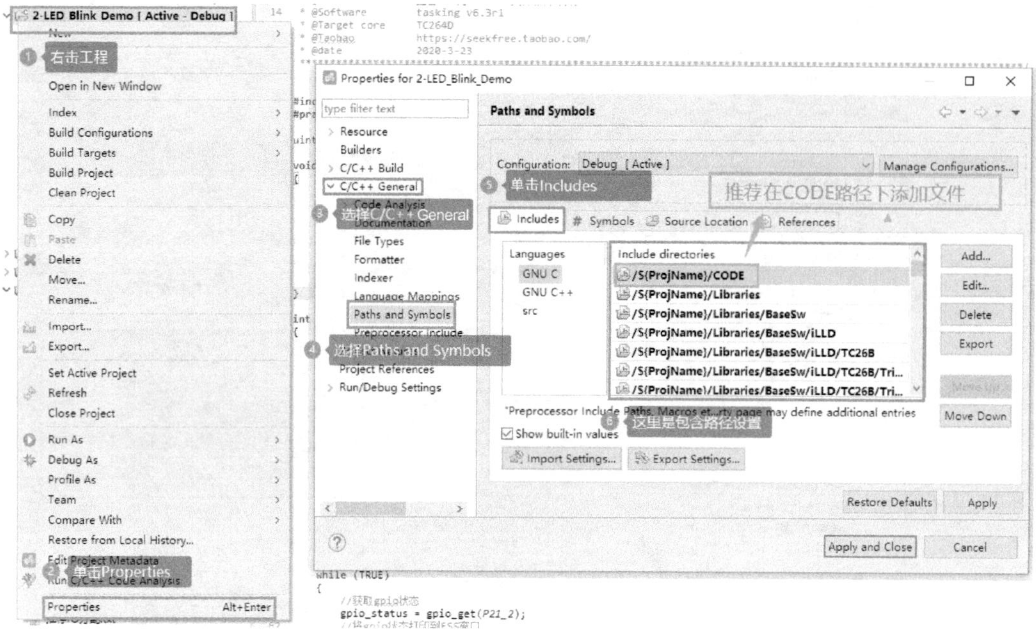

图 3-44　添加文件

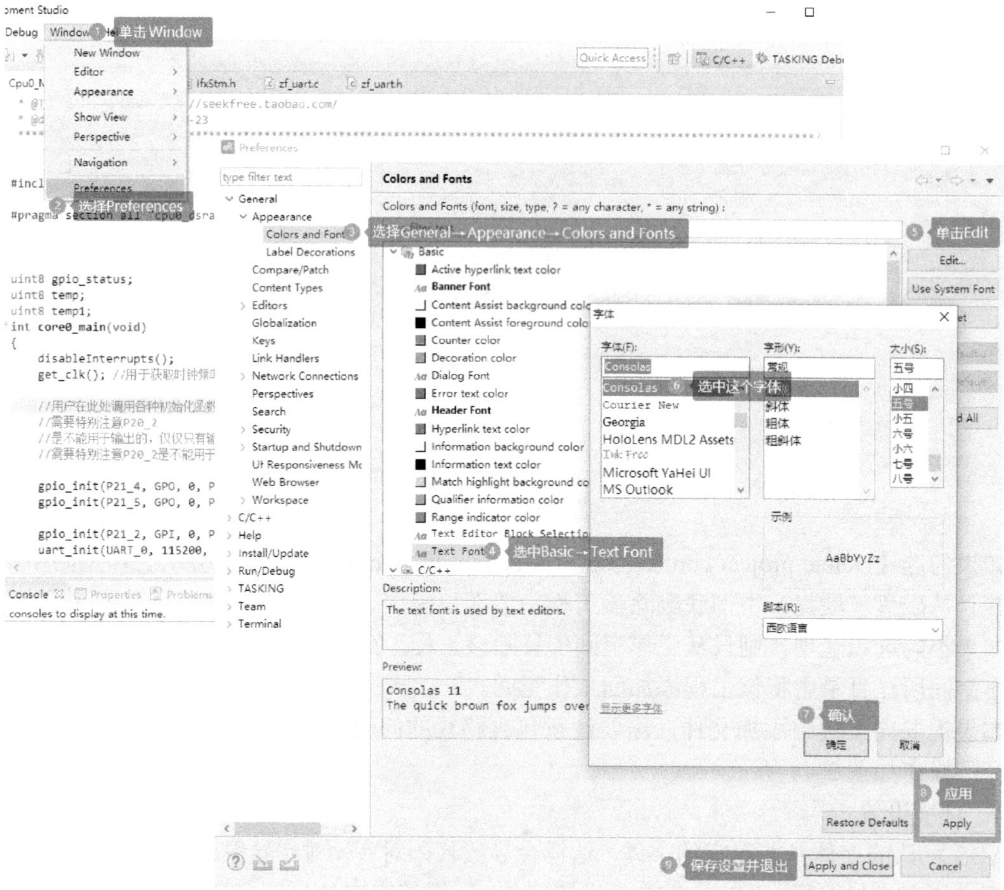

图 3-45　设置字体

ADS 中默认对注释也有拼写检查，会在注释里提示拼写错误，关闭对注释的拼写报错的操作如图 3-46 所示。

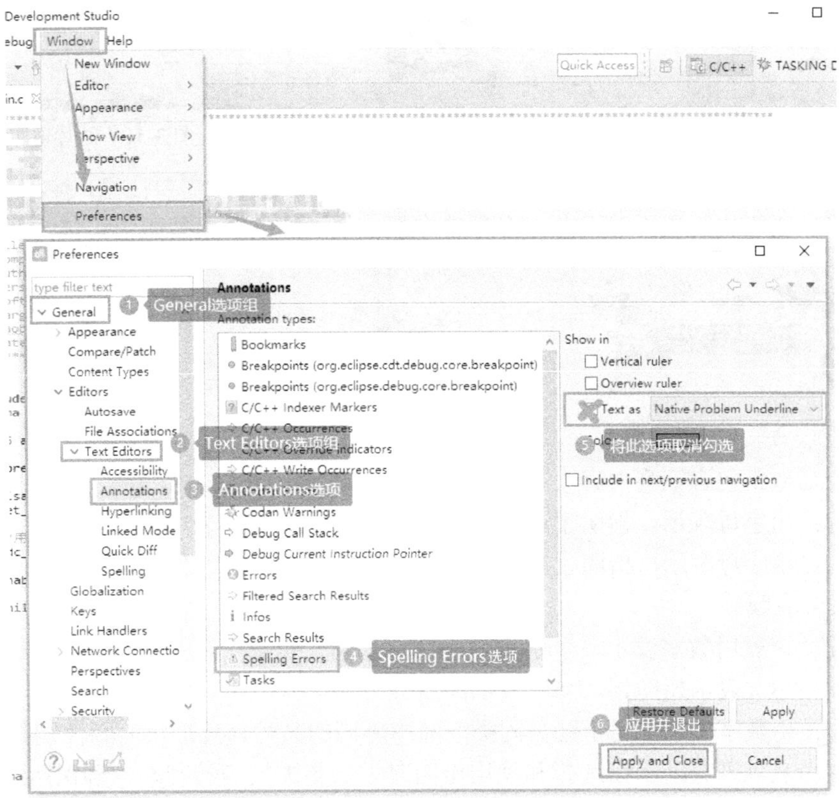

图 3-46　关闭注释拼写报错

3.3　元器件简介

硬件电路是电路系统的重要组成部分，一个高品质的电子设备系统对硬件电路的要求也是十分严格的。对于智能汽车来说也一样，硬件系统决定了一辆智能汽车的性能上限。接下来将重点介绍智能汽车中硬件电路的制作，分别从基本电路知识、绘制电路、电路板制作、焊接调试这几个方面展开讲解。

任何一个完整的电路系统都是由基本的电子元器件搭建而成的，常用的元器件有电阻、电容、电感、二极管、三极管等。要设计制作一个电路，首先必须具备一定的电路知识，因此识别基本电子元器件是必要的。

3.3.1　电阻

电阻是电路中最常用的元件，一般以 R 为符号，基本单位是欧姆（Ω）。电阻表示导体对电流的阻碍作用的大小，主要用于调节电路中的电流和电压，或者做电路的负载。电路中含有各式各样的电阻，可分为固定电阻和可变电阻，其电气符号分别如图 3-47 和图 3-48 所示。

图 3-47　固定电阻

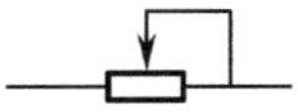

图 3-48　可变电阻

常见的固定电阻有色环电阻、水泥电阻、贴片电阻等，分别如图 3-49、图 3-50 和图 3-51 所示。电阻的类型有很多，不同类型的电阻作用也有所不同，应根据需求选择相应的电阻。

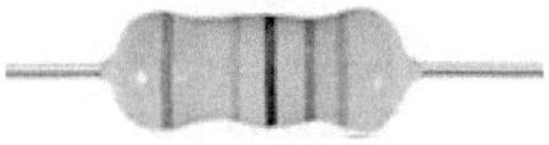

图 3-49　色环电阻

图 3-50　水泥电阻

图 3-51　贴片电阻

常用的可变电阻如图 3-52 至图 3-54 所示。在使用可变电阻时需要注意，接入电路时要使用中心抽头引脚，否则电阻值不可调节，会保持在最大值（滑动变阻器阻值可能为零）。

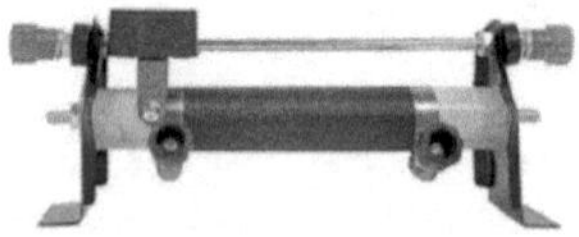

图 3-52　滑动变阻器

图 3-53　电位器

图 3-54　多圈精密可调电阻

电阻的命名通常包含下列内容。

（1）主称：用字母表示，指明了产品的类型。例如，“R”代表电阻器，“W”代表电位器。

（2）材料：用字母表示，指明了产品使用的材料。例如，“T”代表碳膜，“H”代表合成碳膜，“J”代表金属膜等。

（3）特征：一般用数字表示，个别类型用字母表示，指出了产品的特定类别。例如，“1”表示普通类型，“3”表示超高频，“5”表示高温等。

（4）序号：用数字表示，用于区分同类产品中不同的品种、外形尺寸和性能指标等。

了解这些命名规则有助于在选择和使用电阻时做出更加精确的判断，确保所选电阻满足电路设计的要求。

电阻的标示方法有以下几种。

（1）直标法。

直标法是一种将电阻的参数，如阻值、功率和允许偏差等，直接用数字和文字符号标注在元件上的方法。这种方法使得观察者可以直接从电阻表面读取这些信息，而不需要任何额外的工具或计算。

直标法适用于体积较大（功率大）的电阻，因为这样的电阻表面有足够的空间来标注这些信息。在实际应用中，这种标示方法方便工程师或维修人员快速识别电阻的参数，从而进行正确的使用或替换，如图 3-55 所示，“20W 1ΩJ”表示功率为 20W，阻值为 1Ω，误差为±5 。

图 3-55　直标法

（2）数码法。

数码法是一种在电阻表面用三位数字或两位数字加 R 来表示阻值的方法，这种方法常用于贴片电阻、排阻等小型元件，如图 3-56 所示，“104”表示的阻值为 $10\times10^4\ \Omega$。

图 3-56　数码法

（3）色标法。

色标法是一种通过各种颜色的环或点来标注电阻参数的方法，常见的色环电阻有四环和五环两种标示方式。色环电阻各个色环的含义如图 3-57 所示。

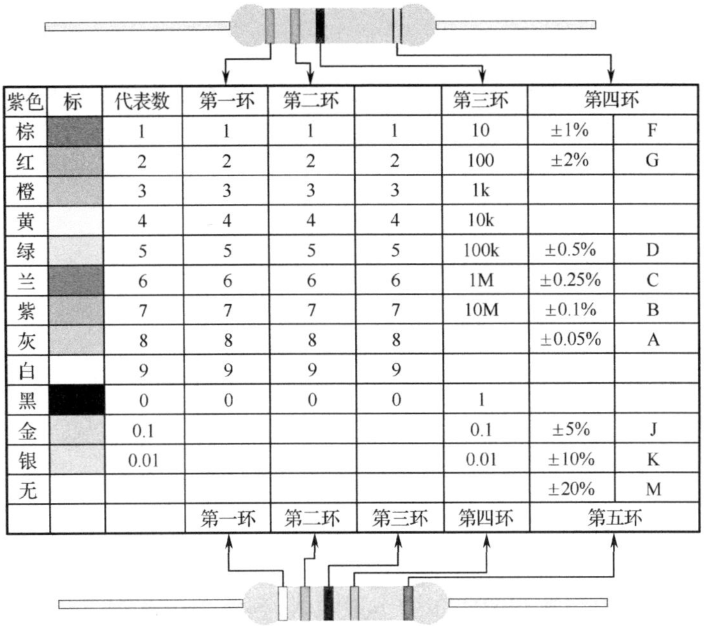

紫色	标	代表数	第一环	第二环		第三环	第四环	
棕		1	1	1	1	10	±1%	F
红		2	2	2	2	100	±2%	G
橙		3	3	3	3	1k		
黄		4	4	4	4	10k		
绿		5	5	5	5	100k	±0.5%	D
兰		6	6	6	6	1M	±0.25%	C
紫		7	7	7	7	10M	±0.1%	B
灰		8	8	8	8		±0.05%	A
白		9	9	9	9			
黑		0	0	0	0	1		
金		0.1				0.1	±5%	J
银		0.01				0.01	±10%	K
无							±20%	M
			第一环	第二环	第三环	第四环	第五环	

图 3-57　色环表

图 3-57 彩色版

四环电阻的其中三环距离较近，作为阻值标注（第一、二环各表示一个数字，第三环表示 0 的个数），另外一环距离前三环较远，作为误差标注。例如，“红红黑金”表示阻值为 $22\times10^0\ \Omega$，误差为 ±5% 的电阻。

五环电阻的其中四环距离较近，作为阻值标注（第一、二、三环各表示一个数字，第四环表示 0 的个数），第五环距离前四环较远，作为误差标注。例如，“黄紫黑橙棕”表示阻值为 $470\times10^3\ \Omega$，误差为 ±1% 的电阻。

电阻的主要参数如下。

（1）标称阻值。

标称阻值是电阻上标注的电阻值，简称电阻。它表示电阻在标准条件下应该具有的阻值。电阻的基本单位是欧姆（简称欧），用符号 Ω 表示。在实际使用中，还有千欧（kΩ）和兆欧（MΩ）这样的单位，它们之间的关系为 1MΩ=1000kΩ，1kΩ=1000Ω。

（2）额定功率。

电阻的额定功率是衡量其能够安全工作的热容量的重要参数。如果超过额定功率，电阻可能会因为过热而损坏。

（3）允许偏差。

电阻的允许偏差是指实际阻值与标称阻值之间的最大允许差异范围。电阻的实际阻值通常不可能完全等于其标称阻值，两者之间会存在一定的偏差。这种偏差在技术规范中被定义为允许偏差，它表示电阻的实际阻值可以偏离标称阻值的范围。电阻偏差标识符号如表 3-7 所示。

表 3-7　电阻偏差标识符号表

标识符号	允许偏差	标识符号	允许偏差	标识符号	允许偏差
E	±0.001%	W	±0.05%	G	±2%
Z	±0.002%	B	±0.1%	J	±5%
Y	±0.005%	C	±0.2%	K	±10%
H	±0.01%	D	±0.5%	M	±20%
U	±0.002%	F	±1%	N	±30%

3.3.2　电容

电容是电路中常用的储能元件，一般以 C 为符号，基本单位是法（F），广泛应用于隔直、耦合、旁路、滤波、调谐等方面。电容可以分为无极性电容和有极性电容，其电气符号分别如图 3-58 和图 3-59 所示。

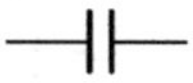

图 3-58　无极性电容

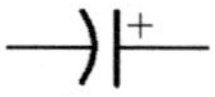

图 3-59　有极性电容

常见的无极性电容有涤纶电容和薄膜电容等，如图 3-60 和图 3-61 所示。

图 3-60　涤纶电容

图 3-61　薄膜电容

有极性电容和无极性电容的主要区别在于它们的结构、介质材料以及使用方式。常用的有极性电容有电解电容、钽电容等，如图 3-62 至图 3-64 所示。

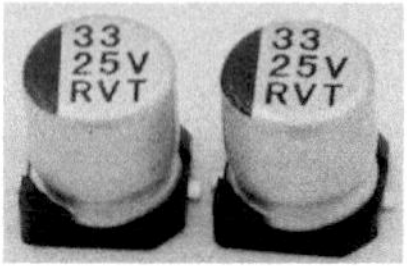

图 3-62　贴片铝电解电容

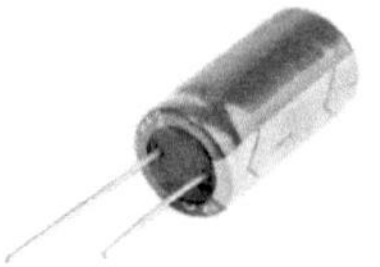

图 3-63　电解电容

图 3-64　钽电容

电容的标示方法通常有以下几种。

（1）直标法。

将电容的容量和耐压直接标注在元件上是电容制造商普遍采用的做法，如图 3-65 所示，表示电容容量为 470μF，耐压为 35V。

图 3-65　直标法

（2）使用单位标注。

例如："4n7" 表示电容容量为 4.7nF；"0.1μ" 表示电容容量为 0.1μF。

（3）数码法。

一些体积较小的电容或者贴片电容会采用数码法标示，如图 3-66 和图 3-67 所示。

图 3-66　钽电容标示

图 3-67　陶瓷电容标示

图 3-66 中"106E"表示容量为 10×10^{6}pF，耐压为 25V；图 3-67 中"224"表示容量为 22×10^{4}pF。

电容的主要参数如下。

（1）容量（电容）。

容量是衡量电容储存电荷的能力大小的物理量。容量误差是指电容的实际容量与其标称容量之间的差异。

电容的单位是法（F），实际常用的单位有微法（μF）、纳法（nF）、皮法（pF）等。1×10^{12}pF=1×10^{9}nF=1×10^{6}μF=1F。

（2）额定工作电压。

电容的额定工作电压是指其在电路中能够长期可靠地工作而不被击穿所能承受的最大直流电压，通常也称为耐压。这一参数与电容的结构、介质材料和介质厚度有直接关系。对于结构、介质相同，容量相等的电容，耐压值越高，体积通常也越大。

3.3.3 电感

电感是电路中的储能元件，通常用符号 L 表示，基本单位是亨（H），在电路中用于滤波、振荡、延迟等。电感分为固定电感和可调电感，其电气符号分别如图 3-68 和图 3-69 所示。

图 3-68 固定电感

图 3-69 可调电感

常用的固定电感如图 3-70 至图 3-72 所示。

图 3-70 功率电感

图 3-71 环形电感

图 3-72 工字电感

常见的可调电感如图 3-73 和图 3-74 所示。

图 3-73 可调电感

图 3-74 中周

电感的标示方法通常有以下几种。

（1）直标法。

直标法可以让人比较一目了然地看出电感的大小，是最直接的标示方法，指将电感的标称值和偏差直接用数字和文字符号标示在元件上，如图 3-75 所示，“103”表示电感为 10×10^{3}μH。

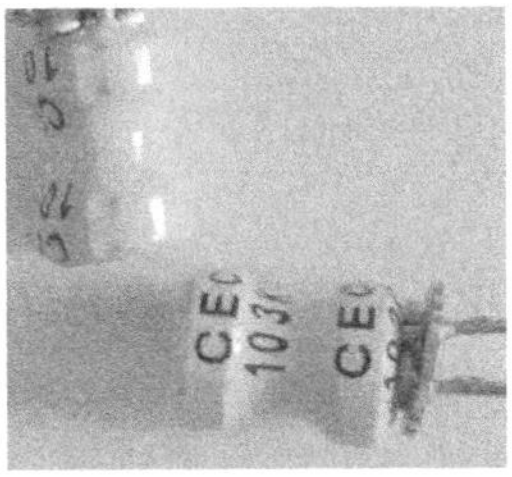

图 3-75 直标法

（2）文字符号法。

这种方法结合了数字和文字符号来表示电感的标称值和偏差，一般用于小功率电感，单位多为纳亨（nH）或皮亨（pH），并使用“R”和“n”等符号来代表小数点的位置。图 3-76 所示为用文字符号法标示的某电感，“1R5”表示电感为 1.5μH。

（3）数码法。

数码法与文字符号法相近，前两位数字表示有效数值，第三位表示倍乘数，单位是微亨（μH），多用于小功率贴片式电感。如图 3-77 所示，“221”表示电感为 22×10^1μH。

图 3-76　功率电感文字符号标示

图 3-77　功率电感数码标示

（4）色标法。

色标法采用色环来表示电感值，类似于电阻的色标法。通常采用四色环，前两环表示有效数字，第三环表示倍乘数，第四环表示偏差。色环的颜色含义与电阻的色环相同。用色环标示电阻时单位是欧姆（Ω），标示电感时则是微亨（μH）。

电感的主要参数如下。

（1）电感值（电感）。

电感是表示自感应能力的物理量。常用的单位有亨（H）、毫亨（mH）、微亨（μH）。1H=1000mH，1mH=1000μH。

（2）允许偏差。

由于技术和材料的限制，实际生产的电感很难完全符合设计时的标称值，实际值会与标称值有一个误差范围，这个范围就是所谓的允许偏差。

（3）品质因数（Q 值）。

品质因数是电感在特定频率的交流电压下工作时，其感抗与等效损耗电阻之比。品质因数反映了电感储能与能耗的比值，即电感存储能量与每个周期内损耗能量的比值。Q 值是一个无量纲量。

（4）额定电流。

额定电流是电感非常重要的一个参数，它定义了电感在长期稳定工作状态下能够承受的最大电流。由于电感的线圈具有一定的电阻，当电流通过时会产生热量，如果电流超过额定值，线圈的温度会升高，可能导致电感的性能下降，甚至损坏。

3.3.4　二极管

二极管是一种具有单向导电特性的半导体器件，广泛应用于模拟电路中。二极管主要功能包括但不限于以下几点。

（1）整流：利用二极管的单向导电特性将交流电转换成脉冲直流电，这是实现电源供电的关键步骤。

（2）稳压：通过调整二极管的导通状态来稳定电压输出，保护后续电路不受电压波动的影响。

（3）发光：LED（发光二极管）导通时会发光，广泛用于显示屏和指示灯等。

（4）开关：二极管在正向偏压下导通，相当于闭合的开关；在反向偏压下截止，相当于开启的开关。这一特性用于构成逻辑电路。

（5）限幅：二极管正向导通后，其压降基本不变，可以用作限幅元件，限制信号幅度。

（6）检波：在收音机等设备中，二极管用于检出调制信号中的音频信息。

（7）续流：在感性负载如开关电源和继电器中，二极管提供一条续流回路，防止感应电压损坏其他元件。

（8）变容：特定类型二极管的电容会随电压变化而变化，这种特性常用于调谐电路，如电视机高频头。

（9）显示：用于 VCD、DVD 播放器和计算器等设备的显示器上。

由于其简单且可靠的特点，二极管在家用电器、工业控制电路等多种电子产品中都有广泛应用。无论是简单的电源整流还是复杂的信号处理，二极管都扮演着重要的角色。

3.3.5 三极管

三极管是电子电路中不可或缺的核心半导体元件，主要具备电流放大和开关控制的功能。

三极管的工作原理基于其内部的两个 PN 结，这两个 PN 结将半导体分成三部分：基区、发射区和集电区。根据这些区域的掺杂类型不同，三极管主要分为 NPN 型和 PNP 型两种。以下是三极管的主要功能介绍。

（1）电流放大：三极管能够利用较小的基极电流来控制较大的集电极电流，实现信号的放大作用。这是三极管在模拟电路中最重要的应用之一，如用于放大器中增强微弱的信号。

（2）开关控制：三极管还可以作为无触点开关使用，这在数字电路中尤为常见。通过控制基极电流的有无，可以控制集电极和发射极之间是否导通，从而控制负载的开和关。

此外，三极管有三种常用的连接方式，分别是共基极（CB）、共集电极（CC）和共发射极（CE）。不同的连接方式会影响三极管的放大效果和频率响应等特性。

综上所述，三极管在现代电子设备中扮演着至关重要的角色，无论是作为放大器件还是开关器件，它们都对电子技术的发展有着不可替代的贡献。

三极管的主要参数如下。

（1）电流放大倍数 β。

$$\beta = \frac{\Delta i_{\mathrm{c}}}{\Delta i_{\mathrm{b}}}$$

（2）最大耗散功率 P_{CM}。

P_{CM} 是指晶体管集电极的最大允许耗散功率，它与晶体管的温升密切相关。对于硅管，当其温度超过 150℃时，晶体管的特性会明显变差，甚至可能烧坏；而对于锗管，这个临界温度是 170℃。

电子元器件众多，包括各种集成芯片（IC），相同类型的元器件在不同领域中的应用可能会有些许差别，当拿到一个陌生的电子元器件时，不能以普遍的方法去使用，否则可能会出现不可预测的后果。拿到陌生的电子元器件，特别是集成芯片时，应该先查阅它的数据手册。数据手册的内容一般包括该产品的实物信息，如封装尺寸、引脚信息等；工作条件和极限参数，如工作电压、温度、输出参数、误差范围等；使用方法和应用电路等。查阅这些信息后就可以知道该产品如何正确使用，当出现故障时也能做出正确判断。

3.4 硬件电路设计

设计硬件电路首先要了解实际需求，根据需求去设计相应的电路。电路设计包括原理图设计和印制电路板（Print-Circuit Board，PCB）设计。常用的电路设计软件有 Altium Designer 和立创 EDA，本节以 Altium Designer 13 为例进行介绍。

3.4.1 软件介绍

Altium Designer 的主要功能包括原理图设计、PCB 设计以及封装库设计等。

原理图设计是电路设计的基础，通过 Altium Designer，用户可在图纸上放置代表实际元器件的符号，并编辑其属性，以建立具有电气意义的连接。这些连接可以通过物理连接如导线实现，或者通过逻辑连接如网络标签和跨页连接标签实现。高级应用还包括层次化原理图的设计及其后续处理，如打印和报表输出。

PCB 设计则是将原理图转换成实际的 PCB 布局。这要求对 PCB 设计的基础知识有一个全面的了解，如布局设计、PCB 的编辑和布线等。用户还可以执行 PCB 绘制编辑、拓扑逻辑自动布线、信号完整性分析等操作，最终生成用于生产的 PCB 文件。

对于封装库设计，Altium Designer 提供了创建和管理元件封装库的功能，允许用户根据硬件的数据手册制作新的原理图库和 PCB 封装库。在创建过程中，用户可定义引脚、修改焊盘样式与大小，甚至设置 3D 模型效果，以便在设计和制作 PCB 时使用。

总的来说，Altium Designer 通过集成各种设计功能和提供丰富的教程资源，确保了电子产品开发过程的效率和质量，成为业界广泛使用的设计工具。

3.4.2 软件界面

1. 用户界面

Altium Designer 提供了统一的用户界面，简化了电子产品开发的工作流程，如图 3-78 所示。界面中主要包括菜单栏、工具栏、导航、工作面板、文件标签、主设计窗口等。

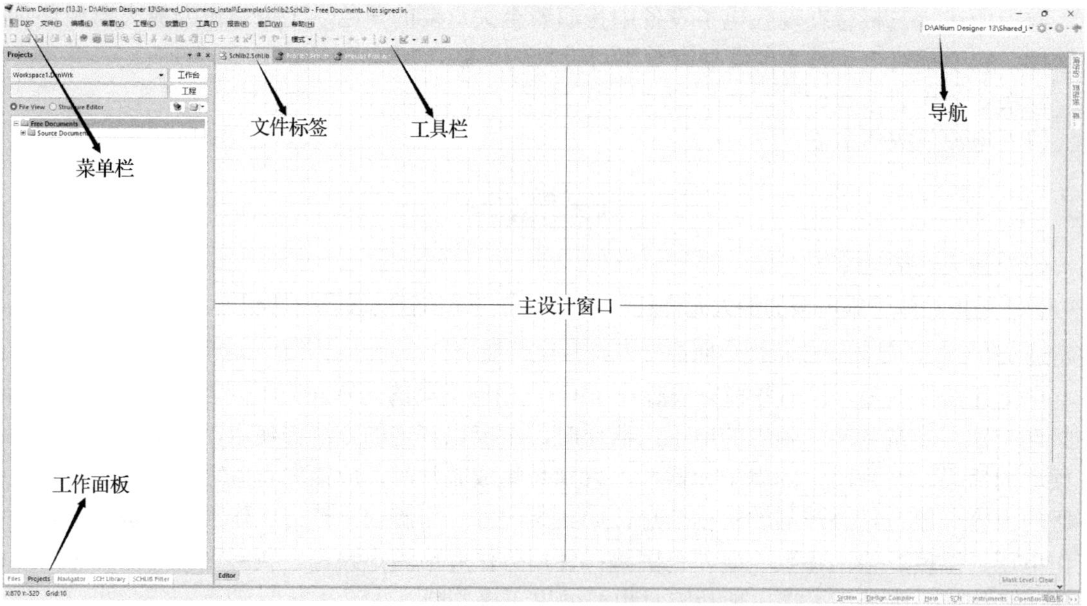

图 3-78 用户界面

2. 工作面板

Altium Designer 的工作面板是其用户界面的关键组成部分，分为系统性面板和编辑器面板两大类。

系统性面板：这类面板与特定的文件或编辑器无关，它们提供全局功能，可以在整个设计过程中随时访问。例如，【Files】面板可用于管理打开的文件，【Projects】面板用于管理整个工程及其包含的文件。

编辑器面板：这些面板与当前打开的特定类型的文件相关联，提供与该类型文件相关的信息和控制命令。例如，当打开一个原理图文件时，会出现针对原理图的特定面板，提供元件库访问、布线工具等；同理，打开 PCB 文件时，会有针对 PCB 设计的特定面板。

工作面板的目的是提供一个直观且功能丰富的环境，让用户能够快速访问需要的工具和信息，从而提高设计效率。例如，Altium Designer 启动后，会自动激活【Files】面板和【Projects】面板，允许用户立即开始工作，无论是创建新文件、打开现有工程还是管理文件结构都变得十分便捷。

总之，Altium Designer 通过其工作面板的设计，确保了用户可以在不同的设计阶段中高效地执行任务，并通过提供必要的信息和工具来优化设计。

3．访问面板

当 Altium Designer 首次启动时，会有几个工作面板自动打开以方便用户立即开始工作，如 Files、Projects 等面板。

在 Altium Designer 中，有很多按钮和快捷方式可以帮助用户快速访问不同的功能，如 System、Design Compiler、Help 等都是位于主设计窗口底部的按钮。

当用户使用某个文件编辑环境时，如原理图编辑器或 PCB 编辑器，可以通过这些按钮来快速切换到不同的面板或系统功能。

4．本地化语言环境

菜单项和大多数对话框文本标签都可以根据安装在计算机上的语言进行显示，这样用户就能够在一个熟悉的环境中工作，而无须额外适应英文界面。本地化语言功能通过提供英文文本的翻译提示，进一步优化了用户体验。单击菜单栏【DXP】→【Preferences】命令，打开【Preferences】对话框，单击【System】→【General】选项，在【Localization】选区中进行设置。

Altium Designer 安装好之后默认为英文版，更改语言后，重启软件即可打开中文版。

3.4.3 原理图绘制

电路原理图设计包含创建工程文件、创建原理图文件、设置图纸和工作环境、加载元件库、放置元件、放置导线、放置电路符号、检查修改、保存及输出等步骤。

1．创建工程文件

创建工程文件命令如图 3-79 所示，单击菜单栏【文件】→【新建】→【工程】→【PCB 工程】命令。创建成功后，工程文件会显示在工作面板区【Projects】面板中，如图 3-80 所示。

图 3-79　创建工程文件命令

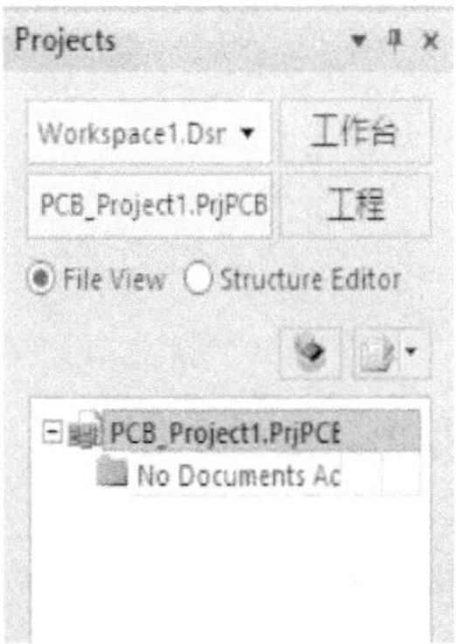

图 3-80　工程文件在【Projects】面板中显示

2. 创建原理图文件

在工程中创建原理图文件的方法有两种。

方法一：单击菜单栏【文件】→【新建】→【原理图】命令，生成原理图文件。

方法二：右击新建的工程，在弹出菜单中选择【给工程添加新的】→【Schematic】选项。

如果没有在工程下创建文件，那么此文件为自由文件，如图 3-81 所示，一些操作将无法进行。

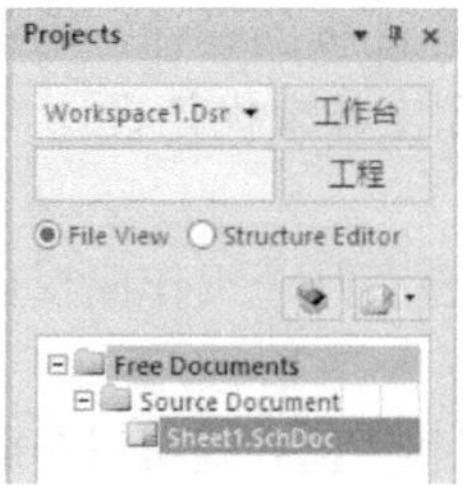

图 3-81　自由文件

创建好工程和文件之后，需要保存和改名。

方法一：单击菜单栏【文件】→【保存】，弹出保存文件对话框，进行设置即可。

方法二：在【Projects】面板中，右击创建的工程，在弹出菜单中选择【保存工程】选项，此时将会依次弹出保存工程和保存文件的对话框，分别更改名称即可。也可以分别右击文件进行保存。

3. 设置图纸

设置图纸包括设置图纸的参数和文件参数。

原理图图纸的设置有以下两种方法。

方法一：单击菜单栏【设计】→【文档选项】命令，进行图纸设置。

方法二：在图纸区域右击，在弹出菜单中选择【选项】→【文档选项】命令，进行图纸设置，【文档选项】对话框如图 3-82 所示。

图 3-82　【文档选项】对话框

可以根据电路的多少对图纸大小进行调整，如图 3-83 所示。也可以自定义图纸的尺寸，如图 3-84 所示。

图纸方向可以通过【定位】选项的下拉列表来设置。【Landscape】表示图纸水平放置，即横向；而【Portrait】表示图纸纵向放置，即竖向。

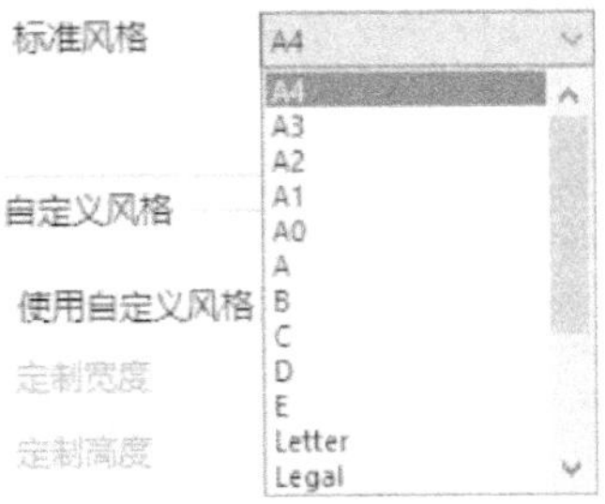

图 3-83　设置图纸大小

图 3-84　自定义图纸尺寸

系统字体通过单击【更改系统字体】按钮进行设置，如图 3-85 所示。

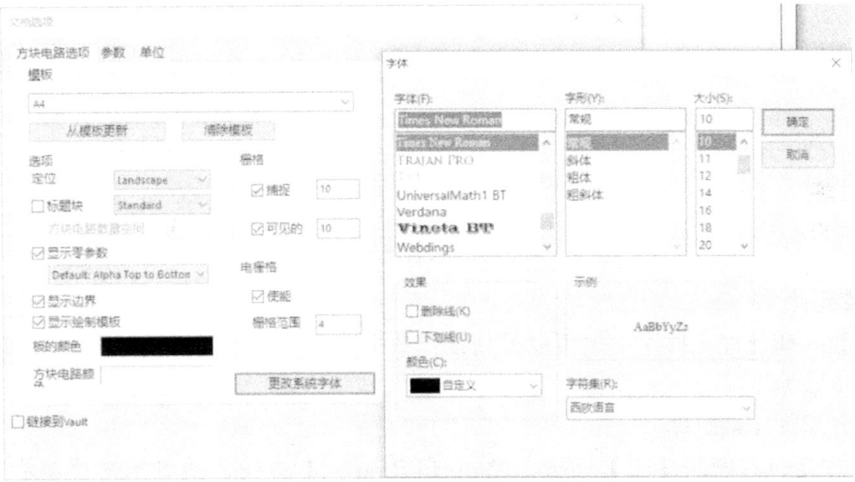

图 3-85　系统字体设置

绘制原理图时需要放置元件和导线，在【栅格】选区中可以更改鼠标移动的最小单位。【捕捉】选项表示鼠标移动的最小单位，【可见的】选项表示网络间隔。鼠标的移动步长也可以在英文输入状态下按 G 键更改。

【文档选项】对话框的【参数】选项卡中可设置文件的参数，如图 3-86 所示。

图 3-86　设置文件参数

Altium Designer 里有两种单位系统，一个是英制单位系统，单位是英寸；一个是公制单位系统，单位是毫米，如图 3-87 所示。通常根据个人习惯选择单位系统。

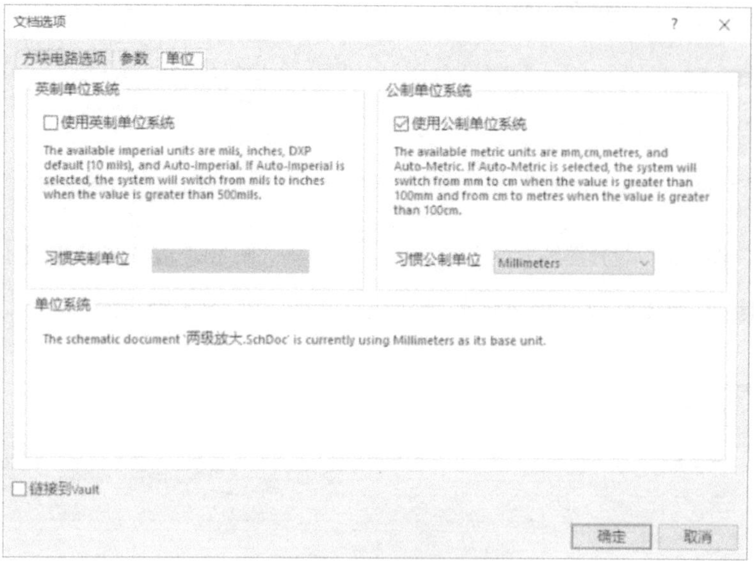

图 3-87　设置单位系统

4．放置元件

有效地载入和管理元件库不仅可以提高设计效率，而且可以确保设计的质量和准确性。添加元件库的步骤如下：

（1）打开原理图编辑器。

（2）单击界面右侧的【库】面板，单击【Libraries】按钮，或者单击菜单栏【设计】→【Add/Remove Library】命令，弹出图 3-88 所示对话框。

（3）单击【安装】按钮弹出文件选择对话框，如图 3-89 所示，鼠标双击某一库文件或者单击库文件后单击【打开】按钮，该元件库就会出现在【安装的库】列表中，如图 3-90 所示。

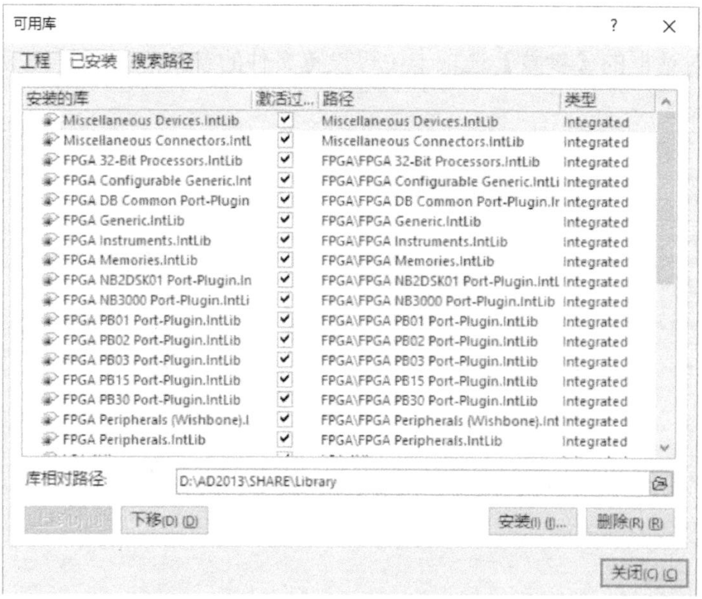

图 3-88 【可用库】对话框

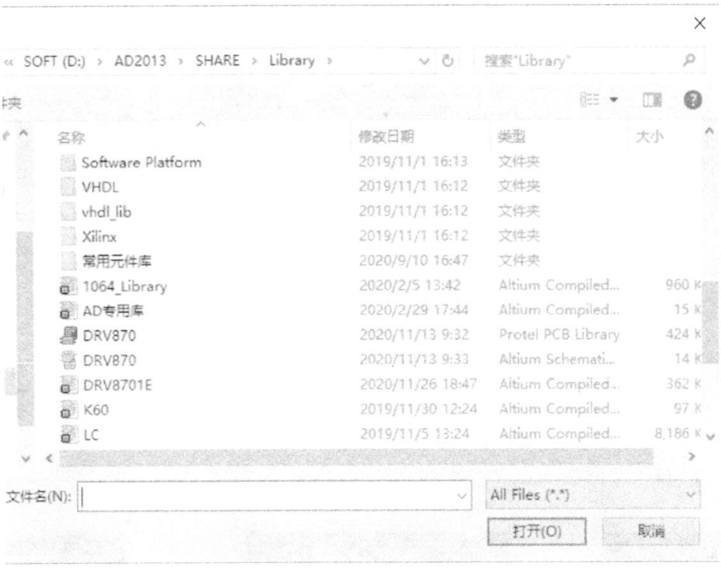

图 3-89　选取需要安装的库文件

图 3-90　元件库添加完成

删除元件库的前两个步骤与添加元件库是一样的。第三步，在【可用库】对话框中，先选择要删除的元件库，再单击【删除】按钮，即可删除元件库。

查找元件有以下两种方法。

方法一：使用通配符查找元件，已知元件所属的库，且已经加载了元件的原理图时，采用这种方法比较快捷。

在图 3-91～图 3-93 所示的过滤器中，输入要查找的元件全称，或者使用通配符“*”或“？”，可以方便地在已安装的元件库中找到需要的元件。其中“*”表示任意一个或多个字符，“？”表示任一字符。

也可单击菜单栏【放置】→【器件】命令，在弹出对话框中单击【选择】按钮，弹出【浏览库】对话框，在【库】下拉列表中可选择元件库。可在【对比度】下拉列表中使用通配符查找元件，或者直接在元件列表中寻找，如图 3-94 所示。

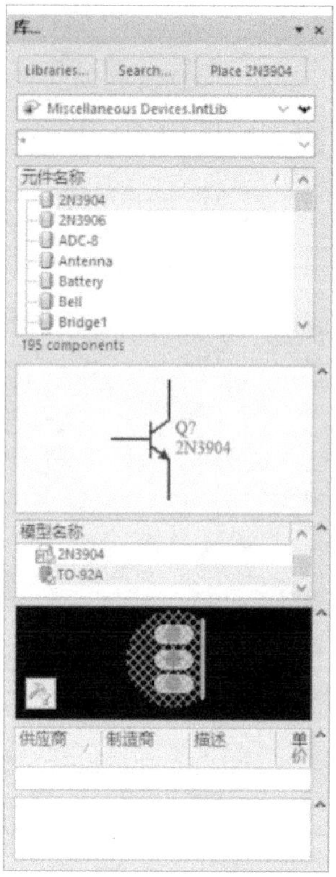

图 3-91　所有元件

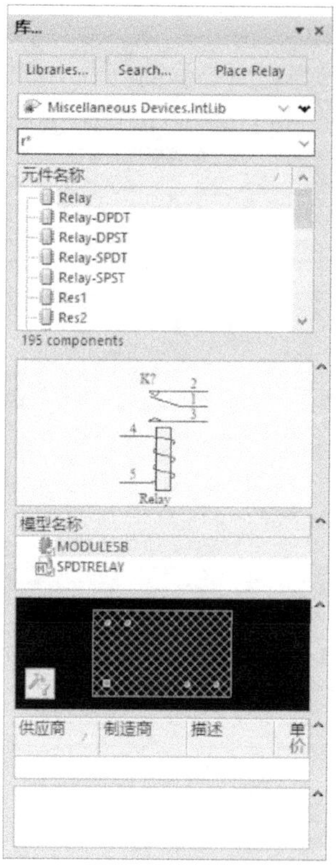

图 3-92　名称为 r 开头的元件

图 3-93　名称中含有 1N 的元件

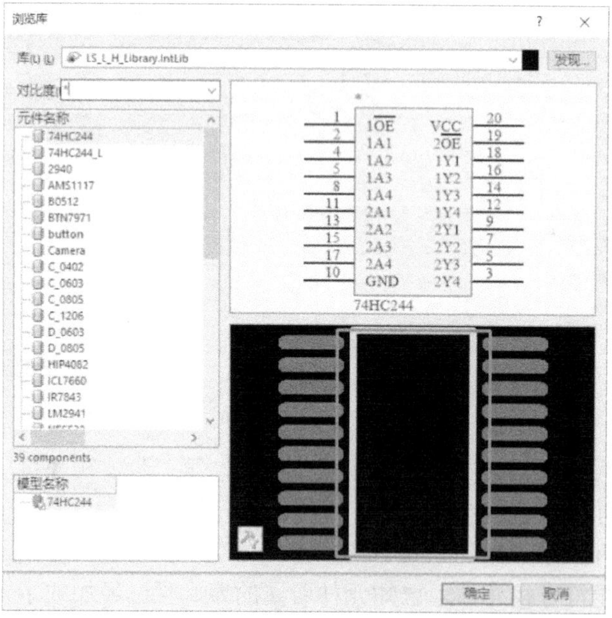

图 3-94　通过【浏览库】对话框查找元件

方法二：使用【库】面板中的【Search】按钮查找元件。

单击【Search】按钮，弹出【搜索库】对话框，如图 3-95 所示。在文本框中输入查找条件，单击【查找】按钮，就能在【库】面板中看到查找结果，选择需要的元件拖到工作区就可以了。若元件所属库没有安装，则会提示安装库，如图 3-96 所示，单击【是】按钮安装。例如，查找 7660 芯片，由于每个库对此芯片的命名有所不同，但都会有 7660，所以通过搜索 7660 进行查找，再设置搜索范围和路径，单击【查找】按钮，搜索结果如图 3-96 中【库】面板所示。

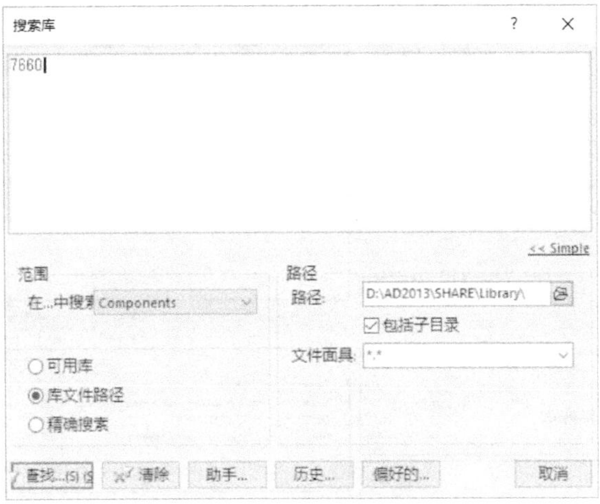

图 3-95 【搜索库】对话框

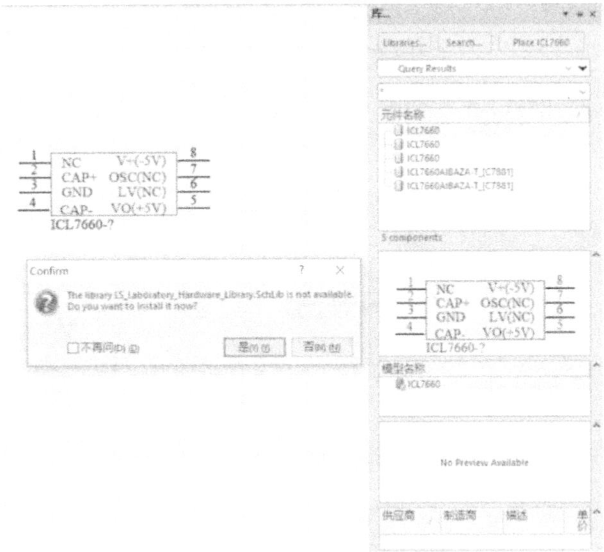

图 3-96 搜索结果

放置元件有以下几种方法。

方法一：在【库】面板中选择需要的元件，直接拖到原理图工作区，或者单击面板中的【Place】按钮放置选取的元件。

方法二：通过菜单命令【放置】→【器件】放置元件。

方法三：单击工具栏中的放置器件按钮 。

这里以一个两级放大电路为例，在放置过程中，按下 Space 键，元件按逆时针方向旋转 90°；按下 X 键，元件左右对调；按下 Y 键，元件上下对调。这些方法也适用于其他元件及导线。

电路所需元件放置完毕后，需要对所有元件的属性进行更改，以方便他人读图。有些元件会自带一些属性（如标称值），但是自带属性可能与所需的值有差别，这种情况下还是需要更改其属性。需要修改的元件属性主要有元件序号、元件参数、元件封装。更改元件属性有以下几种方法。

方法一：选中元件，鼠标右键双击打开元件属性对话框，如图 3-97 所示，在对话框中更改元件属性。

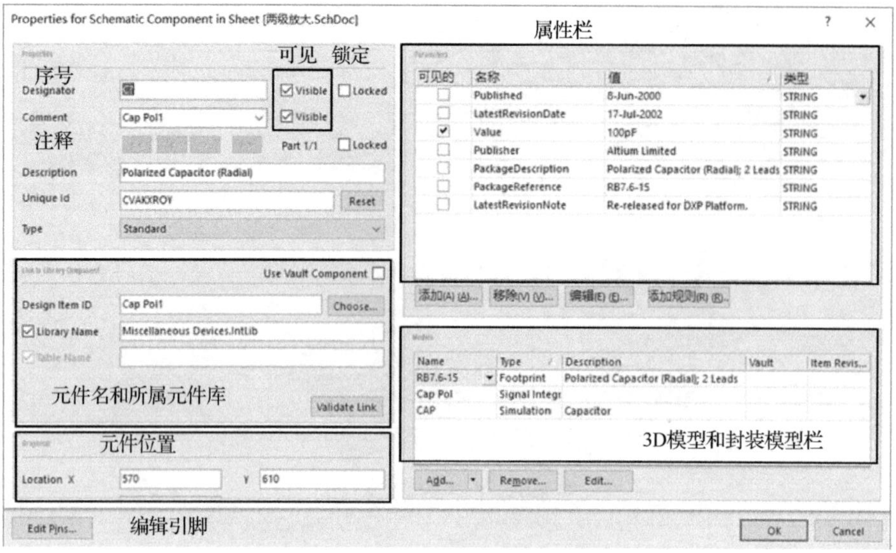

图 3-97　元件属性对话框

方法二：对已显示的元件，在参数上双击，会弹出图 3-98 所示对话框。

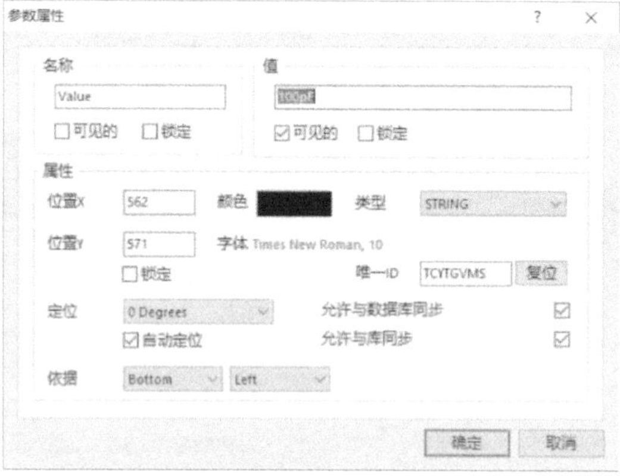

图 3-98　【参数属性】对话框

【名称】文本框中是参数的属性名；参数的值，直接在【值】文本框中输入便可以修改。这种方式还可以修改显示的颜色等属性。

方法三：单击显示的参数，被选中的参数会有一个绿色虚线框。再单击一次，会出现闪烁的光标，此时便可以修改该参数。

修改序号可以直接输入元件序号，如果一个原理图中有两个及以上相同的序号，会在序号相同的元件下标记红色波浪线。例如，两个序号都是 R2，所以都出现了红色波浪线。修改序号之后标记会消失。

方法二可以实现元件的自动编号，步骤如下。

（1）打开原理图，单击菜单栏【工具】→【注解】命令，弹出图 3-99 所示对话框。

（2）在左下方列表中勾选 SchDoc 文件，接着单击【Reset All】按钮，弹出一个对话框，单击【OK】按钮。

（3）单击【更新更改列表】按钮，再单击【接受更改（创建 ECO）】按钮，之后会弹出一个对话框，单击【执行更改】按钮，再单击【关闭】按钮，最后单击【关闭】按钮关闭【注释】对话框，就完成了元件的自动编号。

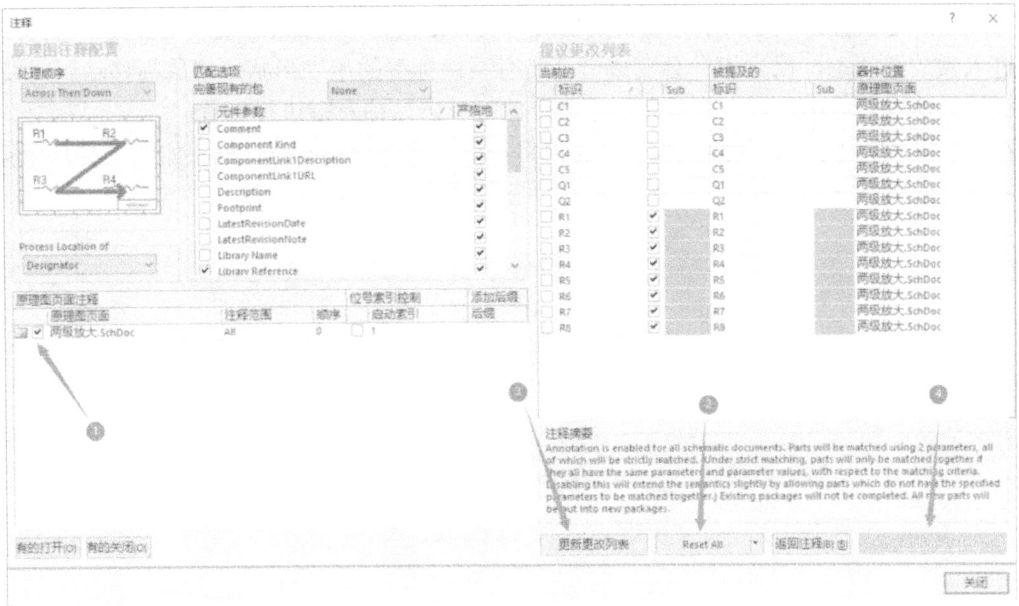

图 3-99　自动编号

5．连接电路

连接电路就是把所有元件按照规定的设计方法连接导通。连接电路所需要的命令有放置导线、放置网络标签和放置端口等。

在电子设计自动化（EDA）软件中，通过使用【放置】→【线】命令或快速访问工具栏中的相关工具，用户能够轻松地绘制导线。在选择此功能后，鼠标指针的形态会从箭头转变为一个较大的十字形状，这标志着用户可以开始绘制导线。

绘制导线时，用户需要将鼠标指针移动至元件的引脚位置。当鼠标指针位于有效的连接点上时，会变为一个红色的交叉十字，这表明用户可以在该点开始连线。

在引脚位置单击鼠标左键，会出现一个预览的导线，它会随着鼠标的移动而延伸。用户可以通过移动鼠标来调整导线的路径，然后在另一个引脚或所需的位置再次单击鼠标左键，完成导线的绘制。

如果在绘制导线的过程中，用户希望取消当前操作，可以单击鼠标右键或者按键盘上的 ESC 键，这样就会退出放置导线的模式。

在设置导线属性时，如果处于预拉线状态，按 TAB 键将弹出图 3-100 所示对话框；对于已放置的导线，可以在其上双击来打开该对话框。

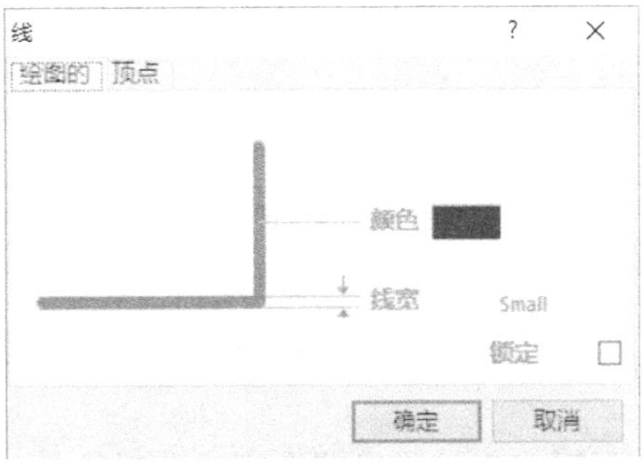

图 3-100　导线属性对话框

在同一个图纸内，相同网络标签的导线是相连的，网络标签的主要功能是减少图纸的连线量，使图纸简洁。

可以通过【放置】→【网络标签】菜单命令或者工具栏 按钮放置网络标签。选择该功能后，进入预放置状态，鼠标指针会变成一个带有网络标签的十字形状，将鼠标移动到需要放置网络标签的地方，鼠标指针会变成红色十字，此时单击鼠标左键进行放置。

在预放置状态下，按下键盘上的 TAB 键将弹出【网络标签】对话框，如图 3-101 所示。对于已经放置的网络标签，用户可以双击网络标签打开该对话框。

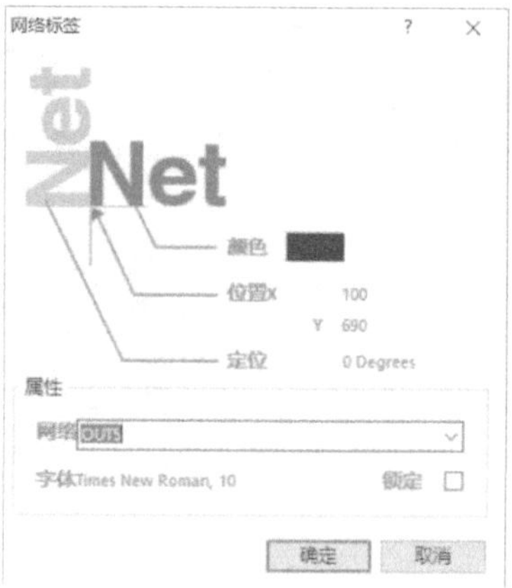

图 3-101 【网络标签】对话框

端口用来表示各原理图之间的连接关系。可以通过【放置】→【端口】菜单命令或者单击 按钮放置端口，此时按 TAB 键，将弹出【端口属性】对话框，如图 3-102 所示。

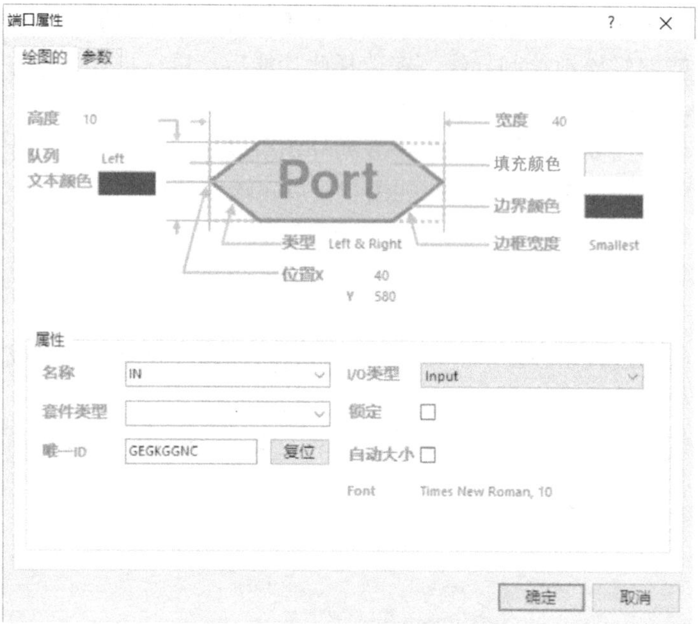

图 3-102 【端口属性】对话框

6. 编辑对象

选择和取消选择、删除、移动、对齐、复制、剪切、粘贴对象的操作方法如下。

（1）选择单个对象。

在确定要选择的对象后，直接单击该对象即可完成选择。

（2）选择多个对象。

在确定要选择的对象后，首先将鼠标移动到目标对象组的左上角位置，按下鼠标左键并保持不放，然后拖动鼠标指针至目标区域的右下角，确保目标对象全部位于框选区域内，最后释放鼠标左键即可完成多个对象的选择。另外也可以按住 Shift 键，逐个单击所需选择的对象。

（3）取消选择。

对于已被选中的对象，在工作区的空白处单击可取消全部选中的对象。

选择操作也可通过【编辑】→【选中】菜单命令实现；取消选择操作可通过【编辑】→【取消选中】菜单命令实现。

（4）删除对象。

使用 Delete 键：此方法适用于删除已选择的对象。

执行菜单命令【编辑】→【删除】：在启动删除命令之前，无须预先选择对象。一旦启动了删除命令，鼠标指针会变成一个十字形状。将鼠标移动到要删除的对象上并单击，该对象就会被删除。此命令支持连续删除多个对象，右击可退出此命令。

（5）移动对象。

首先，将鼠标移动到需要选择的对象上，然后按住鼠标左键。此时选中的元件会随鼠标移动，鼠标指针也会相应变化以指示可移动状态。拖动鼠标，把对象拖到期望的位置，然后释放鼠标左键，这样就完成了对象的移动。

对于已经选择的对象，也可以通过执行菜单命令【编辑】→【移动】→【移动选择】来移动，或者使用工具栏中的相应工具。按下鼠标左键并拖动鼠标至所需位置后释放鼠标左键，即可完成移动，但导线不会随元件一起移动。

另一种移动单个元件的方法是：双击该元件，弹出【参数属性】对话框，修改【位置 X】和【位置 Y】输入框的参数值，从而改变元件的位置坐标，达到移动元件的目的。

（6）对齐对象。

通过执行菜单命令【编辑】→【对齐】可以进行对象的对齐处理，如图 3-103 所示。

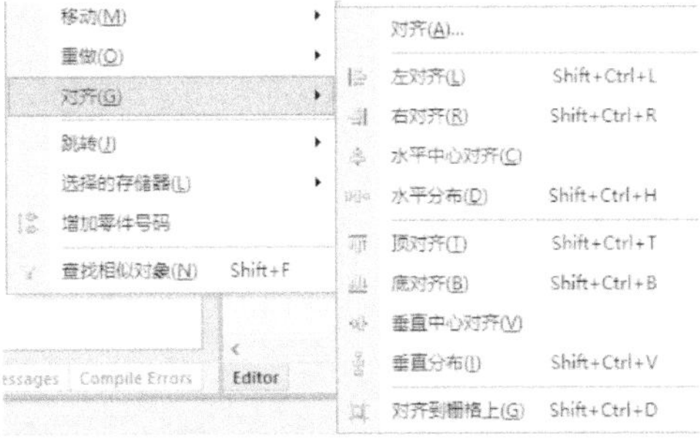

图 3-103　对齐命令

（7）复制、剪切和粘贴对象。

通过执行菜单命令【编辑】→【复制】，可以将已选择的对象复制到剪贴板中。在进行复制操作之前，必须确保所需复制的对象已被选中。一启动复制命令，对象就会被复制到剪贴板中。此外，复制操作也可以通过快捷键 Ctrl+C 来完成。

通过执行菜单命令【编辑】→【剪切】，可以将已选择的对象移动到剪贴板中，同时原理图上的相应对象将被删除。在进行剪切操作之前，需要先选择要剪切的对象。一启动剪切命令，所选对象将会被移动到剪贴板中。剪切操作也可以通过快捷键 Ctrl+X 或使用工具栏中的相应工具来进行。

通过执行菜单命令【编辑】→【粘贴】，可以将剪贴板中的内容作为副本放置到原理图中。启动粘贴命令后，鼠标指针将变为十字形状，并携带着剪贴板中的对象。将鼠标移动到适当的位置并单击，即可在该位置粘贴对象。粘贴操作也可以通过快捷键 Ctrl+V 或使用工具栏中的相应工具来进行。

7. 调整视窗

放大工作视窗的方法有以下几种。

（1）使用键盘上的 PgUp 键可以实现以鼠标当前位置为中心的视窗放大。

（2）执行菜单命令【察看】→【区域】，可以选择一个区域并将其放大显示。

（3）执行菜单命令【察看】→【点周围】，可以以第一次单击的位置为矩形区域的中心点，以第二次单击的位置为矩形区域的角点，放大选定的矩形区域。

缩小工作视窗可使用键盘上的 PgDn 键实现。

调整视窗大小的方法有以下几种。

（1）执行菜单命令【察看】→【适合文件】，可以使视窗适应整个文件的尺寸，以便完整显示文件内容。

（2）执行菜单命令【察看】→【适合所有对象】，可以调整视窗只显示绘制了图形的部分，便于查看细节。

刷新视窗的方法有以下几种。

（1）使用键盘上的 End 键可以更新绘图区的内容，恢复其正常显示状态。

（2）执行菜单命令【察看】→【刷新】，可以达到相同的刷新效果。

8. 检查修改

工程选项如图 3-104 所示，包括错误报告（Error Reporting）、连接矩阵（Connection Matrix）、类生成（Class Generation）、比较器（Comparator）、ECO 生成（ECO Generation）等。要调整工程选项相关设置，可以单击菜单栏【工程】→【Project Options】命令，在弹出的【Options for PCB Project】对话框中进行相应配置。

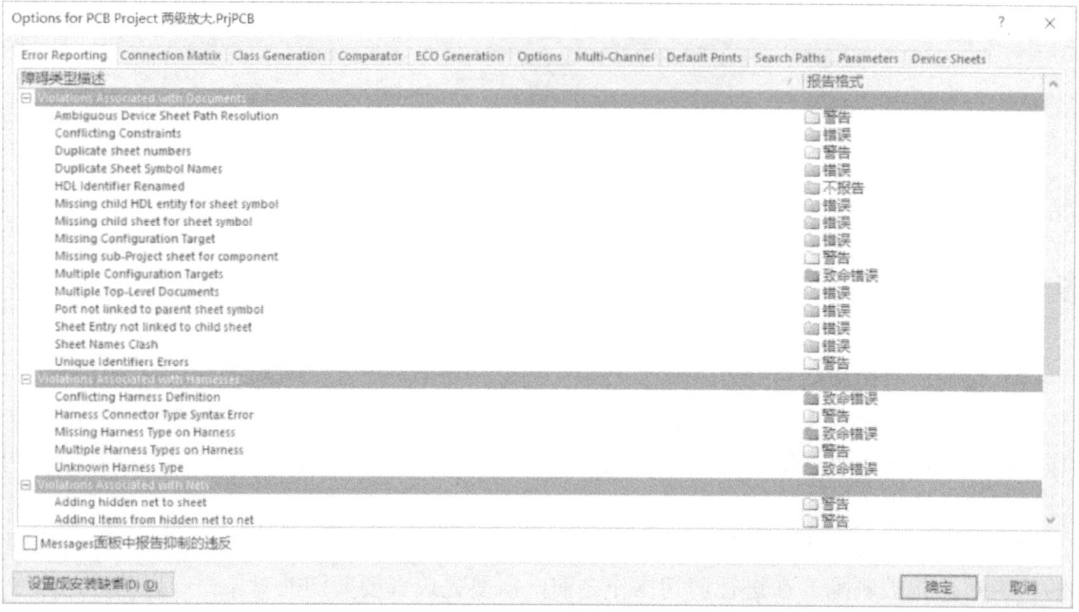

图 3-104　工程选项

原理图不只是一幅图纸，它还包含了电路的连接信息。利用这些信息，用户可以对自己的设计进行校正。在执行工程编译的过程中，Altium Designer 会根据设定的电气检测规则来识别电路设计中可能存在的问题。表 3-8 展示了【Error Reporting】选项卡中一些常用选项的中英文对照。

表 3-8 【Error Reporting】选项卡中常用选项的中英文对照

选项	英文	中文
Violations Associated with Components（与元件有关的规则违反）	Duplicate Part Designators	元件编号重复
	Component with Duplicate Pins	元件引脚重复
	Sheet Symbol with Duplicate Entries	原理图符号端口重复
	Missing Component Models	缺失元件模型
Violations Associated with Nets（与网络有关的规则违反）	Duplicate Nets	网络标号重复
	Floating Net Labels	网络标签未连接
	Unconnected Wires	导线未连接
	Nets with Multiple Names	一个网络多个名称
	Nets with Only One Pin	仅含一个引脚的网络
Violation Associated with Documents（与文件有关的规则违反）	Duplicate sheet numbers	图纸编号重复
	Port not linked to parent sheet symbol	层次原理图端口未与父原理图符号连接
	Duplicate Sheet Symbol Names	原理图符号名称重复

“Violations Associated with…”表示规则违反的类别，具体分为与元件、网络和文件相关的规则违反，每一类下都有具体的规则违反类型。

错误报告（Error Reporting）用于配置原理图电气校验的功能。在【报告格式列表】中，用户可以设定各种错误的严重级别，可选的级别有：不报告（No Report）、警告（Warning）、错误（Error）、致命错误（Fatal Error）。用户可通过下拉菜单选择适当的级别。

连接矩阵（Connection Matrix）是一种图形化工具，如图 3-105 所示。它描述了原理图中不同类型连接端口之间的关系，并指示了这些连接是否被设置为允许状态。该矩阵图使用 4 种颜色来表示不同的电气连接状态：绿色表示电气连接是正确的（No Report）；黄色表示电气连接有时正确有时错误，属于警告级别（Warning）；橘色表示电气连接是错误的（Error）；红色则代表电气连接存在致命错误（Fatal Error）。

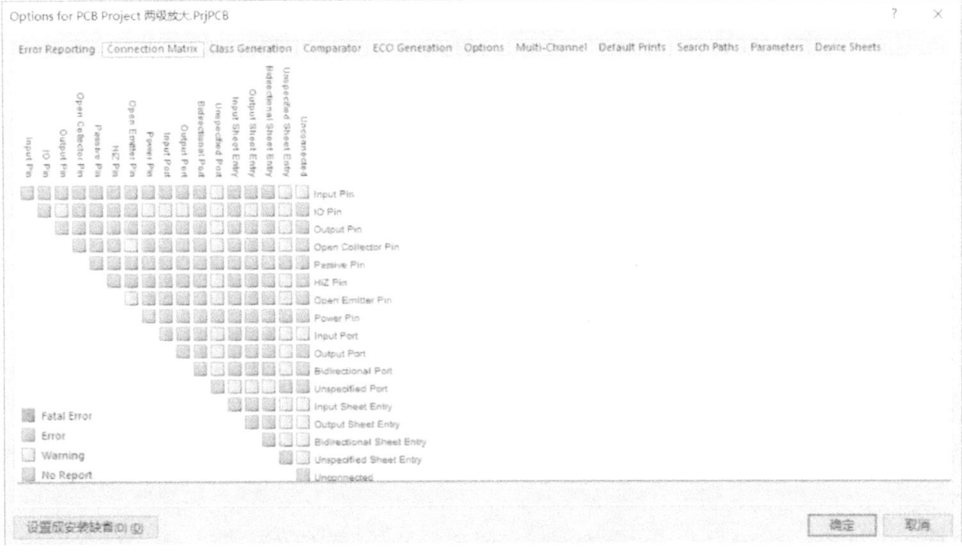

图 3-105　连接矩阵

图 3-105 彩色版

矩阵图的形式类似于二维坐标系，横轴和纵轴的交点处会显示一个色块，这个色块就代表了两项内容之间的连接是否正确。用户可以根据个人的设计需求，对各错误级别进行自定义设置。通过单击，可以逐次改变色块的颜色。此外，用户也可以单击【设置成安装缺省】按钮，将电气检测的测试规则恢复至系统默认。

编译工程是一个检查设计草图中连接和电气规则错误的过程，它提供了一个环境来排除这些错误。首先，选择菜单栏【工程】→【Compile PCB Project】命令，以执行当前工程的编译。编译完成后，所有的违例信息都将在【Messages】面板中显示，如图 3-106 所示，单击违例条目可以查看具体的错误。

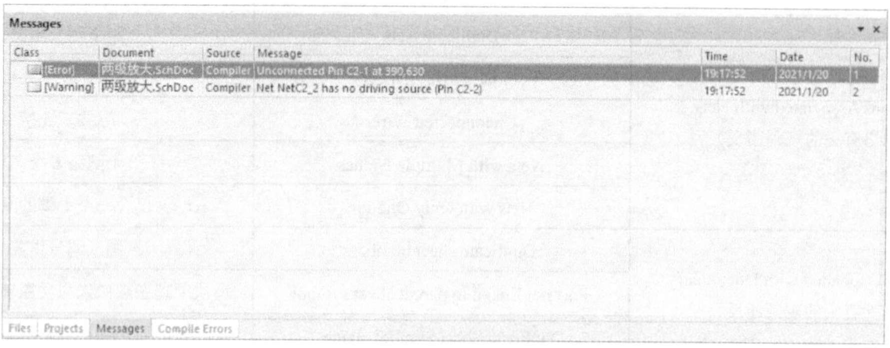

图 3-106　编译工程后显示的违例信息

以图 3-106 中第一行信息为例，【Class】栏显示的错误类别为“Error”，【Message】栏提示“Unconnected Pin C2-1 at 390, 630”，表示坐标（390,630）处 C2 的 1 引脚未连接。双击该行会高亮显示有错误的地方。

如果电路设计符合工程选项内的连接性和电气规则的约束，那么【Messages】面板中将不会显示任何错误，如图 3-107 所示。如果报告中显示有错误，那么就需要检查电路并进行纠正，以确保原理图设计的正确性。

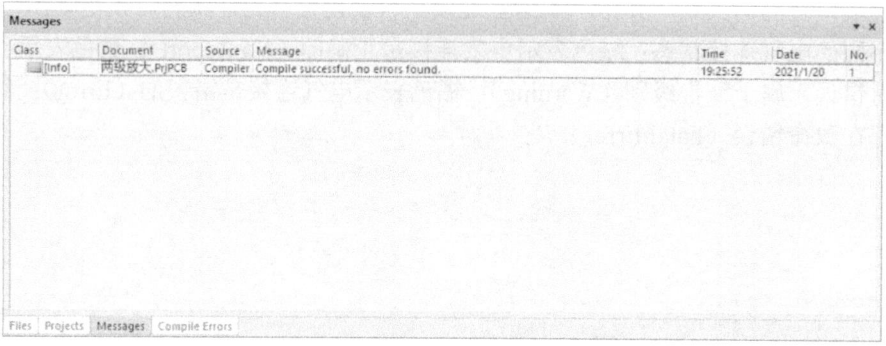

图 3-107　编译无错时显示的信息

使用 NO ERC 符号可以解决不想显示的错误。具体操作步骤如下：

（1）单击工具栏 按钮，或选择菜单栏【放置】→【指示】→【Generic NO ERC】命令。

（2）执行完上述操作后，鼠标指针会携带一个 NO ERC 符号出现在工作区。

（3）将 NO ERC 符号放置在需要忽略错误提示的位置，然后右击以退出放置。完成后再次对原理图进行编译，可以发现不再有错误提示了。

编译完成后，【Navigator】面板中将显示文件的层次关系，并将元器件、网络和模型关联在一起。

9．输出文件

Altium Designer 是一款一体化的设计平台，提供了丰富的制造数据输出功能。PCB 制造过程涉及数据格式转换输出、元器件采购、电路板测试、元器件装配等多个环节，因此，电子设计自动化工具需要具备生成多种不同用途文件格式的能力。下面将重点介绍元件清单的输出。

输出装配数据即元器件装配图包含电路板两面装配的元器件位置和原点信息。

输出设计文件包含以下几项。

（1）层复合格式绘图：控制打印视图中显示的层组合模式；

（2）三维视图打印：打印输出电路板三维视图；

（3）原理图打印输出：输出原理图设计图纸；

（4）PCB 图打印输出：输出 PCB 设计图纸。

输出网表数据包含 EDIF 格式网表、PCAD 格式网表、Protel 格式网表、SIMetrix 格式网表、SIMPLIS 格式网表、Verilog 文件网表、VHDL 文件网表及 XSPICE 标准网表。

输出设计报告包含以下几项。

（1）材料清单：列出设计中调用的元器件清单；

（2）元器件交叉参考报告：在现有原理图的基础上，创建一个组件的列表；

（3）工程源文件层次报告：创建一个源文件的清单；

（4）单个引脚网络报告：创建一个显示某一引脚网络连接的报告；

（5）简单 BOM（物料清单）：创建一个简化版 BOM 文件。

注意 Altium Designer 内设有输出数据队列管理功能，可以统一管理各种类型的输出文件。

生成 Gerber 格式的制造数据文件：选择菜单栏【文件】→【Fabrication Outputs】→【Gerber Files】命令，打开【Gerber Setup】对话框，选定所需文件，即可生成 Gerber 格式的制造数据文件。

生成材料清单的步骤如下。

（1）选择菜单栏【报告】→【Bill of Materials】命令，打开【Bill of Materials For Project】对话框。

（2）在【全部纵列】列表内，选择需要输出到报告的元器件属性列的名称，单击对应的【展示】复选框。

（3）将设定为分组类型的属性列拖入【聚合的纵队】列表，用于在材料清单中按设置的类型划分元件组。例如，若要以封装名分组，可在【全部纵列】列表中选中【Footprint】选项，并拖动到【聚合的纵队】列表中。

（4）在【导出选项】选区，设置文件的输出格式。以上步骤完成后，如图 3-108 所示。

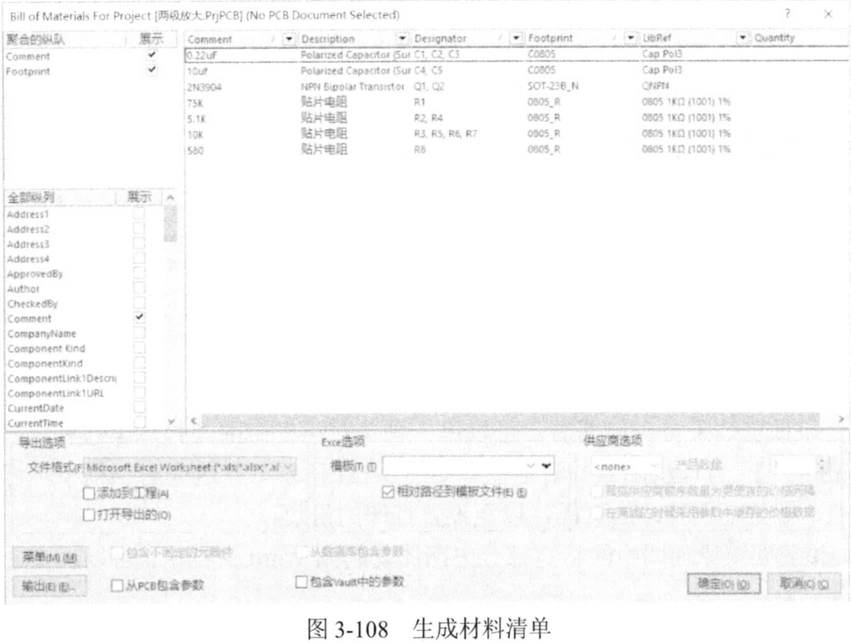

图 3-108　生成材料清单

在实际应用中，经常需要将原理图打印出来，以便查阅或者作为资料进行保存。Altium Designer 在原理图的输出方面非常便捷且功能强大，能够实现 PDF 格式的输出。

打印原理图的操作步骤如下。

首先，单击菜单栏【文件】→【页面设置】命令，弹出【Schematic Print Properties】（原理图打印属性）对话框，如图 3-109 所示。可对页面的大小、方向、颜色及缩放比例等进行修改。

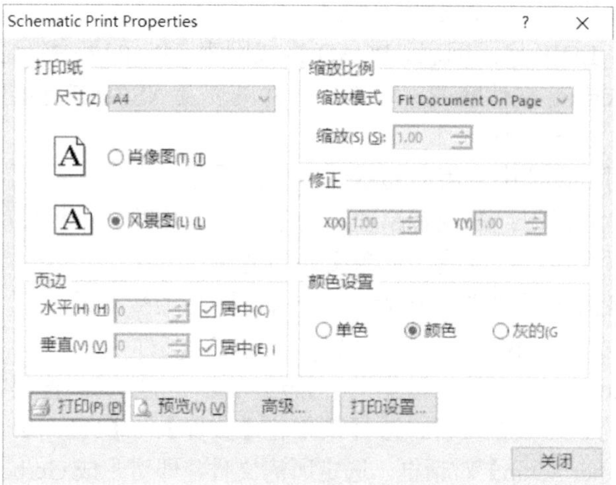

图 3-109 【Schematic Print Properties】对话框

页面设置完成后，单击对话框中的【预览】按钮，将会打开一个打印预览对话框，如图 3-110 所示。在这个对话框中，可以提前查看打印效果。

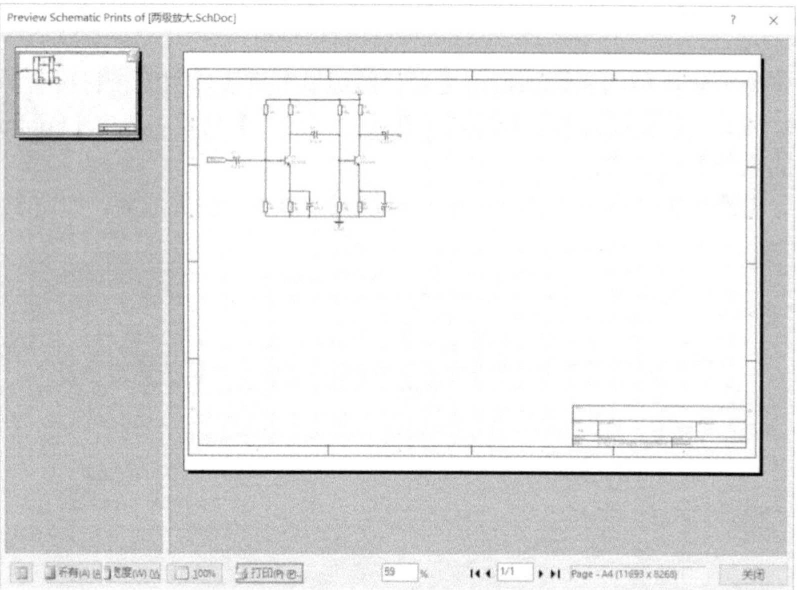

图 3-110 原理图打印预览对话框

在确认打印预览效果符合预期后，可以单击预览对话框中的【打印】按钮，打开【Printer Configuration for…】（打印机配置）对话框，如图 3-111 所示。在这个对话框中，可以选择想要使用的打印机，确定需要打印的页码，以及设置打印的份数。

此外，如果需要将原理图中的特定部分电路图复制到 Word 文档中，可以直接选择该部分电路进行复制和粘贴。

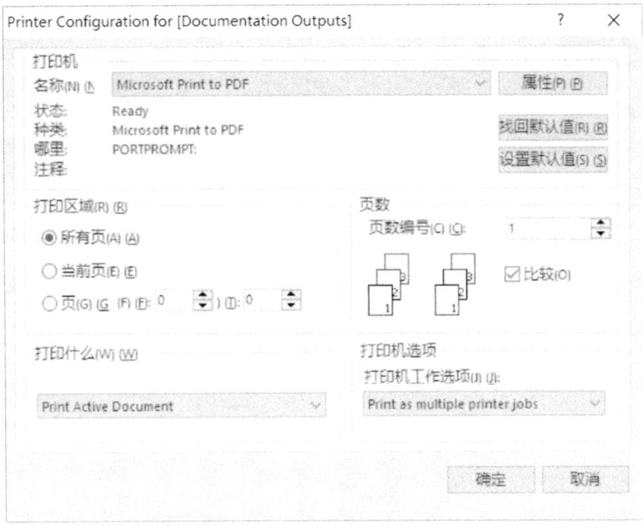

图 3-111　打印机配置对话框

关于 PDF 文件的生成，Altium Designer 提供了一个强大的 PDF 生成工具，使得将电路图或 PCB 图转换为 PDF 格式变得非常便捷。

首先，单击菜单栏【文件】→【Smart PDF】命令，打开【灵巧 PDF】对话框。接着，单击【Next】按钮，进入【选择导出目标】界面，选择当前项目（工程）或者当前文件作为导出目标，并设置导出文件的路径和文件名，如图 3-112 所示。

图 3-112　选择导出目标

接下来，单击【Next】按钮，进入【导出项目文件】界面，选择需要生成 PDF 的原理图文件，如图 3-113 所示。通过按住 Ctrl 或 Shift 键的同时依次单击文件，可以选取多个文件进行输出。

单击【Next】按钮，进入【导出 BOM 表】界面，设置是否要导出元件报表，以及选择报表的格式和模板，如图 3-114 所示。

单击【Next】按钮，进入【添加打印设置】界面，如图 3-115 所示。

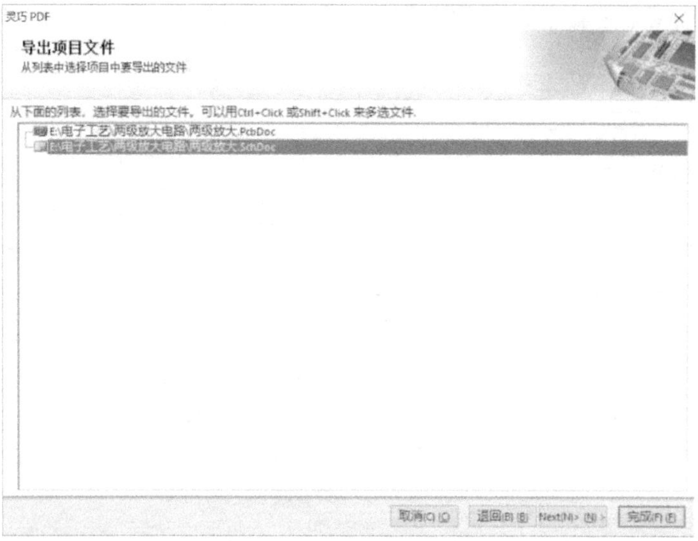

图 3-113　选择原理图文件

图 3-114　导出元件报表

图 3-115　打印设置

在【缩放】选区中，可以设定 PDF 阅读窗口的缩放程度。

在【Additional Bookmark】（附加信息）选区中，可以选择是否在 PDF 文件中显示相关的网络信息，如管脚（引脚）、网络标号（网络标签）、端口等信息。

在【原理图选项】选区中，可以设置是否在 PDF 文件中生成 NO ERC 符号等。

在【原理图颜色模式】选区中，可以选择输出图纸的颜色模式，如单色或彩色。

单击【Next】按钮，进入【结构设置】界面，如图 3-116 所示。这个功能主要是为层次化原理图或多通道原理图设计的，通常情况下不需要进行修改。

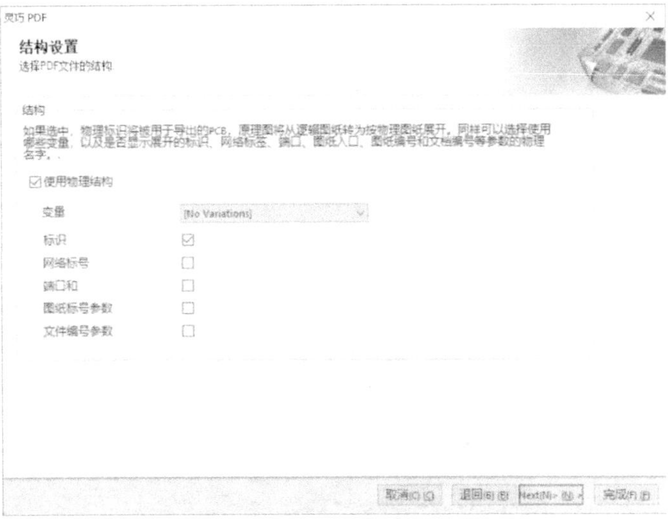

图 3-116　结构设置

单击【Next】按钮，进入【最后步骤】界面，完成 PDF 文件输出的设置。在这个界面中，可以进行导出完成后是否自动打开 PDF 文件等设置，如图 3-117 所示。

图 3-117　最后步骤

单击【完成】按钮，完成 PDF 文件的输出。

3.4.4　PCB 绘制

印制电路板，即 PCB，是构成电子产品的核心部分。在电路原理图设计完毕之后，接下来的环节是进行 PCB 的布局与设计，最终由制造商根据用户提供的 PCB 设计图纸来生产出所需的印制电路板。

1. PCB 设计流程

PCB 设计流程一般分为如图 3-118 所示的几个步骤。

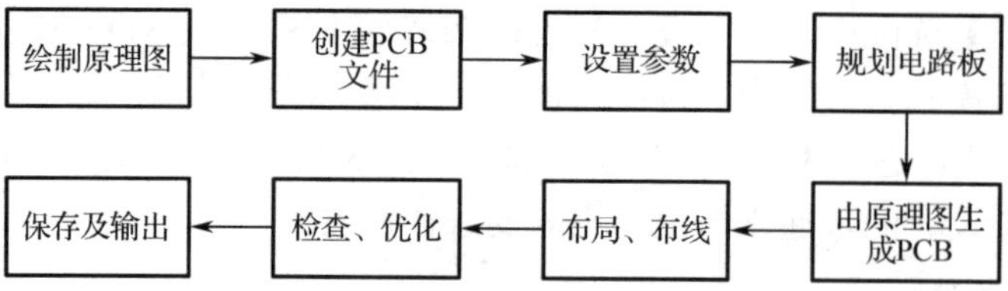

图 3-118 PCB 设计流程

2. 创建 PCB 文件

首先创建一个 PCB 文件，执行【文件】→【新建】→【PCB】菜单命令，然后右击工程，在弹出菜单中选择【Add New】→【PCB】选项，系统将新建一个 PCB 文件，如图 3-119 所示。

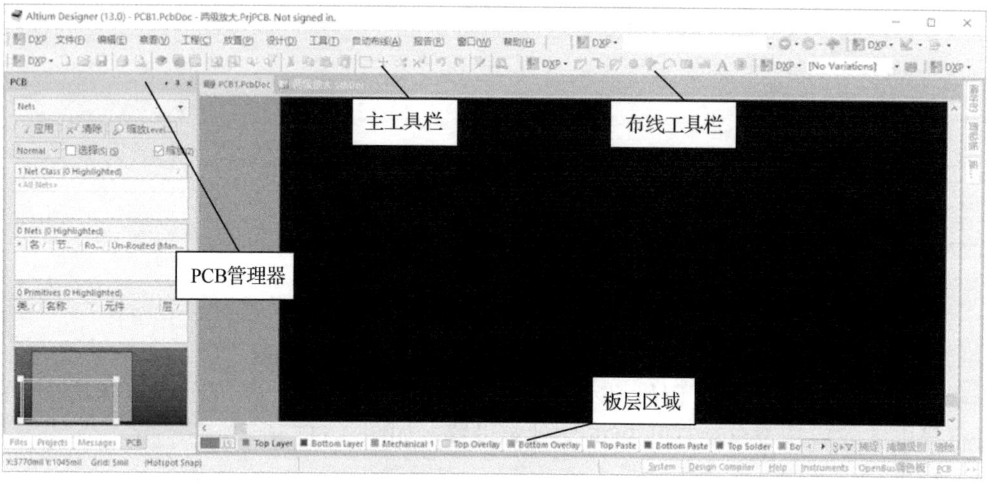

图 3-119 PCB 文件

PCB 管理器主要用于 PCB 中网络（Nets）、元件（Components）等的管理。在 PCB 设计过程中，除了元件的放置，还涉及许多其他元素的布置，如焊盘、过孔和字符串等。为了辅助这些操作，Altium Designer 在其工具栏中集成了基础的布线工具。用户可以通过【察看】→【工具栏】菜单命令来切换工具栏的显示与隐藏。工具栏内的每一个工具都直接对应【放置】菜单下的相应命令。表 3-9 列出了所有布线工具的符号及作用。

表 3-9 布线工具的符号及作用

工具符号	作用	工具符号	作用
	交互式走线		以边沿方式放置圆弧
	差分布线对		放置矩形填充
	灵巧交互式布线		放置多边形填充
	放置焊盘		放置字符串
	放置过孔		放置元件

在 PCB 绘制过程中，Altium Designer 在工具栏提供了最基本的绘图工具，通过执行【察看】→【工具栏】菜单命令，可以实现绘图工具栏的显示与隐藏。工具栏中的每一个工具都与【放置】菜单下的命令相对应。表 3-10 列出了所有绘图工具的符号及作用。

表 3-10　绘图工具的符号及作用

工具符号	作用	工具符号	作用
	放置线		以中心方式放置圆弧
	放置坐标		以任意角度放置圆弧
	放置尺寸标注		绘制整圆
	放置相对原点		特殊粘贴剪贴板中内容

在 PCB 绘制过程中，尺寸标注工具栏为标注线段长度和位置提供了便利。通过执行【察看】→【工具栏】菜单命令，可以实现尺寸标注工具栏的显示与隐藏，表 3-11 列出了所有尺寸标注工具的符号及作用。

表 3-11　尺寸标注工具的符号及作用

工具符号	作用	工具符号	作用
	线性尺寸标注		角度尺寸标注
	径向尺寸标注		引线尺寸标注
	数据尺寸标注		基线尺寸标注
	中心尺寸标注		直径尺寸标注
	半径尺寸标注		标准尺寸标注

3．设置参数

（1）设置 PCB 环境参数。

在 PCB 的生产中，设置环境参数是至关重要的一步。设计者可以通过精确设定这些环境参数来确保系统根据其特定的要求运行。因此，一旦参数设置完成，它们将构成用户定制化的工作环境。

通过执行【工具】→【优先选项】菜单命令，或者选择右击弹出菜单中【选项】→【优先选项】选项，打开【参数选择】对话框。

对话框左侧栏中一共有 5 个选项与环境设置有关，即【General】（通用）、【Display】（显示）、【Interactive Routing】（交互式布线）、【Defaults】（默认）和【Layer Colors】（层颜色）选项。

图 3-120 所示为【General】选项的内容，可对文件的编辑进行设置。

图 3-120　【General】选项

图 3-121 所示为【Display】选项的内容，可对元件的显示和高亮显示等进行设置。

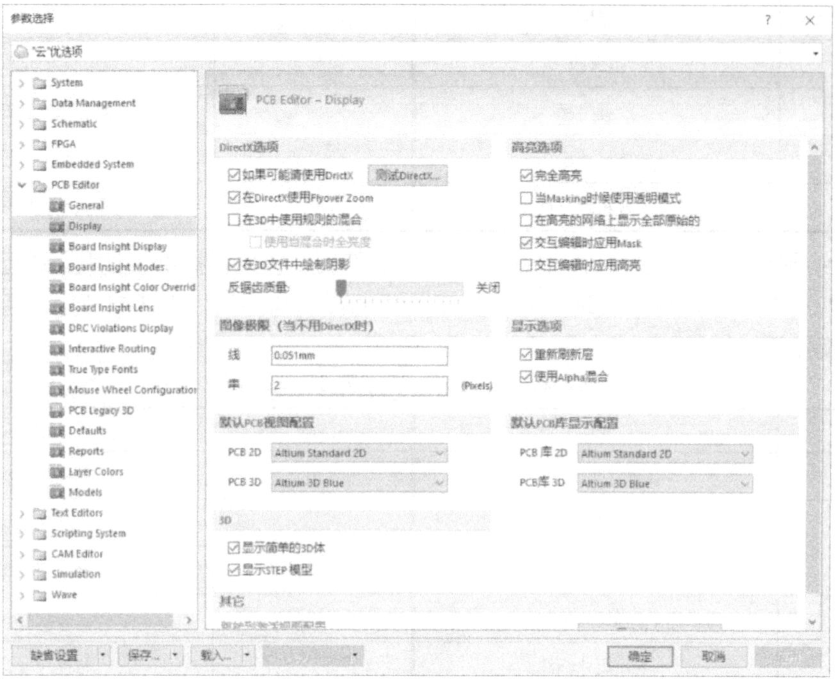

图 3-121 【Display】选项

图 3-122 所示为【Interactive Routing】选项的内容，可对布线冲突和放置线的规则等进行设置。

图 3-122 【Interactive Routing】选项

图 3-123 所示为【Defaults】选项的内容，可对 PCB 中一些元素的系统默认值进行设置。

图 3-123 【Defaults】选项

图 3-124 所示为【Layer Colors】选项的内容。其中，提供了 3 种配色方案供用户选择，它们分别是：Default（默认）、DXP2004 和 Classic（经典）。需要注意的是，此选项专为二维版本的图层颜色配置而设计，若要设置 PCB 的三维视图颜色，需要使用专门的 3D 版本颜色设置对话框来进行。

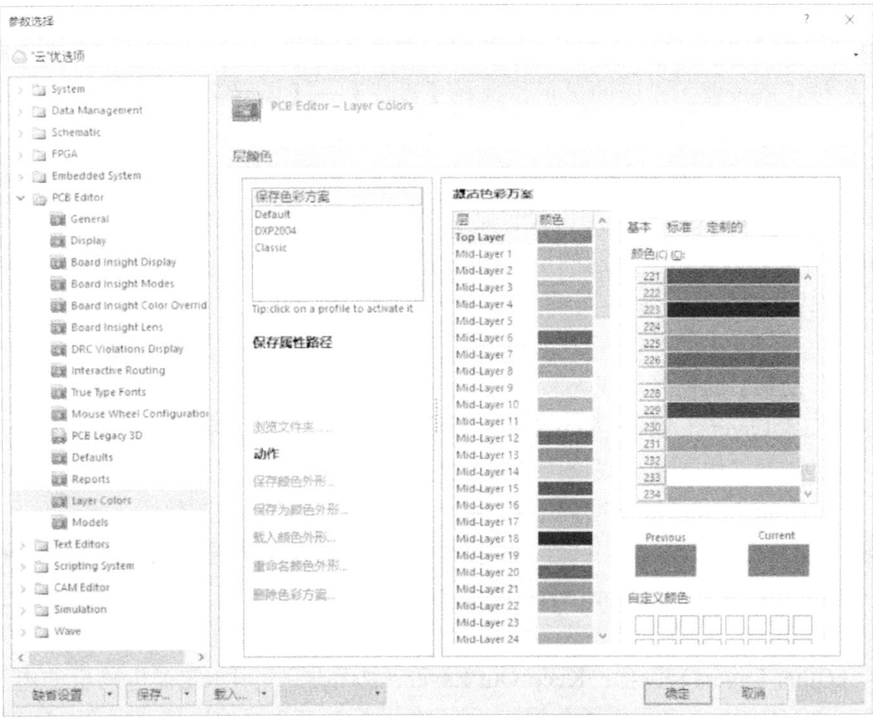

图 3-124 【Layer Colors】选项

执行【设计】→【Board Layer & Colors】菜单命令，弹出图 3-125 所示对话框，其中有【板层和颜色】选项卡、【显示/隐藏】选项卡、【视图选项】选项卡、【透明度】选项卡。通过这些选项卡，可以对层的颜色、显示和隐藏等进行设置。

图 3-125 【视图配置】对话框

（2）控制图层显示。

在 PCB 设计过程中，首先需要确定工作时所需的工作层。由于不可能将所有工作层都同时显示，因此必须正确设置工作层的显示。选择【设计】→【板层颜色】菜单命令，弹出【视图配置】对话框。此对话框可以分为两个部分：工作层显示部分和系统设置部分。

在系统设置部分，可以控制层上的过孔通孔（Via Holes）、焊盘通孔（Pad Holes）等的显示。此外，【DRC Error Markers】选项用于设置是否显示自动布线检查错误信息。

在 PCB 设计中，存在多个不同的层（Layers），每个层都有其特定的用途和功能。以下是对这些层的详细说明。

信号层（Signal Layers）包含：Top Layer（顶层），用于布设顶层的信号走线；Bottom Layer（底层），用于布设底层的信号走线。

掩膜层（Mask Layers）包含：Top Solder（顶层阻焊层），用于定义顶层的焊接掩膜；Bottom Solder（底层阻焊层），用于定义底层的焊接掩膜；Top Paste（顶层助焊层），用于指定顶层的助焊剂的位置；Bottom Paste（底层助焊层），用于指定底层的助焊剂的位置。

丝印层（Silkscreen Layers）包含：Top Overlay（顶层丝印层），通常用于印刷元件的参考标记、注释等文字信息；Bottom Overlay（底层丝印层），也可以用于印刷文字信息，但使用较少。

其余层（Other Layers）包含：Keep-Out Layer（边界层），用于定义电路板的电气边界，即非布线区域；Multi-Layer（多层、通孔层），用于布设跨越多个层的连接或通孔；Drill Guide（钻孔导引层），用于指示钻孔位置；Drill Drawing（钻孔图层），用于显示钻孔的具体位置和尺寸。

（3）设置 PCB 图纸的栅格及单位。

进行 PCB 设计时，根据具体的工作需求，可能需要调整 PCB 图纸上显示的栅格大小以及光标移动的栅格间隔。在设计界面中，可以通过右击界面，在弹出菜单中选择【跳转栅格】→【栅格属性】选项，或者使用快捷键 Ctrl+G 来打开设置对话框。在这个对话框中，可以找到各种设置选项，它们在对话框中的缩略图中都有清晰的标识。

在 PCB 设计环境中，尺寸单位通常默认为英制（Imperial），但为了便于使用，可以将其转换为公制（Metric）。可以使用快捷键 Q 来快速切换。

注意：在 PCB 图纸中，栅格显示类型有两种可选：Lines（线状）和 Dots（点状），系统默认设置为 Lines。

（4）层堆栈管理。

选择【设计】→【层叠管理器】菜单命令，弹出【层堆栈管理器】对话框，如图 3-126 所示。

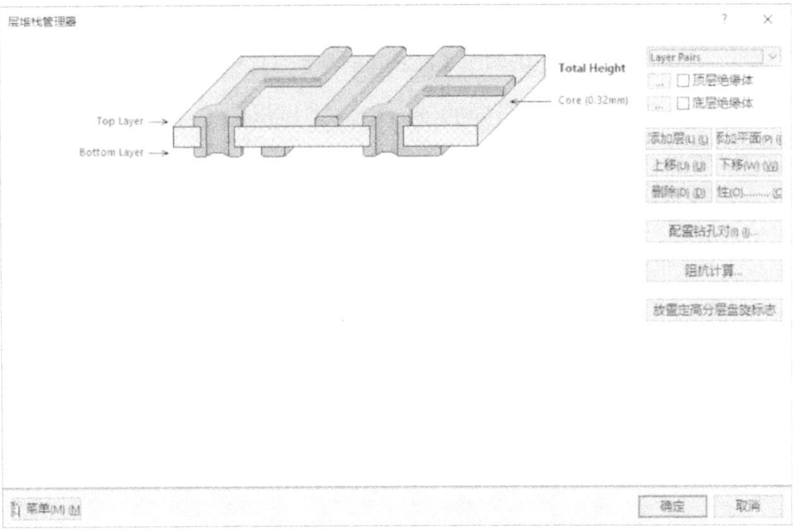

图 3-126 【层堆栈管理器】对话框

本章中介绍的两级放大电路设计相对简单，因此可以使用单层板或双层板进行布线。对于更复杂的设计，用户可以通过【层堆栈管理器】对话框来添加更多的层。

要添加新的层，可以单击【添加层】按钮，这将在绝缘层中间插入一个新的层。层的电气属性，如铜的厚度和介电性能，是信号完整性分析的重要参数。

4．规划电路板

在 PCB 设计中，设计师必须考虑元件的数量和尺寸以及电路板外壳等限制因素来确定电路板的尺寸。除非有特殊要求，否则电路板的尺寸应尽量符合国家标准。

本章以绘制一个两级放大电路为例，这个电路并不复杂，元件数量也不多，因此选择 1200mil 宽、500mil 高的电路板尺寸。

确定电路板尺寸后，就可以开始规划电路板布局；如果不能预估电路板尺寸，也可以在布局完成后手动规划电路板尺寸。规划电路板有两种方法可供选择。一是采用 PCB 板向导规划电路板，这种操作方法比较简单，下面讲解它的具体操作步骤。

（1）在【Files】面板中，选择【从模板新建文件】→【PCB Board Wizard】选项，打开【PCB 板向导】对话框，如图 3-127 所示。

图 3-127　【PCB 板向导】对话框

（2）单击【下一步】按钮，进入向导的下一步，将显示图 3-128 所示界面，供用户选择设计电路板时使用的度量单位，可以选择英制或公制。

图 3-128　【选择板单位】界面

（3）单击【下一步】按钮，进入预定义的标准电路板类型选择界面，可以从中选择合适的电路板类型，如图 3-129 所示。

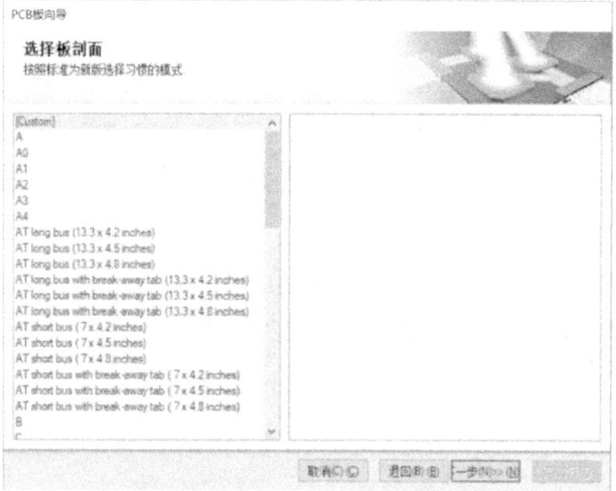

图 3-129　电路板类型选择界面

（4）有多种类型的标准板可供选择，读者可以逐一尝试。这里按照自己的需求创建一个新的电路板，所以选择【Custom】（自定义类型）选项。单击【下一步】按钮，进入电路板属性设置界面，如图 3-130 所示。

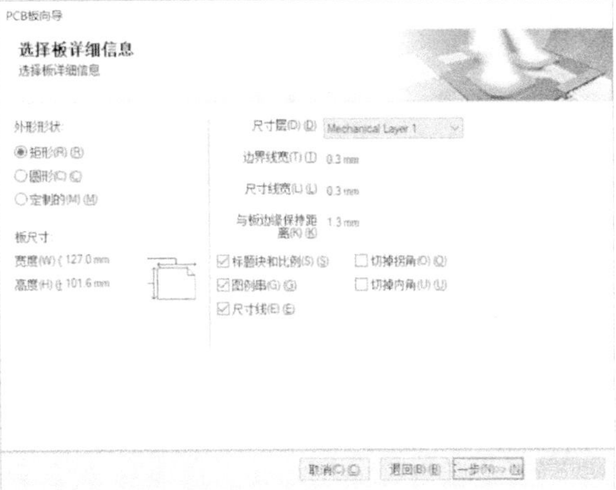

图 3-130　电路板属性设置界面

【尺寸层】下拉列表用于指定电路板尺寸标注所在的层。通常情况下，建议选择机械层（Mechanical Layer），默认情况下为第一机械层（Mechanical Layer 1），但用户可以根据具体的设计需求选择其他的机械层。

【边界线宽】输入框用于设置电路板边界的线宽，这是电路板边缘的物理界限。

【尺寸线宽】输入框用于设置电路板尺寸线的宽度，这些线表示电路板的实际尺寸。

【与板边缘保持距离】输入框用于设置电路板边界与电路板实际边缘之间的安全距离，这通常是为了确保电路板在制造过程中的边缘余量。

【标题块和比例】选项用于设置是否在电路板设计中包含标题块和比例尺，标题块通常包含有关电路板的重要信息，而比例尺则用于指示图纸的比例大小。

【图例串】选项用于设置是否在电路板上生成图例和字符，图例提供了电路板上特定元素的信息。

【切掉拐角】选项用于设置是否将电路板的四个角进行切除，这通常是为了符合特定的设计要求或审美。

【切掉内角】选项用于设置是否在电路板的中心区域进行切除，这可以用于带有内部空洞的复杂电路板设计。

【尺寸线】选项用于设置是否在电路板上绘制尺寸线，这些线条可以帮助用户了解电路板的具体尺寸。

（5）在【宽度】和【高度】输入框中输入电路板的尺寸参数，将电路板的形状设置为【矩形】，单击【下一步】按钮，进入图 3-131 所示的电路板工作层设置界面。通常情况下，可以保持默认设置，如果想要的是双层板，那么将【电源平面】数值框设置为“0”。

设置完成后，单击【下一步】按钮，进入【选择过孔类型】界面，如图 3-132 所示。选择【仅通孔的过孔】选项，这意味着过孔将会穿透电路板的所有层。

（6）单击【下一步】按钮，进入【选择元件和布线工艺】界面，如图 3-133 所示。【表面装配元件】选项指的是主要使用表面安装元件，这类元件通常在 SMT（表面安装技术）设备较多的场合中使用。【通孔元件】选项则指以针脚式（通孔）元件为主。

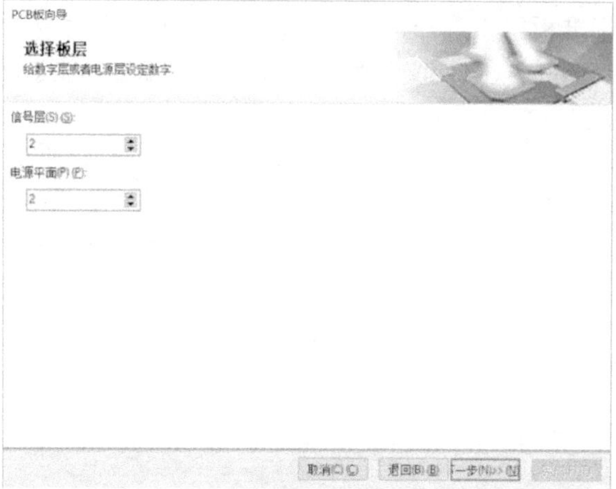

图 3-131　电路板工作层设置界面

图 3-132　【选择过孔类型】界面

图 3-133　【选择元件和布线工艺】界面

（7）单击【下一步】按钮，进入图 3-134 所示的【选择默认线和过孔尺寸】界面。【最小轨迹尺寸】输入框用于设置最小导线宽度。【最小过孔宽度】输入框用于设置过孔的最小外径。【最小过孔孔径大小】输入框用于设置过孔的最小内径（通孔直径）。【最小间隔】输入框用于设置导线之间的最小安全间距。

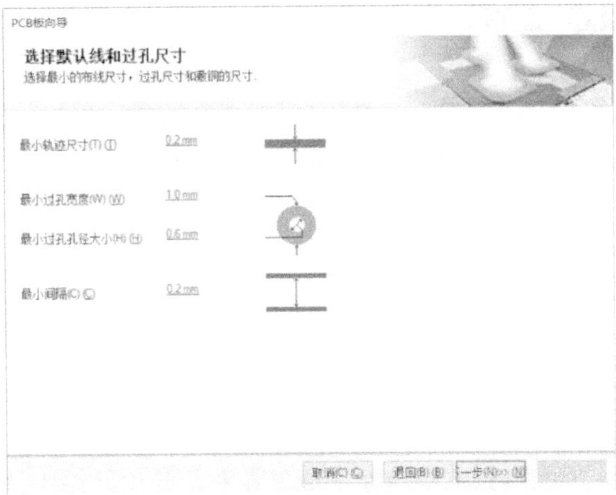

图 3-134 【选择默认线和过孔尺寸】界面

（8）单击【下一步】按钮，再单击【完成】按钮，即可完成电路板的生成。

二是手工规划电路板。在新建的 PCB 文件中，首先，选择【Keep-Out Layer】(禁止布线层)，如图 3-135 所示。然后，使用放置走线工具绘制一个封闭的多边形，通常是矩形。如果需要，也可以绘制一个圆形。这个封闭的多边形或圆形将定义电路板的边界，用于限制布线和元件放置的范围。选择【编辑】→【原点】→【设置】菜单命令，就可以在 PCB 工作区的任意一个栅格设置原点。

图 3-135 选择禁止布线层

5. 由原理图生成 PCB

完成前面的一系列参数设置和规划电路板操作后，就可以导入网络表了。创建 PCB 文件之后，选择【设计】→【Import Changes From Documents.PrjPcb】菜单命令，导入网络表。

导入网络表后，单击【Validate Changes】(生效更改）按钮。

在执行网络表导入后，单击【Execute Changes】(执行更改）按钮以应用导入的变更。完成更改后，单击【关闭】按钮关闭对话框并生成 PCB 布局。

网络表导入过程中，如果【Messages】面板中出现提示，通常表示存在以下几种问题。

一是"Footprint Not Found"，这意味着在网络表导入时未能找到对应的封装。可能的原因包括：

（1）原理图中使用了没有在 PCB 封装库中定义的元器件；

（2）原理图中的元器件与 PCB 封装库中的封装不匹配。

二是"Failed to Add Class Member"，这通常指封装缺失，意味着所尝试添加的元器件封装不在 PCB 设计软件的封装库中。

三是"Unknown Pin"，这表明封装中未发现某个引脚。可能的原因包括：

（1）封装未正确设置或定义；

（2）原理图元器件的引脚号与 PCB 封装的引脚号不匹配；

（3）原理图元器件的引脚号在 PCB 封装中未被指定或标记。

在修改成功后只需再次导入网络表即可，导入网络表后的 PCB 如图 3-136 所示。

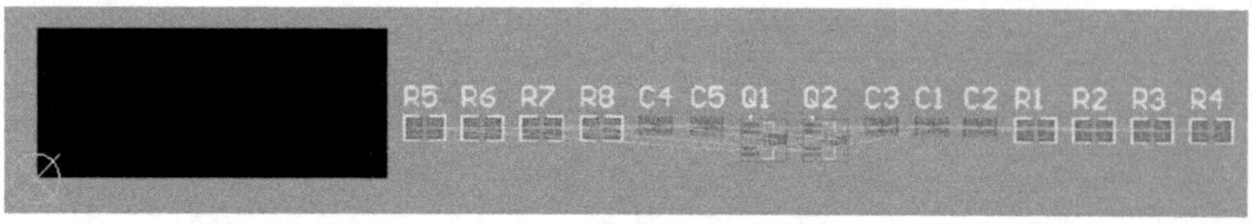

图 3-136　导入网络表后的 PCB

6．布局、布线

Altium Designer 拥有强大的自动布局和自动布线功能，这极大地提升了工作效率。通过设定好的程序算法，它可以自动地在已经规划好的印制电路板电气边界内放置元件，并进行自动布线。

如果在导入网络表后立即进行布局，系统将采用默认的自动布局设计规则。为了使布局结果更符合实际需要，可以在自动布局前设定一些特定的规则。

通过执行【设计】→【规则】菜单命令，或者在右击弹出菜单中选择【设计】→【规则】选项，打开【PCB 规则及约束编辑器】对话框，如图 3-137 所示。

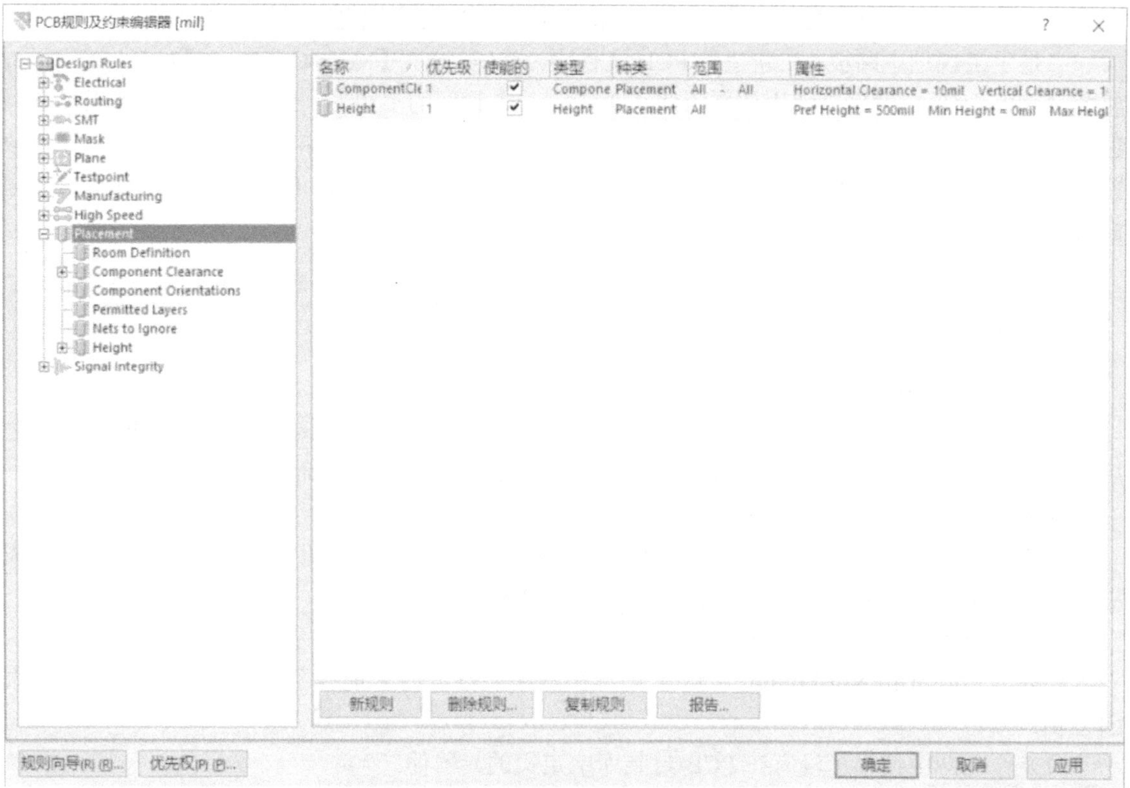

图 3-137　【PCB 规则及约束编辑器】对话框

单击【Placement】选项，展开其中包含的 5 种自动布局规则类别。需要进行的设置如下。

Component Clearance：设定元件封装间的最小安全距离。选择【Component Clearance】选项，单击【新规则】按钮，会在该选项下新建一个规则，双击新建的规则进行设置，界面如图 3-138 所示。在此界面中，可以修改【最小水平间距】和【最小垂直间距】，例如设置为 10mil。设置完成后，单击【确定】按钮。

Component Orientations：设定元件封装的放置方向。选择【Component Orientations】选项，单击【新规则】按钮，然后双击新建的规则进行设置，在图 3-139 所示界面下方的角度选项中，选择想要的元件封装放置角度。通常情况下选择【0 度】或【90 度】。

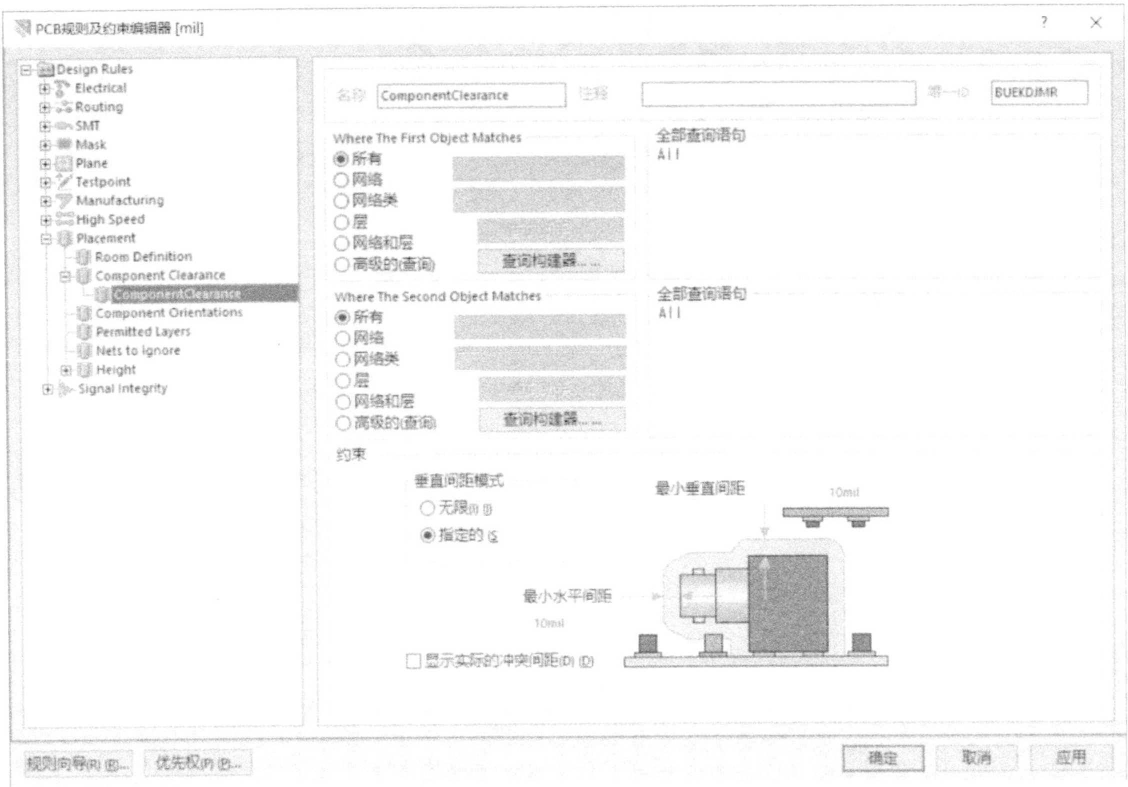

图 3-138　元件安全距离设置界面

图 3-139　元件封装放置方向设置界面

Permitted Layers：设定元件封装放置的层。选择【Permitted Layers】选项，单击【新规则】按钮，然后双击新建的规则进行设置，在图 3-140 所示界面中指定元件封装放置的层，通常选择放置在顶层。设置完成后，单击【应用】按钮。

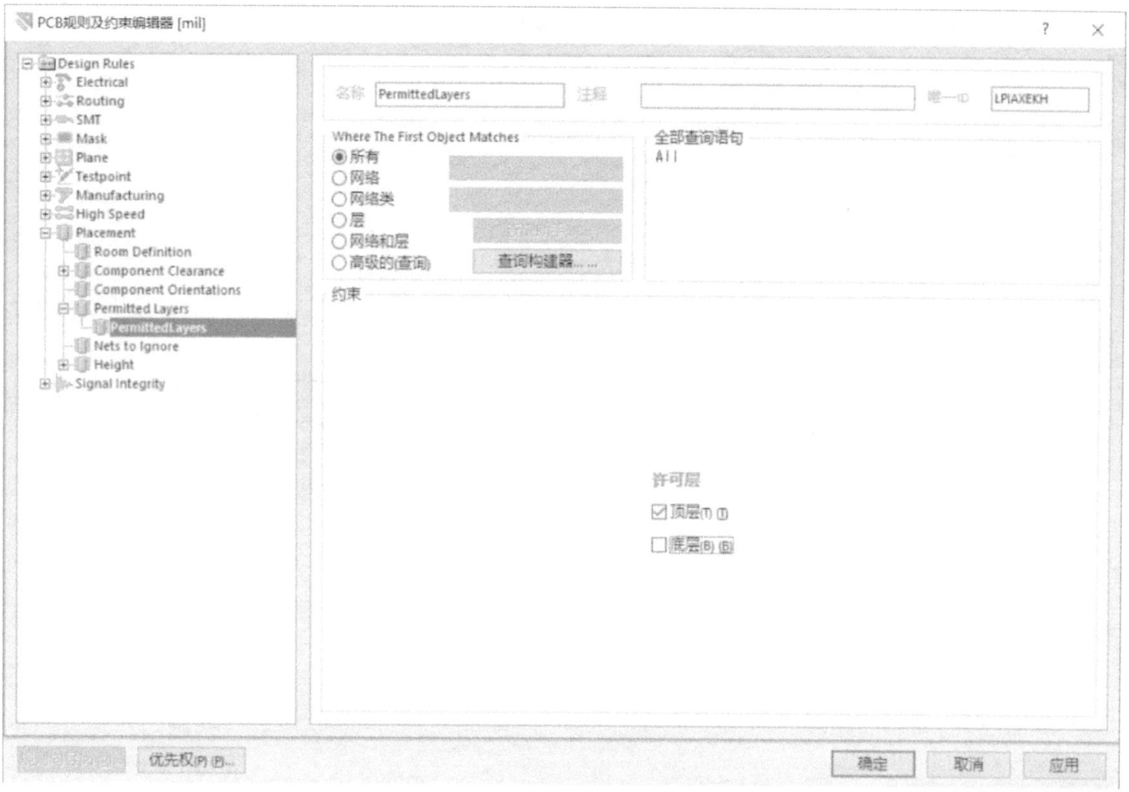

图 3-140　元件封装放置层设置界面

在设定自动布局设计规则后，就可以按照所设定的规则执行自动布局操作了。操作步骤如下：

选择【工具】→【器件布局】→【自动布局】菜单命令，开始自动布局。如果在布局过程中需要中止，可以执行【工具】→【器件布局】→【停止自动布局】菜单命令。自动布局完成后的结果如图 3-141 所示。

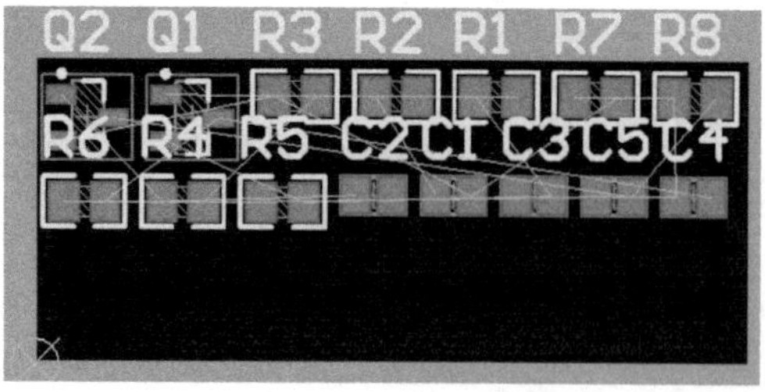

图 3-141　自动布局结果

在 PCB 中，连接元件引脚的白色细线称为网络线或飞线。这些飞线代表了封装元件焊盘之间的电气连接关系。在布线过程中，具有飞线的焊盘将通过铜箔进行连接。这些飞线与原理图中的引脚连线以及网络表中的连接网络是相对应的。

PCB 手动布局是指通过手动方式对置于 PCB 设计图中的元件封装进行位置调整和排列，以使元件处于最佳位置。手动布局方法通常更适用于由分立元件构成的小型且低密度的 PCB 设计。

在本例中，导入网络表后，直接单击元件封装，然后将其拖曳到合适的位置。经过手动调整后的 PCB 布局如图 3-142 所示。

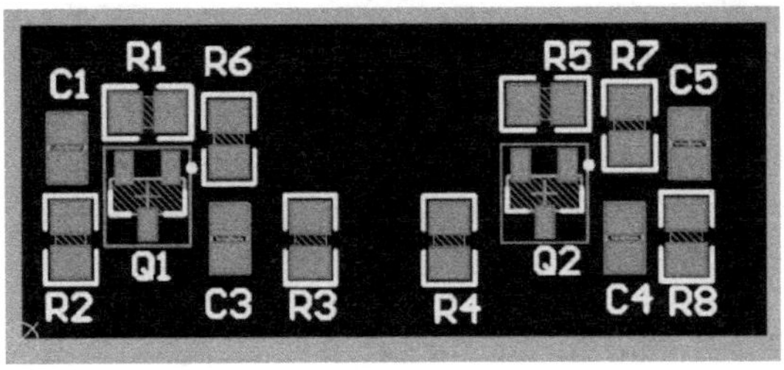

图 3-142　经过手动调整后的 PCB 布局

如果在导入网络表后，发现有些元件的封装没有出现在 PCB 上，或者有些元件之间没有飞线连接，那么可以修改原理图，重新生成网络表，然后重新导入。但是，如果布局过程已经进行大半，那么可以采用另一种方法，即在不影响先前布局的情况下，将遗失的元件封装添加回来。

执行【设计】→【更新 PCB】菜单命令，选择需要更新的 PCB 文件，将弹出图 3-144 所示对话框。

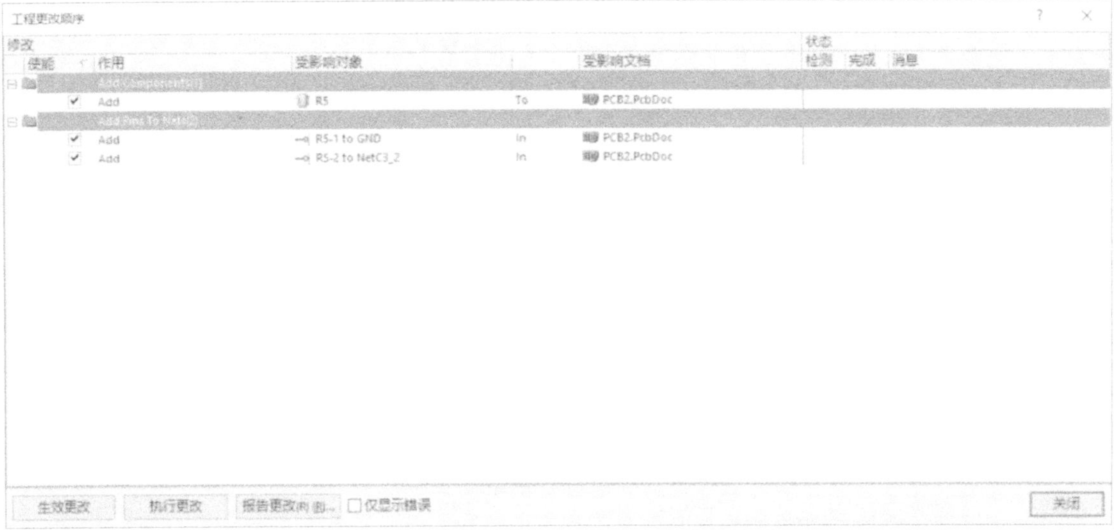

图 3-143　确认元件关系对话框

此时，单击【执行更改】按钮，Altium Designer 会自动切换到用户所设计的 PCB 文件，检查遗失的元件封装是否已添加，以及元件之间的飞线是否已显示。

这种方法也适用于不生成网络表直接制作 PCB 的情况。绘制好原理图后，只要封装等参数一切设置妥当，就可以先新建一个 PCB 文件，规划好电路板的尺寸，然后直接在原理图上执行【设计】→【更新 PCB】菜单命令，选择事先制作好的 PCB 文件就可以开始制作 PCB。

完成自动布局和调整布局，或者进行手动布局后，下一步便是进行自动布线。通常，用户会对电路板设计有特定的要求，需要依据这些要求进行布线。因此，在进行自动布线之前，需要先设定布线规则。

执行【设计】→【规则】菜单命令，或者在右击弹出菜单中选择【设计】→【规则】选项，打开【PCB 规则及约束编辑器】对话框。

【Electrical】选项用于设置电气规则，其包含的【Clearance】选项用于安全间距的设置。选择【Clearance】选项，单击【新规则】按钮，然后双击新建的规则进行设置，界面如图 3-144 所示，可以根据需求进行适用范围的设置。

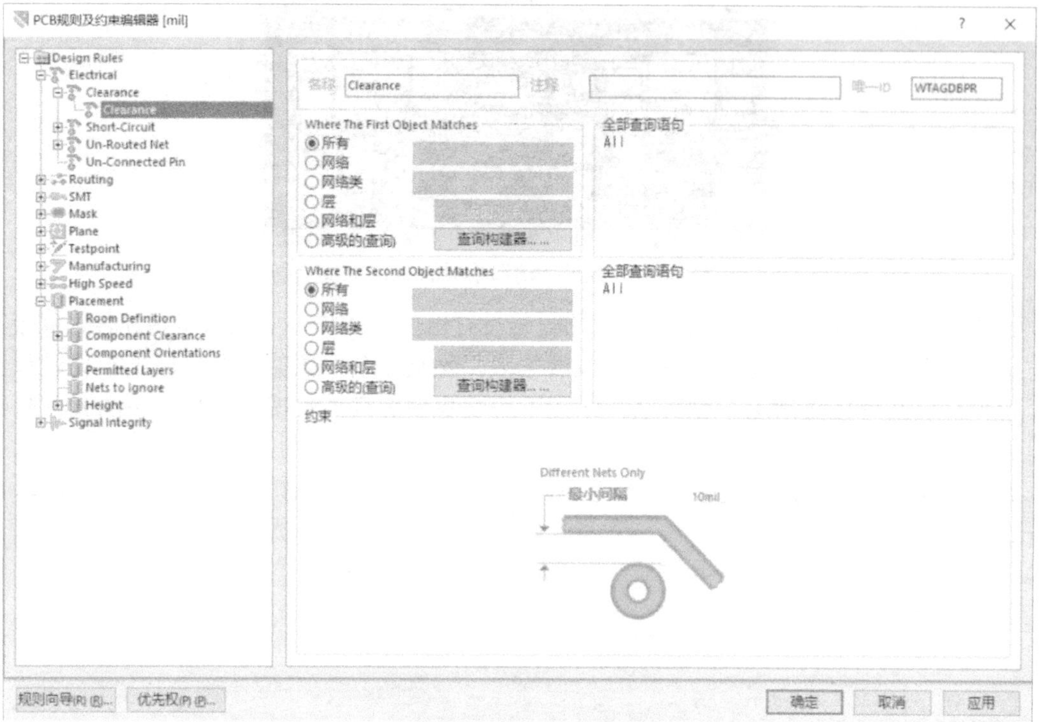

图 3-144　安全间距设置界面

【Routing】选项用于设置布线规则，需要进行的设置如下。

Width：设置走线宽度。选择【Width】选项，单击【新规则】按钮，然后双击新建的规则进行设置，界面如图 3-145 所示。如果需要在电路的特定部分进行不同宽度的布线，可以再新建一条规则。

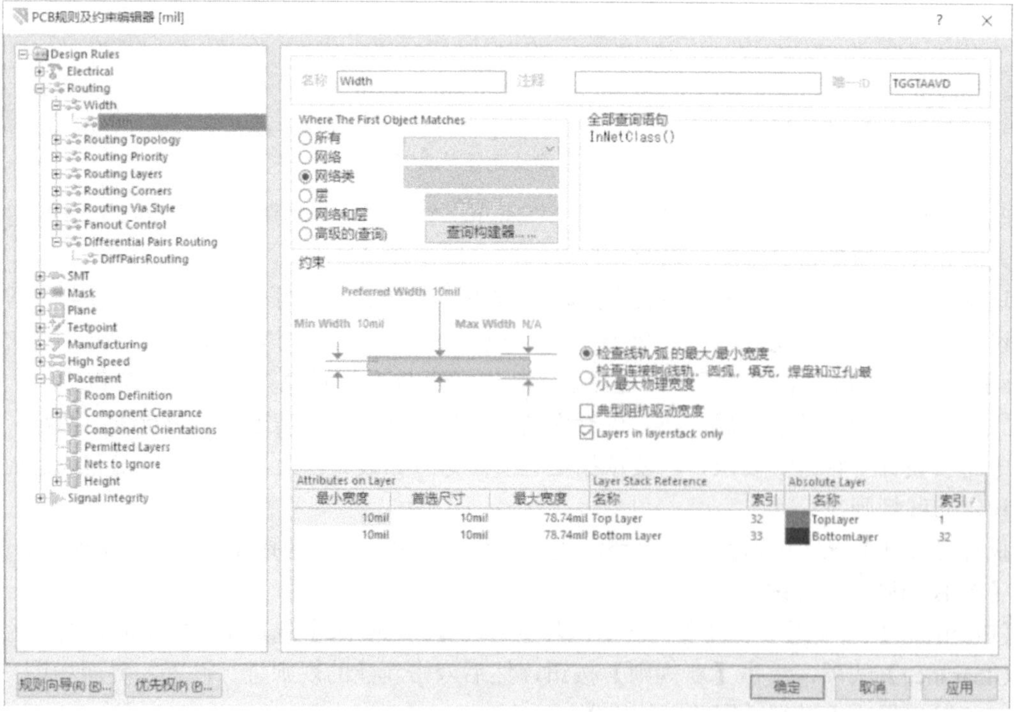

图 3-145　走线宽度设置界面

Routing Corners：设置走线拐角。新建并双击规则，打开走线拐角设置界面。走线拐角的方式包括 45°、90°和圆形拐角，一般情况下选择 45°拐角。当选择 45°或圆形拐角方式时，需要设置拐角尺寸的最小值和最大值。完成设置后，单击【确定】按钮。

Routing Layers：设置布线层。新建并双击规则，打开布线层设置界面，如图 3-146 所示。界面左上侧部分用于设置规则的适用范围，通常设置为整个电路板；界面下方部分则用来指定哪些层可以进行布线。

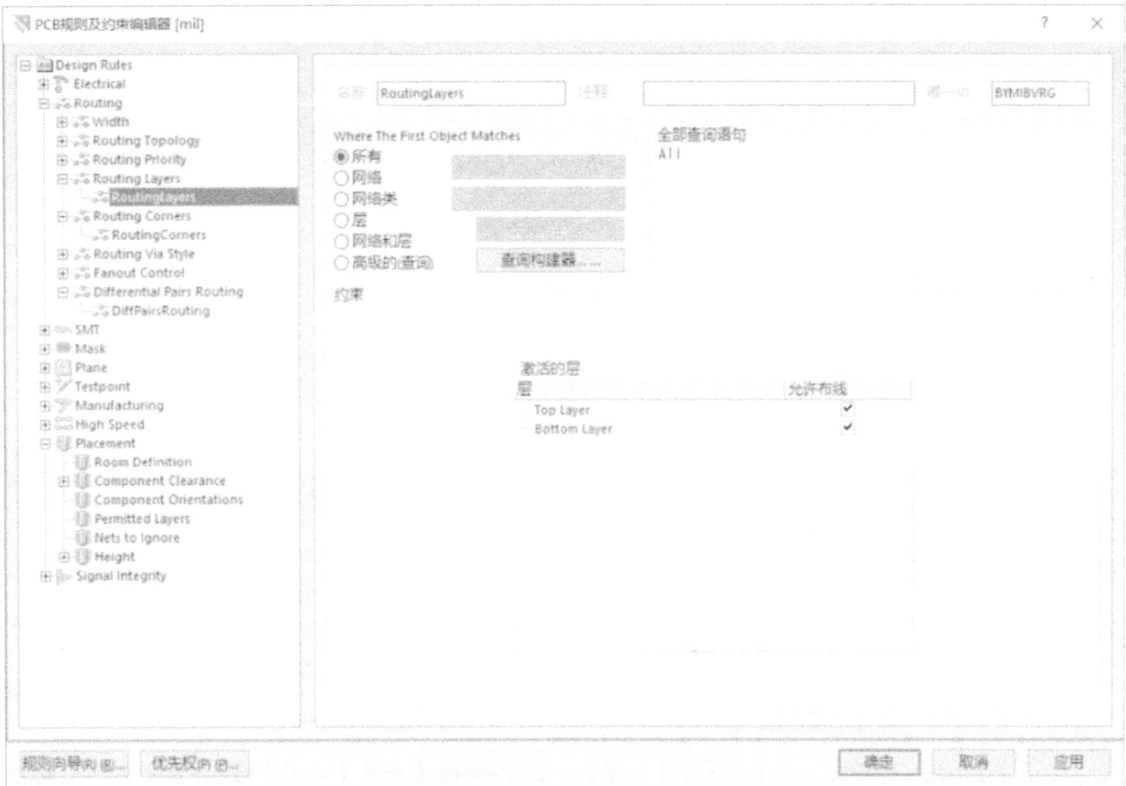

图 3-146　布线层设置界面

Routing Topology：设置布线拓扑约束。新建并双击规则，打开 PCB 规则设置界面。布线拓扑约束设置主要用于定义走线模式。界面的左侧部分用于设置适用范围，通常设置为整个电路板；而右侧部分则涉及走线模式的选择，共有 7 种类型可选：Shortest（最短路径走线）、Horizontal（水平走线）、Vertical（垂直走线）、Daisy Simple（简单菊状走线）、Daisy Mid-Driven（由中间向外菊状走线）、Daisy Balanced（平衡菊状走线）和 Starburst（放射状走线）。一般情况下，默认设置为 Shortest，即最短路径走线。此外，还可以指定顶层和底层的布线方向。常见的信号层走线方式有两种：Horizontal（水平）和 Vertical（垂直）。

执行【自动布线】→【全部】菜单命令，将出现一个对话框。单击【Route All】按钮后，系统将对整个电路板执行自动布线操作。

自动布线完成后，【Messages】面板中将显示如图 3-147 所示的布线信息。

单击【OK】按钮，完成自动布线。自动布线完成，经过手动调整后的 PCB 呈现图 3-148 所示的状态。

执行【察看】→【3D 视图】菜单命令，便可显示 PCB 的 3D 效果图，如图 3-149 所示。

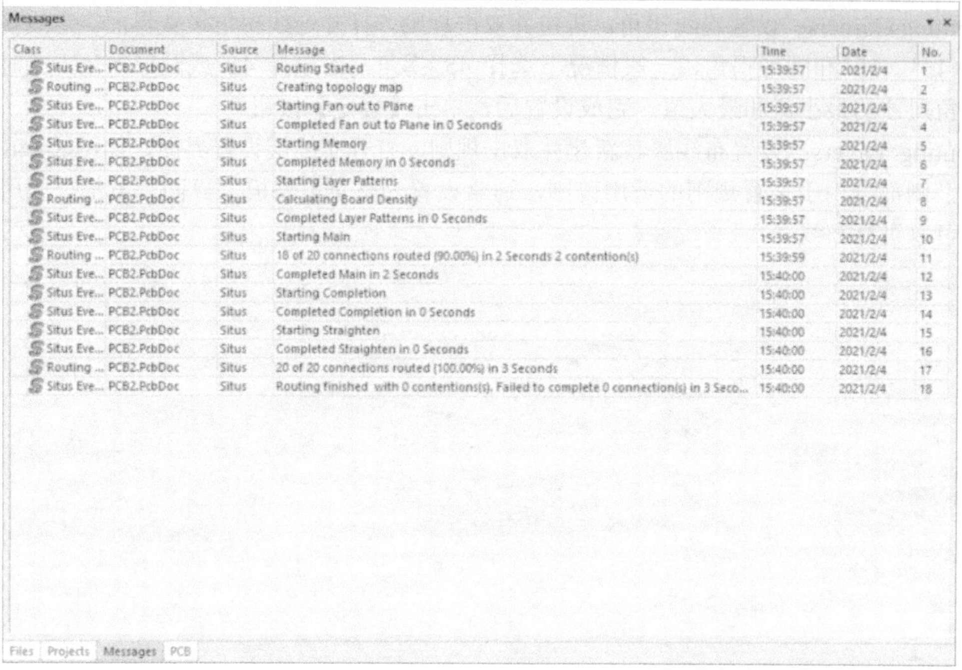

图 3-147　布线信息

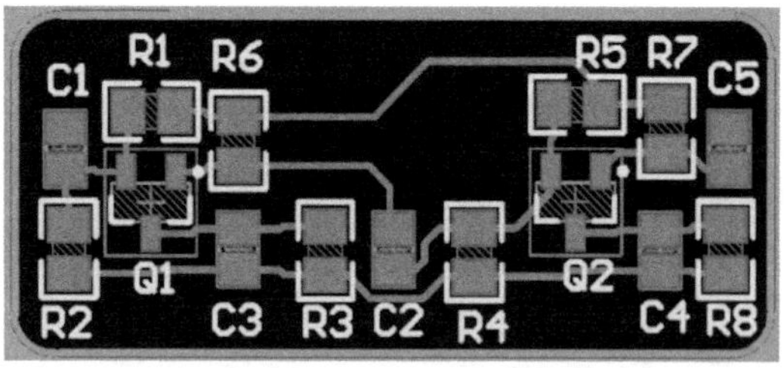

图 3-148　布线完成后的 PCB

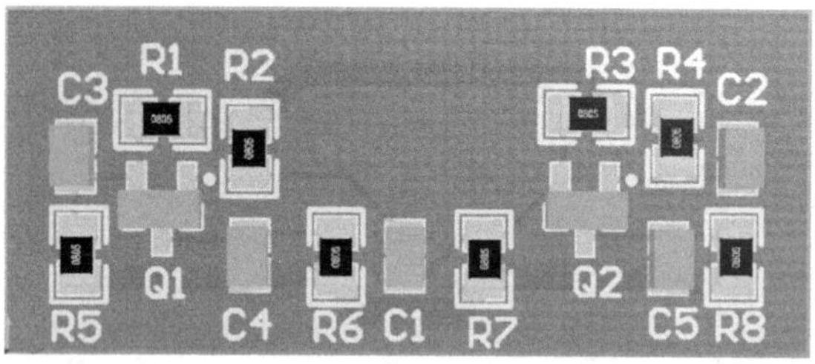

图 3-149　PCB 的 3D 效果图

接下来介绍手工布线。单击工具栏按钮，或者执行【放置】→【线】菜单命令，鼠标指针变成十字形状，移动鼠标到需要连线的焊盘中间，会出现一个圆圈，如图 3-150 所示。单击鼠标左键，然后移动鼠标会出现预连线，如图 3-151 所示，再次单击鼠标左键可以放置一段线，也可以直接移动鼠标到另一个需要连接的焊盘上，出现圆圈后双击鼠标放置全部导线。

图 3-150　连线提示

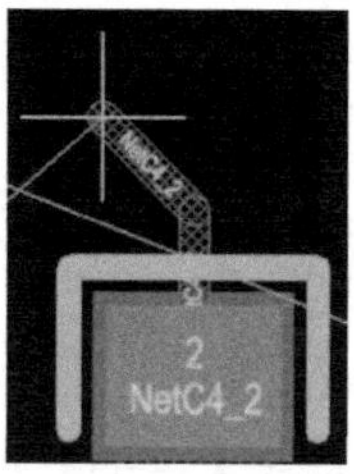

图 3-151　预连线

按照以上方法，利用飞线对元件的信号线进行连接；对电源线和地线进行连接，电源线和地线一般加宽。

PCB 设计软件提供了 6 种不同风格的走线方式，可以通过快捷键 Ctrl+Shift+Space 进行切换。这 6 种走线风格包括：45 度角走线、平滑圆弧走线、90 度角走线、小圆弧弯角走线、任意角度走线以及大圆弧弯角走线，如图 3-152 所示。

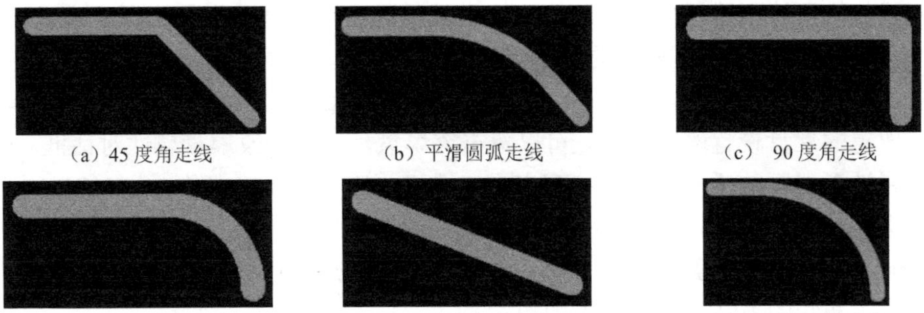

（a）45 度角走线　（b）平滑圆弧走线　（c） 90 度角走线

（d）小圆弧弯角走线　（e）任意角度走线　（f）大圆弧弯角走线

图 3-152　不同走线风格

完成布线后，如果对某条线路不满意，可以通过执行【编辑】→【删除】菜单命令来移除它。这时鼠标指针变为十字形状，移动鼠标到需删除的导线上并单击，即可删除该导线。一旦导线被删除，其原先连接的焊盘将恢复至未连接状态。

若部分已布线的结果不符合预期，可以对其进行拆除并重新执行布线操作。拆线的相关命令位于【工具】→【取消布线】菜单下，如图 3-153 所示，各菜单命令的含义如下：

【全部】：此菜单命令用于移除 PCB 文件中的所有布线连接。

【网络】：选择该菜单命令，单击某个网络上的任意走线，可以拆除该网络的所有走线。

【连接】：通过单击特定段的网络走线，可以单独拆除该段走线。

【器件】：选择此菜单命令，单击某个元件的外框，可以拆除与该元件相连的所有走线。

图 3-153　【取消布线】菜单

在 Altium Designer 的交互式布线过程中，可以添加过孔。但是，需要注意的是，过孔只能在特定的位置添加，软件将阻止在可能导致冲突的位置添加过孔的操作。

过孔的属性设计规则可以通过执行【设计】→【规则】菜单命令，在弹出的【PCB 规则及约束编辑器】对话框中，选择【Routing】→【Routing Via Style】选项进行设置。添加过孔有以下几种操作。

（1）添加过孔并切换板层。在布线过程中，按下数字键盘的“*”键或“+”键，可以添加一个过孔并切换到下一个信号层；按下数字键盘的“-”键，可以添加一个过孔并切换到上一个信号层。在确定过孔位置后，可以继续进行布线操作。

（2）添加过孔而不切换板层。按下数字键盘的“2”键可以添加一个过孔，但仍然保持在当前的布线层。

（3）添加扇出过孔。按下数字键盘的“/”键可以为当前线路添加一个过孔。使用这种方法添加过孔之后，会立即返回交互式布线模式，允许用户迅速进行下一个网络的布线操作。这个功能在需要批量放置过孔的情况下能极大地提高效率。

（4）布线中的板层切换。当在多层电路板上进行焊盘或过孔布线时，如果遇到当前层无法继续布线的情况，可以使用快捷键 L 迅速将当前线路切换到另一个信号层。这项功能在需要在不同布线层之间切换以解决布线难题时非常有用。

完成布线后的 PCB 可能需要额外放置一些焊盘，这样做的目的是便于连接电器的金属外壳进行接地，或者为了给电路板提供电源接口，以及设置输入、输出信号的测试端口。

在 PCB 上，可以使用工具栏中的放置焊盘功能，或通过【放置】→【焊盘】菜单命令，在指定的位置添加焊盘。

要为新放置的焊盘设置网络连接，可以双击该焊盘，打开修改焊盘属性对话框，如图 3-154 所示。在【属性】选区的【网络】下拉列表中，选择要连接的网络名称，如 VCC。同时，调整焊盘尺寸参数，将【X-Size】（焊盘宽度）和【Y-Size】（焊盘长度）设置为 2mm，【通孔尺寸】设置为 1.5mm。单击【确定】按钮后，可以看到新放置的焊盘已经通过飞线与 VCC 网络连接。也可以通过手工布线的方法连接新添加的焊盘。

图 3-154　修改焊盘属性对话框

最后添加标注和说明文字。在 PCB 设计过程中，经常需要在 PCB 上添加一些说明性文字来标示电路板的功能信息。通常情况下，这些信息会被放置在 PCB 的丝印层，即顶层覆盖层（Top Overlay）上，说明文字以丝印的方式呈现。如果将这些信息放在信号层上，这些文字会形成铜膜走线，这时需要特别注意，以免它们与其他铜膜走线发生短路。

添加说明文字，可以使用工具栏中的相应按钮或者通过【放置】→【文字】菜单命令进行操作。执行此操作时，鼠标指针旁会出现一个带有十字线的文本框。单击编辑区内希望放置字符串的位置，即可添加一个字符串。如果希望在放置之前对字符串的属性进行设置，可以先按 Tab 键，打开修改字符串属性对话框，如图 3-155 所示。在这个对话框中，可以设置将在电路板上显示的说明性文本（限制为单行），如 GND、VCC 等。此外，还可以设置文本的高度、宽度、字体、所在层、旋转角度、X 和 Y 坐标位置、是否映射以及是否锁定等属性。在焊盘旁输入对应的说明文字后，结果如图 3-156 所示。

图 3-155　修改字符串属性对话框

图 3-156　焊盘说明文字

7．检查、优化

完成布局布线后需要对 PCB 连接的导线和一些设计规范等进行检查，并检查 PCB 是否满足设计要求，以及对布局布线进行一系列的优化。

通过选择【报告】→【板子信息】菜单命令，可以打开【PCB 信息】对话框，对话框中包含电路板的尺寸、元素和设计规则检查（DRC）等信息。单击【报告】按钮，在弹出的对话框中勾选需要报告的信息，一般勾选【Routing Information】（布线信息），单击【报告】按钮，会生成一个板信息文件。

在文件中可以看到布线完成度，100%表示网络完全连接，如果有剩余未连接的导线，可以通过 DRC 查看未连接导线的坐标，再进行连接。

进行 DRC 是一个关键的步骤。DRC 用于确认电路板设计是否遵循了既定的设计规则，它能够检测布线过程中的错误，如走线间距过近、未完成的网络走线以及走线宽度问题等。DRC 的强大之处在于它能自动验证设计的合理性和物理完整性。

PCB 设计工具提供了两种进行 DRC 的模式：在线模式和批处理模式。在线模式（Online-mode DRC）会在绘制 PCB 时自动激活，实时阻止违反设计规则的编辑操作；而批处理模式则是在设计过程中的特定时间点对整个设计进行检查。

DRC 的设置是在【设计规则检测】对话框中完成的。通过 PCB 编辑器的【工具】→【设计规则检查】菜单命令可以打开该对话框，如图 3-157 所示。

在对话框的左侧，【Rules To Check】（需检查的规则）选项下展示了所有可供检查的规则分类。单击某个分类，对话框右侧会列出该分类下所有可进行检查的具体设计规则，并为每条规则提供了启用或禁用在线和批处理 DRC 的选项。

在线 DRC 是在后台运行的，用于标记或自动阻止设计规则冲突。要使一个规则能够被纳入在线 DRC 中，需要满足以下三个条件：规则在【PCB 规则及约束编辑器】对话框中使用；在【设计规则检测】对话框中，该规则被用于在线 DRC；在线 DRC 设置已打开。

最后一项要求可以通过选择【工具】→【优先选项】菜单命令来打开设置对话框，然后选择【PCB Editor】→【General】选项，在设置界面中选中【在线 DRC】复选框来实现。当发现对象与应用的设计规则发生冲突时，在线 DRC 将会高亮显示这些冲突的对象。

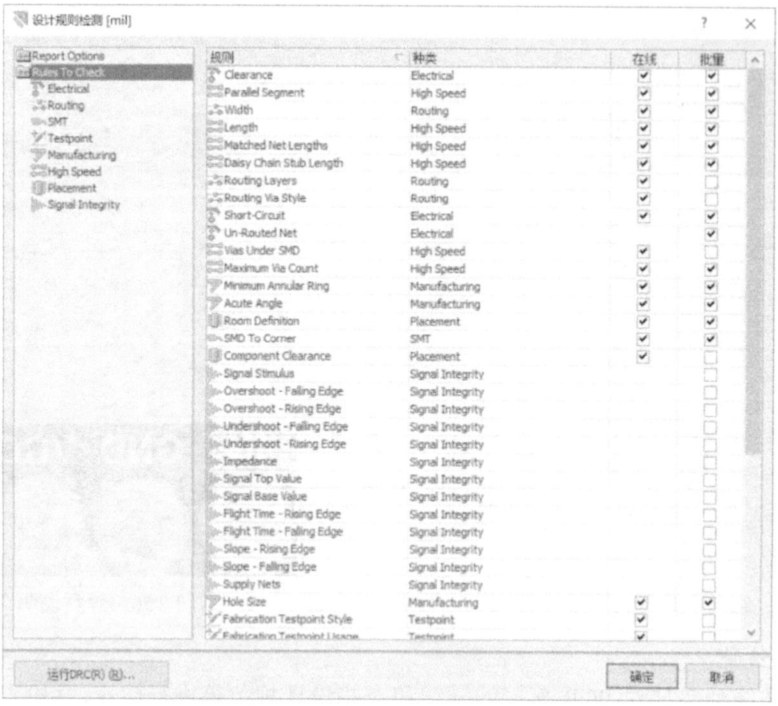

图 3-157 【设计规则检测】对话框

在线 DRC 的核心职责是识别在启动在线 DRC 后新出现的错误。与此同时，批量 DRC 为用户提供了设计过程中的手动执行选项。因此，一个杰出的设计师不仅要了解在线 DRC 的价值，还要精通在设计的早期和结束阶段运用批量 DRC 的技术。

配置批量 DRC 时，用户可以在【设计规则检测】对话框的左侧单击【Report Options】选项，以设置额外参数，如图 3-158 所示。这些参数中也涵盖了报告生成的相关设置。

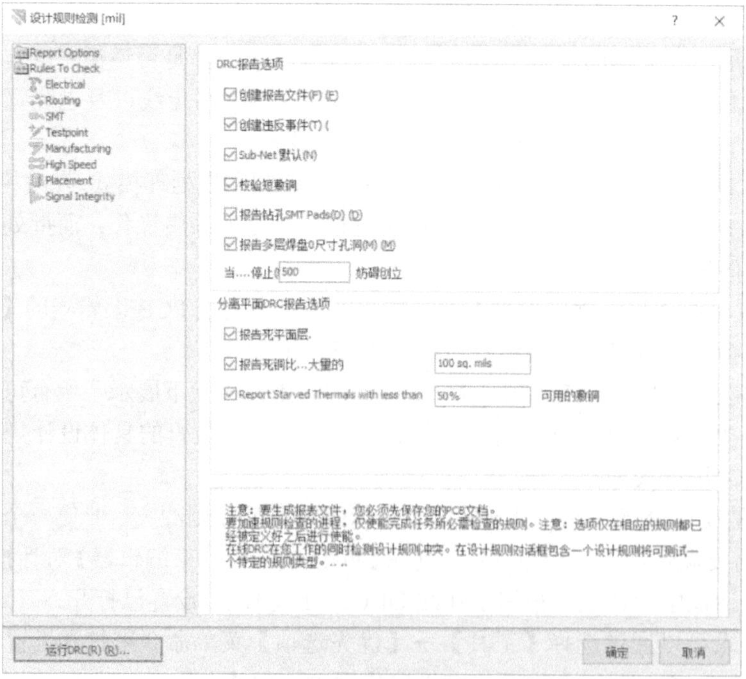

图 3-158 【Report Options】选项设置

单击对话框底部的【运行 DRC】按钮，开始进行 DRC。检查完成后，所有的冲突将会在【Messages】面板中以消息的形式被列出，如图 3-159 所示。

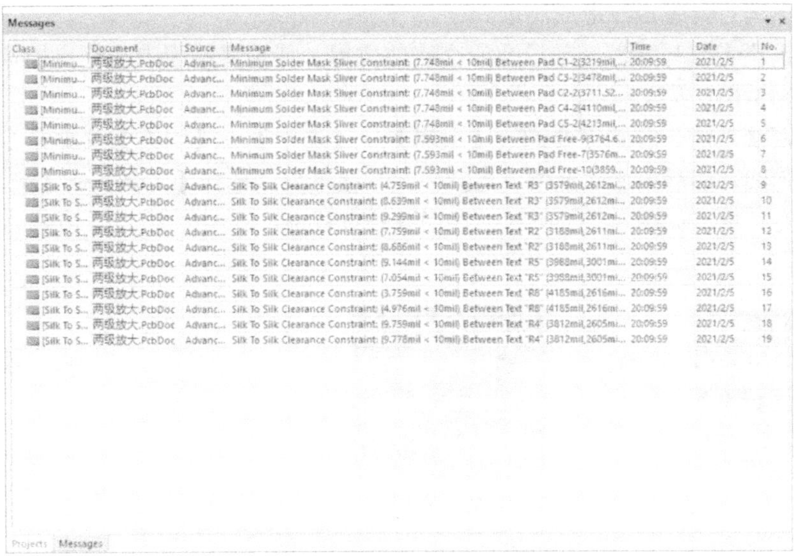

图 3-159　显示所有冲突项

如果用户选择了生成报告，那么在检查完成后，软件会在主设计窗口以活动文档的形式打开该报告。报告中会详细列出所有被测试的规则和每个冲突的详细信息，包括板层、网络、元器件标号、焊盘号以及对象的具体位置。

在许多情况下，PCB 设计完成后，需要使用螺钉将其固定到产品上。因此，在 PCB 上标注出安装孔的位置是必要的，这样可以方便后续的钻孔操作。

在 Altium Designer 中绘制 PCB 时，虽然没有特定的安装孔工具和选项，但可以使用圆形走线、过孔和焊盘来创建安装孔。

通过圆形走线，可以在 PCB 的机械层或禁止布线层绘制圆圈，但这通常比较烦琐，因为控制圆圈半径的大小可能会有些困难。

也可以利用焊盘来绘制安装孔，只需根据所需安装孔的直径，将焊盘的【X-Size】、【Y-Size】和【通孔尺寸】属性都设置为安装孔的尺寸。这种方法操作起来就简单多了。另外，在修改焊盘属性对话框中，应取消选择【镀金的】选项，以避免对安装孔进行电镀处理，从而节约制板成本。

使用过孔来绘制安装孔是一种常见的做法，通常可以将其与接地网络 GND 连接。只需将过孔的【直径】和【孔尺寸】属性都设置为所需安装孔的尺寸，并且将【网络】下拉列表设置为 GND 即可。

接下来介绍补泪滴和敷铜。

矩形填充可以作为连接焊点的导体，它具备导线的功能。其主要用途是优化 PCB 的接地性能、降低干扰并提供更大的电流通道。在 PCB 设计中，矩形填充通常用于铺设地线。

单击工具栏中的相关按钮或选择【放置】→【填充】菜单命令，鼠标指针变为十字形状，在所需位置单击，确定矩形填充的左上角坐标，随后在适当位置再次单击，确定其右下角坐标，从而放置矩形填充。

要修改矩形填充的属性，可以在放置矩形填充的过程中按 Tab 键，或者双击已放置的矩形填充来进入编辑模式。

在焊盘和过孔的钻孔过程中，钻针的压力可能导致与铜膜走线的断线。为了避免这个问题，可以通过加宽铜膜走线来增大连接强度。同时，焊盘、过孔与铜膜走线的连接面需要保持光滑，以防止残留化学剂对铜膜走线造成腐蚀。

泪滴是在铜膜走线与焊盘（或导孔）交接的位置，特别将铜膜走线逐步加宽的设计方式，如图 3-160 和图 3-161 所示。

要使用补泪滴功能，首先需要通过【编辑】→【选中】→【网络】菜单命令来选择需要添加泪滴的网络走线，然后按 Esc 键退出选择模式。接下来，选择【工具】→【滴泪】菜单命令，打开泪滴设置对话框，如图 3-162 所示。补泪滴的设置选项说明如表 3-12 所示。

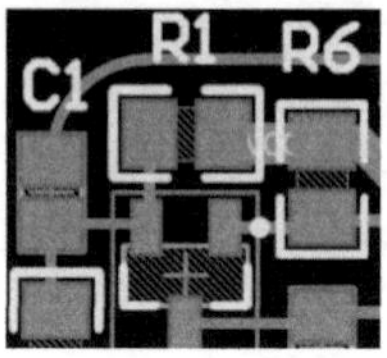

图 3-160　未补泪滴

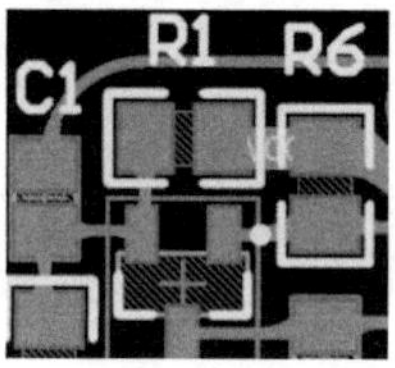

图 3-161　补泪滴后

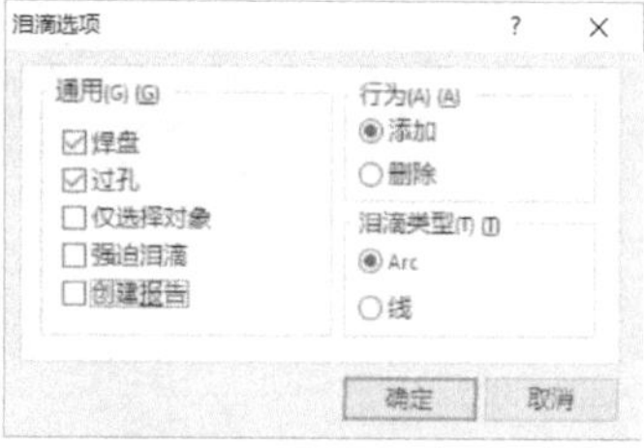

图 3-162　泪滴设置对话框

表 3-12　补泪滴的设置选项说明

设置选项	说　明
Working Mode	工作模式：可设置为添加或删除泪滴。 添加泪滴：选择此选项后，工具将在指定位置添加泪滴形状。 删除泪滴：选择此选项后，工具将删除已存在的泪滴形状
Objects	对象：定义添加或删除泪滴的大致范围。此设置选项与对话框的【范围】选区中启用的对象类型结合使用。 全部：考虑所有对象（All）。 仅选定的对象：只考虑当前在工作空间中选择的对象（仅限于“选定”）
Options	选项：设置泪滴的样式、大小等属性。 Teardrops style：泪滴样式，定义用于创建泪滴的区域对象边缘，可以是直线或曲线。 Force teardrops：强制泪滴，如果启用此选项，那么即使导致 DRC 违规，也将在所有通孔和/或表面安装器件（SMD）焊盘上应用泪滴。 Adjust teardrops size：调整泪滴大小，如果启用此选项，泪滴大小将自动调整以符合适用的设计规则。 Generate report：生成报告，创建一个文本报告，列出成功和不成功的泪滴位置
Scope	范围：在添加或删除泪滴时，需要考虑过孔（Vias）、表面安装器件焊盘（SMD Pads）、走线（Tracks）、T 形连接（T-Junctions），同时，还需考虑【Objects】选项中定义的粗略范围。 Vias：过孔（包括圆形通孔焊盘），可以指定泪滴的长度和宽度，这些尺寸是基于通孔/通孔焊盘直径（d）来设置的。默认情况下，长度设置为通孔/通孔焊盘直径的 30%，宽度设置为 70%。如果需要调整这些比例，可以直接单击蓝色的百分比数值进行修改。 SMD Pads：表面安装元件焊盘（和非圆形通孔垫片），泪滴的长度和宽度可以设置为所连接轨道宽度（w）的百分比。默认情况下，长度设置为轨道宽度的 100%，宽度设置为轨道宽度的 200%。若需调整这些比例，可单击蓝色的百分比数值进行修改。 Tracks ：走线，泪滴的长度可设置为附加走线宽度（w）的百分比。默认设置为 100%。如果需要调整这个比例，可以单击蓝色的百分比数值进行修改。 T-Junctions：T 型链接，泪滴的长度和宽度可设置为主轨道宽度（w）（即图像中的水平轨道）的百分比。默认情况下，长度设置为主轨道宽度的 300%，宽度设置为主轨道宽度的 100%。若需要对这些默认比例进行调整，可单击蓝色的百分比数值进行修改

网格状填充区，也称为敷铜，是指将 PCB 上未被铜膜走线、焊盘或过孔占据的空白区域覆盖以铜膜。敷铜不仅仅是为了美观，更重要的是为了增强 PCB 的抗干扰性能，起到屏蔽外来干

扰的作用。通常情况下，敷铜会与地线连接，以实现这一效果。

要执行敷铜操作，可以单击工具栏中的相关按钮或者选择【放置】→【多边形敷铜】菜单命令来启动。这将打开一个如图 3-163 所示的敷铜设置对话框，具体设置选项说明如表 3-13 所示。

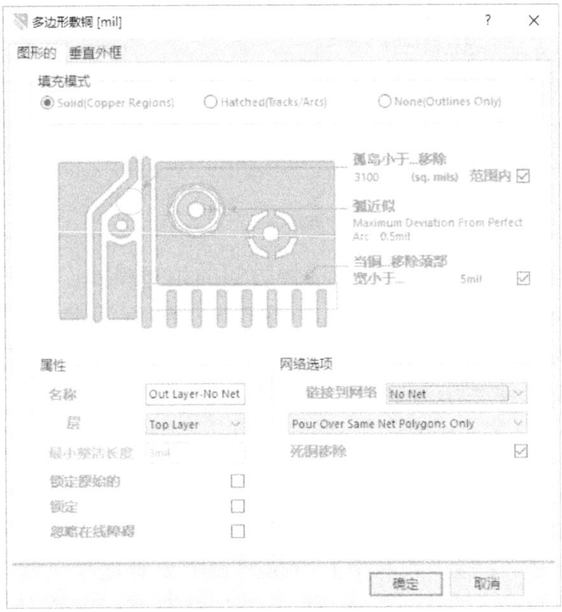

图 3-163　敷铜设置对话框

表 3-13　敷铜设置选项说明

设 置 选 项	说　　明
Fill Mode	填充模式。 Solid（Copper Regions）：纯铜区域，即实心填充，表示使用实心铜区域进行填充。 Hatched（Tracks/Arcs）：影线化填充（导线/弧），指采用类似阴影效果的导线或弧线来进行区域填充。 None（Outlines Only）：无填充（只有边框），表示区域内部不进行填充，只绘制出区域的边界线
Properties	属性。 Layer（层）：定义敷铜放置在 PCB 的哪一个或哪几个层上。 Lock Primitives（锁定原始的）：当选中此复选框时，整个敷铜将被视为一个整体，无法对单独的敷铜走线进行修改；如果不选中此复选框，则每条敷铜走线会被看作独立的个体，但这可能会增加它们与其他网络走线发生短路的风险。 Min Print Length（最小整洁长度）：最小铜膜片段长度
Net Options	网络选项。 Connect to Net（链接到网络）：在设置敷铜时，可以定义其与 PCB 网络的连接关系。默认情况下，设置为“No Net”，即不与任何网络相连。然而，为了减少铜膜走线之间的噪声干扰，通常建议将敷铜连接到地线网络（GND）。 Pour Over Same Net Polygons Only：当敷铜走线需要连接到某个网络时，它会直接覆盖在该网络上。 Remove Dead Copper（死铜移除）：若存在未与任何网络连接的孤立铜膜，即所谓的“死铜”，应将其移除
Hatch Mode	设置敷铜走线模式。 90 Degree：指敷铜走线以 90°角水平垂直交叉走线。 45 Degree：指敷铜走线以 45°角斜角进行交叉走线。 Vertical Hatch：指敷铜走线将垂直走线。 Horizontal Hatch：指敷铜走线将水平走线
Surround Pads With	用于设置围绕焊盘的形状。 Octagons：指将以八边形走线形式围绕焊盘。 Arcs：指将以圆弧走线形式围绕焊盘

续表

设置选项	说明
Grid Size	用于设置敷铜走线的格点间距
Track Width	用于设置敷铜走线的线宽。如果设置的值比 Grid Size 小，将显示网格状敷铜；如果设置的值比 Grid Size 大，将显示铺满铜的状态
Remove Islands less Than	孤岛小于某值时移除。 如果孤岛小于设定值，则移除
Arc Approximation	弧近似
Remove Necks When Copper Width Less Than	当铜宽小于某值时移除颈部。 如果铜宽度小于设定值，则移除颈部

在对话框的【填充模式】选区中，可以选择敷铜的填充模式，有三种不同的模式可供选择：实心填充、影线化填充及无填充。一般情况下，推荐选择影线化填充。一旦选择了影线化填充，对话框中会展示该填充模式的具体参数设置，包括敷铜的走线模式、围绕焊盘的形状、网格的格点间距和走线的宽度等。通常情况下，这些参数可以保持默认设置。

在【属性】选区中，可以对敷铜的一些关键属性进行配置，包括指定敷铜应放置的层、定义最小图元（即最小的铜膜片段）的长度，以及选择是否将这些图元锁定，以防止它们在后续编辑过程中被更改。

在【网络选项】选区中，【链接到网络】下拉列表用于确定敷铜要连接到的网络。通常，可以选择将敷铜连接到接地网络（GND）或者设置为不连接到任何网络（No Net）。【Pour Over Same Net Polygons Only】下拉列表用于指定敷铜覆盖与它在同一网络的对象的方式。而【死铜移除】复选框则用于设置是否去除那些没有焊盘连接的铜箔区域。

图 3-164　敷铜效果

完成设置后，单击【确定】按钮，鼠标指针将变为十字形状，此时用户可以通过连续单击鼠标左键来设定多边形的各个顶点。所有的顶点都设定完毕后，用户可以右击鼠标，系统将会根据用户所指定的多边形区域来进行敷铜，敷铜效果如图 3-164 所示。

若需移除敷铜，用户可通过以下两种方法进行操作：

（1）通过菜单：选择【编辑】→【删除】菜单命令。

（2）使用快捷键：依次按下键盘上的 E 键和 D 键。

在执行上述任一操作后，用户应单击选中不含元件的敷铜区域，随后该部分敷铜将被删除。

若用户需要对敷铜的设置进行调整，可按以下步骤进行：

（1）双击不含元件的敷铜区域，弹出敷铜设置对话框。

（2）在对话框中重新进行敷铜设置。

（3）设置完成后，单击【确定】按钮以确认更改。

（4）系统将询问是否重新进行敷铜，此时单击【是】按钮即可应用修改后的敷铜设置。

8．保存及输出

在 PCB 设计流程中，将完成的 PCB 文件打印出来是一个重要的步骤。通过将 PCB 文件打印在纸张上，不仅可以进行校验和存档，还能将其作为实物的参考。此外，还可以选择将 PCB 文件的内容打印到幻灯片纸上，之后将这些幻灯片纸贴在感光电路板上，通过曝光、显影、蚀刻和焊接等步骤，亲手制作出实物。

打印 PCB 文件的过程与原理图的打印有许多相似之处。然而，需要注意的是，PCB 打印涉及“层”的概念。在打印 PCB 文件时，可以选择一次性打印所有层，也可以根据需要分别打印各个层。

（1）页面设置

在打印 PCB 文件之前，需要先进行页面设置。这个操作与 Word 文档的页面设置方法相似。首先，选择【文件】→【页面设置】菜单命令，打开【Composite Properties】对话框，如图 3-165 所示。

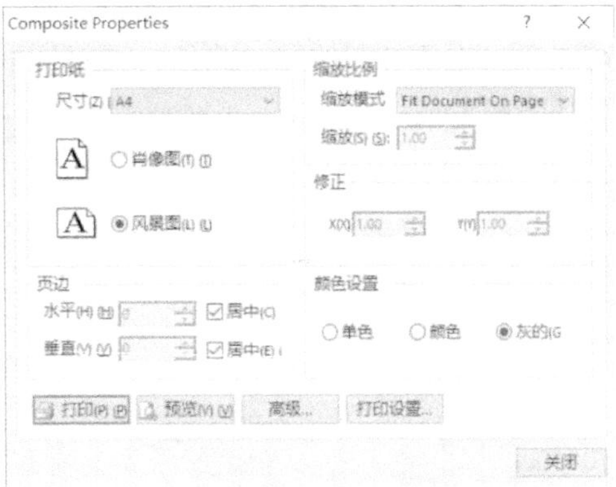

图 3-165 【Composite Properties】对话框

在【打印纸】选区中，可以设置打印纸的尺寸和打印方向。【肖像图】（Portrait）代表纵向打印，【风景图】（Landscape）则代表横向打印。

在【缩放比例】选区中，可以设置内容与打印纸的匹配方式。系统提供了两种模式：【Fit Document On Page】（适合文件页面）和【Select Print】（选择打印）。前者将自动调整打印内容的大小以适应纸张尺寸，后者则允许用户自行设定打印的缩放比例。如果选择了【Select Print】模式，那么【缩放】数值框和【修正】选区都将变为可操作状态。

在【页边】选区中，可以调整图纸在纸张上的位置。如果勾选了【居中】复选框，打印出的图纸将会位于纸张的中心。而如果取消勾选【居中】复选框，用户就可以自行调整水平和垂直方向上的页边距。

（2）打印输出设置

单击【Composite Properties】对话框中的【高级】按钮，弹出【PCB Printout Properties】对话框，如图 3-166 所示。在此对话框中，用户能够设定待打印的层以及选择打印方式。

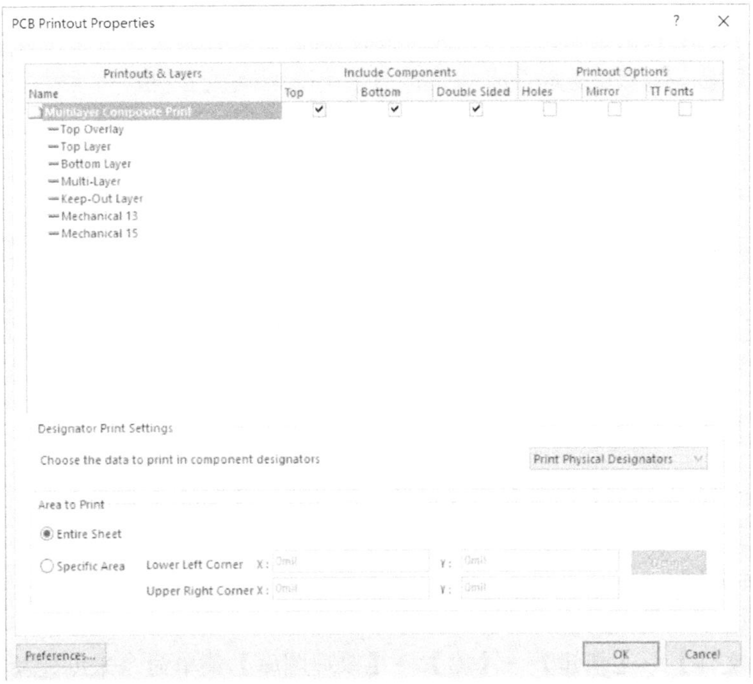

图 3-166 【PCB Printout Properties】对话框

双击【Multilayer Composite Print】选项，将弹出【打印输出特性】对话框，如图 3-167 所示。该对话框中列出了所有即将被打印的层，系统默认会列出所有包含图元的层。

在【打印输出特性】对话框内，用户可针对特定层进行设置，并单击【删除】按钮移除那些不需要打印的层。

单击【添加】按钮会打开【板层属性】对话框，如图 3-168 所示。通过这个对话框，用户可以添加需要打印的层。此外，该对话框中还提供了图元的三种打印选项：【最终的】、【草案】和【隐藏】。

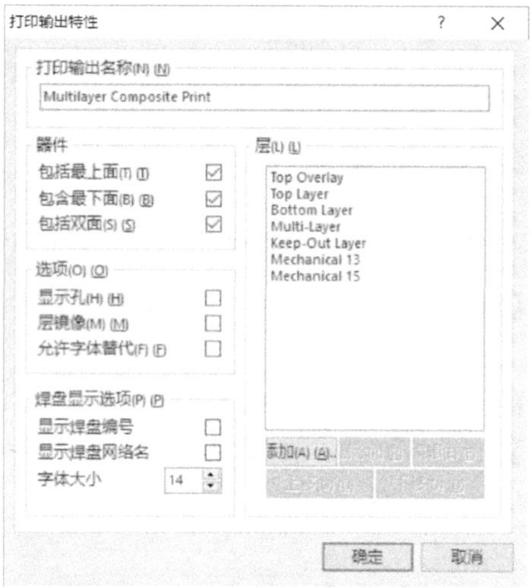

图 3-167　【打印输出特性】对话框

图 3-168　【板层属性】对话框

【最终的】选项表示将打印该类图元的全部图形视图。

【草案】选项表示打印该类图元的轮廓或基本形状。

【隐藏】选项表示不打印该类图元，即在打印输出中将它们隐藏。

在完成上述设置后，单击【是】按钮返回【打印输出特性】对话框，再单击【确定】按钮，返回【PCB Printout Properties】对话框。接着单击【Preferences】按钮，打开 PCB 打印设置对话框，根据需要对黑白打印和彩色打印时各个图层的打印灰度和颜色进行调整。设置完成后，单击【OK】按钮即可返回 PCB 工作区界面。

（3）打印

单击工具栏中的打印按钮，或者选择【文件】→【打印】菜单命令，即可开始打印 PCB 文件。

3.4.5　设计封装

在 PCB 设计中，元件的封装是必不可少的，本节以 ICL7660 电源芯片为例，讲解如何建立元件的原理图和封装的步骤。

1．原理图库介绍

创建一个新的原理图库文件涉及以下步骤：

（1）选择【文件】→【新建】→【库】→【原理图库】菜单命令来创建新原理图库文件，如图 3-169 所示。

（2）新原理图库文件默认名为“Schlib1.SchLib”，可以根据需要重命名以便记忆。

（3）打开文件，进入原理图库编辑器界面，如图 3-170 所示。

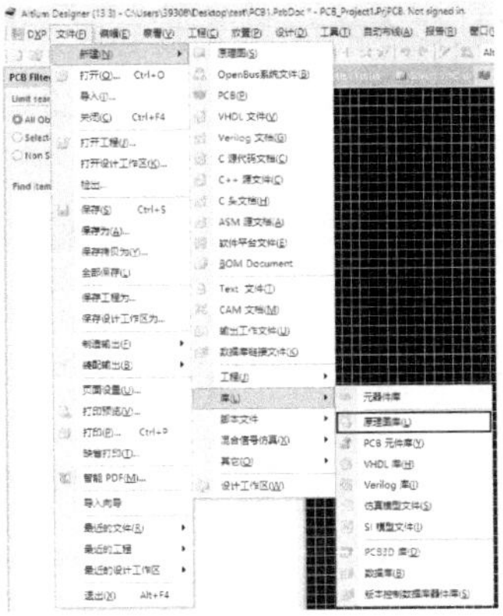

图 3-169　创建原理图库文件命令

图 3-170　原理图库编辑器界面

原理图库编辑器界面和原理图设计编辑器相似，主要由元件管理器、菜单栏、主工具栏、常用工具栏和编辑区域构成。不过，在原理图库编辑器的中央，有一个坐标轴，它将编辑区域划分成四个象限，这些象限的定义与数学上的定义是一致的。通常在第四象限中进行元件的编辑工作。

默认情况下，有两种工具栏：SchLib Standard（元件绘图工具栏）和 IEEE Tools（IEEE 工具栏）。其中，元件绘图工具栏是常用的，用于绘制原理图库中元件的边框和外形，以及放置相应的引脚。而 IEEE 工具栏不常用，这里不作介绍。

可以通过【察看】→【工具栏】→【原理图库标注】菜单命令打开或者关闭元件绘图工具栏。工具栏中各个绘图工具的用途如表 3-14 所示。

表 3-14　绘图工具的用途

符　号	功　能	符　号	功　能
	画直线		创建文件
	画曲线		添加元件
	画椭圆弧		画矩形
	画多边形		画圆角矩形
	放置文字		画椭圆
	放置超链接		粘贴图片
	放置文本框		放置元件引脚

新建元件的步骤如下：

（1）双击原理图库文件，进入原理图库编辑器。

（2）选择【工具】→【新器件】菜单命令，弹出对话框。

（3）在对话框中输入 ICL7660，然后单击【OK】按钮。

（4）这样就在原来的库中添加了一个新元件 ICL7660，也可在元件管理器的器件栏添加器件。

绘制图形的步骤如下：

（1）执行【放置】→【矩形】菜单命令，或利用工具栏中的矩形绘制工具。

（2）根据元件引脚的多少，在图纸中心绘制一个大小合适的矩形。

（3）完成绘制后，将得到如图 3-171 所示的矩形。

图 3-171　绘制好的矩形

添加引脚的步骤如下：

（1）执行命令：执行【放置】→【引脚】菜单命令，或使用工具栏中的放置引脚工具。

（2）切换模式：执行菜单命令或单击工具按钮后，编辑模式切换到放置引脚模式，此时鼠标指针旁会显示一个十字符号及一条短线，这个短线就是引脚。

（3）设置引脚属性：在放置引脚之前，可以按键盘上的 Tab 键弹出引脚属性对话框，如图 3-172。主要属性包括引脚名称、引脚编号、电气特性等。

（4）选择电气特性：根据引脚的功能，选择合适的电气特性，如 INPUT（输入型）、IO（双向型）、OUTPUT（输出型）等。

（5）确定引脚方向：将引脚放置在画布上之前，可以按 Space 键调整其方向。引脚带电气符号的端点是可进行导线连接的地方，所以一般情况下该端点需朝外放置。

（6）设置名称显示：如果想要隐藏引脚名称，可以取消勾选【显示名字】输入框后的【可见的】复选框。该复选框默认情况下是被选中的，即默认显示引脚名称。

（7）设置引脚长度：引脚长度也可以在此对话框中设置。

（8）设置颜色：如果需要，还可以设置引脚的颜色。

（9）完成放置：设置完毕后，可以将引脚放置在矩形的相应位置上。

注意：在放置引脚时一定要将具有电气意义的一端朝外，通常是引脚带有电气符号的一端，如图 3-173 所示。

图 3-172　引脚属性对话框

图 3-173　放置引脚

总的来说，通过上述步骤，可以完成对新元件 ICL7660 的引脚添加。在实际操作中，可能还需要参考具体的集成电路规格书，以确保每个引脚的功能、参数、电流电压承受范围等信息的准确性。

按照以下步骤放置 8 个引脚：

（1）放置引脚：根据元件的引脚布局，单击画布上的相应位置来逐一放置引脚。每次单击会放置一个引脚。

（2）设置引脚属性：如果先放置了引脚，之后可以通过双击引脚打开属性对话框来设置其属性。

（3）确认方向和位置：在放置引脚时，确保它们的电气连接点（带电气符号的一端）朝外，以便后续进行连线。

（4）调整引脚间距：根据实际元件规格，调整引脚之间的间距，使得绘制的元件图形与实际元件匹配。

（5）检查引脚编号和名称：确保每个引脚的编号和名称与其功能对应，且符合集成电路规格书的要求。

（6）完成放置：重复以上步骤直到 8 个引脚都放置在适当的位置。

绘制好的八段数码管元件如图 3-174 所示，其中每个引脚都有正确的编号和名称，并且布局准确反映了实际元件的外观和电气特性。

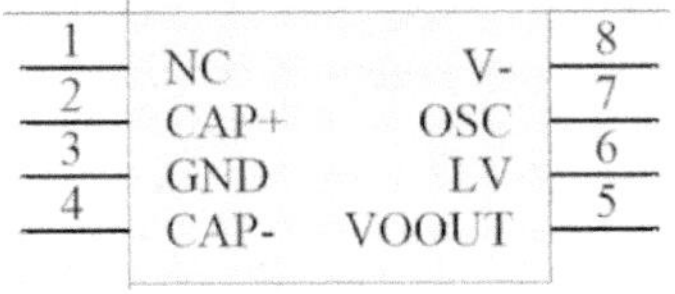

图 3-174　绘制好的元件

注意：具体的引脚编号、名称以及电气特性需要根据实际的八段数码管元件规格来设定，本例中并未提供具体元件的细节信息。

保存已绘制好的元件的步骤如下：

（1）将工作面板调回【Projects】。

（2）右击原理图库文件，在弹出菜单中选择【保存】选项。

完成绘制后要及时保存，否则会影响后面元件的调用。保存完成后，可以查看一下元件管理器。

在元件管理器中，可以看到已经添加了一个 ICL7660 元件，该元件位于 SchLib1. SchLib 文件中。双击该元件会弹出元件库元件属性对话框。在对话框中，可以更改元件号（格式为：元件代号+？），添加元件注释等。

用户如果想在原理图设计时使用此元件，只需将库文件装载到元件库中，取用元件 ICL7660 即可。

如果用户要在现有的元件库中加入新设计的元件，只要双击已经存在的原理图库文件，进入原理图库编辑器，执行【工具】→【新器件】菜单命令，然后就可以按照上面的步骤设计新的元件了。

当绘制原理图时，如果 Altium Designer 中已有的原理图库中有相似的原理图元件，再按照前面的方法绘制可能耗费很多时间，特别是复杂的元件，这时可以在已有的原理图库中复制该元件，再进行修改，就相当于自己创建了一个新的元件，不会破坏以前的原理图库。具体步骤为：

（1）打开所需复制元件的库，找到并选中该元件，进入原理图库编辑器。

（2）选中元件管理器中的该元件，进行复制。

（3）选中自己创建的库文件并到元件管理器中粘贴，再进行修改和保存。

在使用别人建好的原理图库进行原理图绘制时，选用的元件可能出现元件制作错误，比如元件引脚名称、引脚编号错误，可以在使用时对该元件的引脚进行修改，这种修改只是对于该原理图，库文件没有改变。具体步骤为：

（1）双击需要修改的元件，弹出元件属性对话框，如图 3-175 所示。

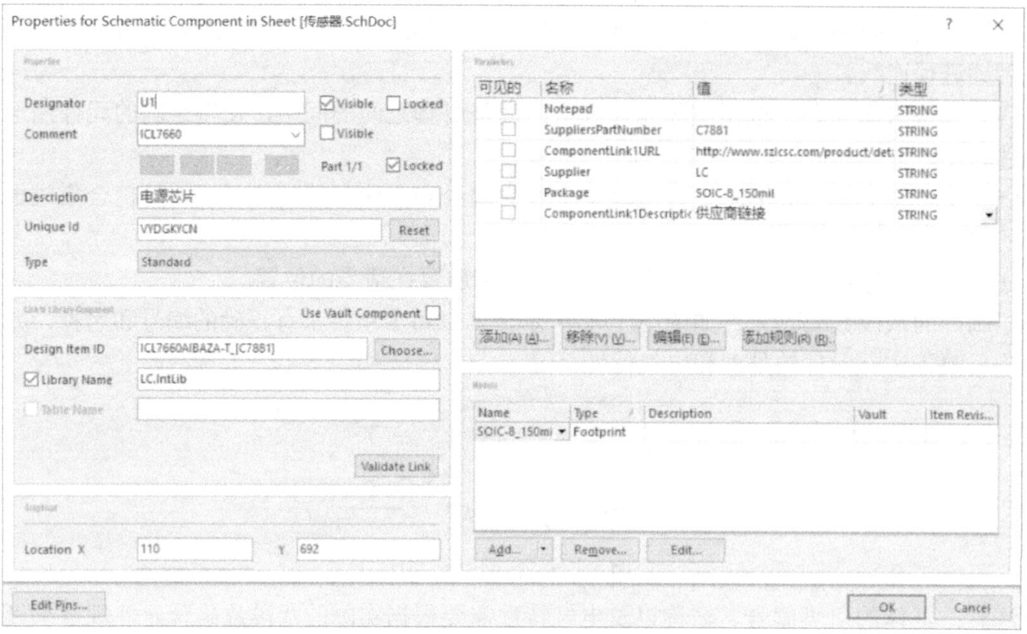

图 3-175　元件属性对话框

（2）单击左下角的【Edit Pins】按钮，弹出【元件管脚编辑器】对话框，如图 3-176 所示。在【元件管脚编辑器】对话框中，用户可以方便地对元件的引脚进行编辑和配置，以满足设计需求。可单击对应选项进行修改，也可双击进入引脚属性对话框进行修改。

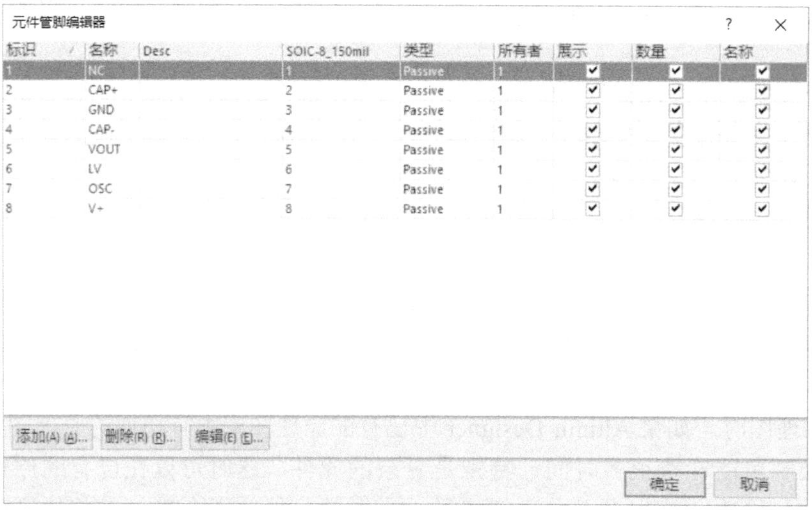

图 3-176　【元件管脚编辑器】对话框

2．PCB 元件库

设计 PCB 时常常会遇到新的元件或非标准器件，而在软件里找不到对应的封装，所以就需要用户自己创建新的元件封装。下面以 ICL7660 为例进行介绍。

要新建一个 PCB 元件库文件，可以按照以下步骤操作：

（1）创建 PCB 元件库文件：执行【文件】→【新建】→【库】→【PCB 元件库】菜单命令，如图 3-177 所示，创建一个新的 PCB 元件库文件。

（2）保存 PCB 元件库文件：创建后，按快捷键 Ctrl+S 保存文件。在保存时，可以为文件命名，选择一个便于记忆的名称，并选择存放路径。

图 3-177　创建 PCB 元件库文件命令

（3）进入 PCB 元件库编辑器：双击 PCB 元件库文件名，如“PcbLib1.PcbLib”，进入 PCB 元件库编辑器界面，如图 3-178 所示。

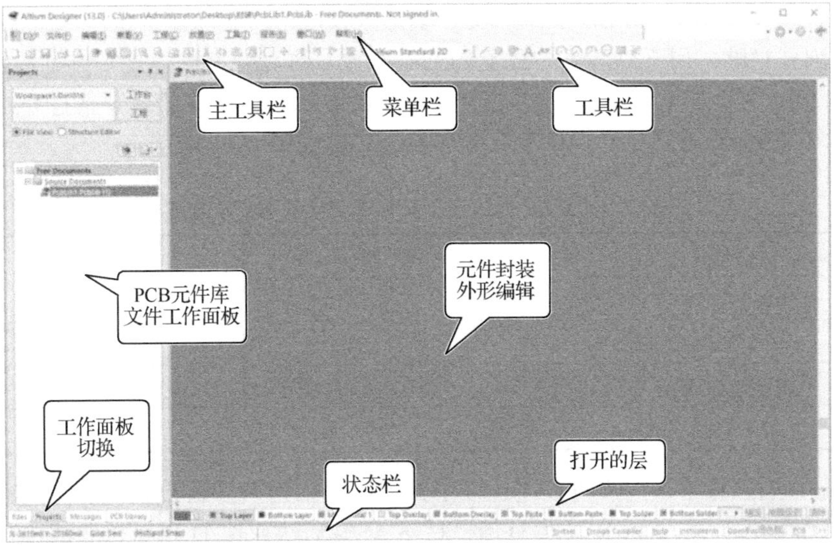

图 3-178　PCB 元件库编辑器界面

（4）提取元件封装信息：从元件的数据手册中提取芯片尺寸信息，包括焊盘的长宽、焊盘之间的中心间距等。

（5）设置焊盘属性：根据提取的信息，设置焊盘所属层（如 Top Layer）、形状（如矩形）以及尺寸（如长 0.55mm，宽 0.25mm）。如果需要，可以通过按 Space 键来旋转焊盘。

（6）绘制丝印：在焊盘周围绘制丝印，以便在 PCB 制造时识别元件的位置和方向。

（7）保存并使用：完成封装的绘制后，保存封装，并将其添加到原理图中使用。

在用户打开某个 PCB 元件库文件后，屏幕将出现 PCB 元件库编辑器界面。

PCB 元件库编辑器界面与原理图库编辑器相似，主要由元件管理器（元件封装库）、菜单栏、主工具栏、常用工具栏、编辑区等组成。编辑区内显示一个坐标点，这个坐标点默认为坐标原点。坐标原点是用来辅助 PCB 元件封装创建和编辑的，其位置可以通过【编辑】→【设置参考】→【定位】菜单命令来重新设置。默认情况下，打开 PCB 元件库文件时，会同时调出一个常用工具栏，名为 PCB 库放置工具栏，如图 3-179 所示。

图 3-179　PCB 库放置工具栏

在 Altium Designer 中，PCB 库放置工具栏是用于绘制 PCB 元件库中元件外形和放置引脚的重要工具栏。以下是其中一些主要的工具及其功能：

（1）放置直线：用于绘制直线，常用于绘制元件的外框或内部结构。

（2）放置焊盘：用于放置元件的引脚，焊盘属性中可以定义引脚编号、名称等信息。

（3）放置过孔：用于在 PCB 上添加过孔，通常用于多层 PCB 设计中的电气连接。

（4）放置字符串：用于添加文本信息，如元件标识或其他说明文字。

（5）放置坐标：用于设置绘制元件的参考点，这对于元件的放置和对齐非常重要。

（6）圆心模式画弧：以圆心为基础画弧线，常用于绘制圆形或弧形结构。

（7）圆弧模式画弧：以半径为基础画弧线，适用于绘制特定半径的圆弧。

（8）任意角度绘弧：可以在任意角度绘制弧线，提供更灵活的弧线绘制方式。

（9）绘圆形：用于绘制圆形结构，如圆形焊盘或其他圆形标识。

（10）放置填充：用于在 PCB 上添加实心填充区域，常用于制作屏蔽区域或热扩散区域。

（11）阵列式粘贴：用于以阵列方式复制粘贴对象，可以快速创建规则排列的组件。

此外，可以通过执行【察看】→【工具栏】→【PCB 库放置】菜单命令来打开或者关闭 PCB 库放置工具栏。PCB 库放置工具栏中工具的图标及功能如表 3-15 所示。

表 3-15　PCB 库放置工具栏中工具的图标及功能

图　标	功　能	图　标	功　能	图　标	功　能
	放置直线		放置焊盘		放置过孔
A	放置字符串	+10,10	放置坐标		圆心模式画弧
	圆弧模式画弧		任意角度绘弧		绘圆形
	放置填充		阵列式粘贴		

在 Altium Designer 中，用户可以通过以下几种方法来切换公制和英制单位。

（1）快捷键操作：单击 PCB 空白处后，按下 V 键后快速按 U 键可以完成单位的切换。直接按下键盘上的 Q 键可以快速切换尺寸单位。

（2）菜单命令切换：执行【察看】→【切换单位】菜单命令，同样可以实现单位的切换。

（3）PCB 参数设置：在 PCB 编辑器内，右击文件的任意位置，选择电路板参数选项，在弹出的对话框中，找到度量单位部分进行设置。选择【metric】即为公制单位，选择【imperial】即为英制单位。

在执行这些操作时，请确保输入法处于英文输入状态，这样才能保证快捷键或菜单命令的有效响应。熟悉这些快捷操作不仅能提高设计效率，还能在使用 Altium Designer 进行 PCB 设计时，更加灵活地处理不同单位的转换等问题。

确定坐标原点的步骤如下：

（1）打开 PCB 元件库编辑器界面：启动 Altium Designer 并打开 PCB 元件库文件，进入 PCB

元件库编辑器界面。

（2）缩放编辑区：使用 PgUp 键和 PgDn 键，或滚动鼠标滚轮，对编辑区进行缩放，以便更好地观察和编辑。

（3）选择编辑原点命令：选择【编辑】→【原点】菜单命令，展开原点相关的选项。

（4）设置原点：在【原点】子菜单中，选择【设置】命令来设置新的坐标原点。可以将原点设置在板框的左下角，这样可以确保元件的 x、y 坐标都为正数，有助于元件的放置和布局。

（5）跳转到原点：如果想要将视图快速移动到新设置的坐标原点，可以执行【编辑】→【跳转】→【参考】菜单命令，或者使用快捷键 J+R，使视图中心快速跳转到坐标原点(0,0)的位置。

（6）其他原点设置：除了手动设置原点，还可以选择其他的原点设置方式，如将第一个引脚设置为原点，或者将图形的中心点设置为原点。

（7）保存更改：完成原点设置后，记得保存 PCB 元件库文件，以保留新的坐标设置。

下面介绍绘制焊盘。

绘制焊盘时，首先需要放置焊盘，执行【放置】→【焊盘】菜单命令，或者单击 PCB 放置工具栏中的按钮以放置焊盘。首先在坐标原点处放置一个焊盘；然后沿着横轴方向，每隔 50mil 放置一个焊盘，一共放置 4 个焊盘；接着，在纵轴方向上间隔 150mil，再依次放置 4 个焊盘。

在放置焊盘时，需要进行以下操作：

（1）单击工具栏按钮后，不要立即在图纸上放置焊盘，应该等待焊盘符号附着在鼠标指针上后，按下 Tab 键。

（2）按下 Tab 键会打开焊盘属性对话框。

（3）根据元件引脚的特性，在焊盘属性对话框中进行设置，将焊盘的【X-Size】和【Y-Size】分别设置为 0.7mm 和 1.8mm，【外形】设置为【Round】（圆形）；还需要为每个焊盘设置编号，第一个焊盘的编号（【标识】输入框）应设置为 1，如图 3-180 所示。

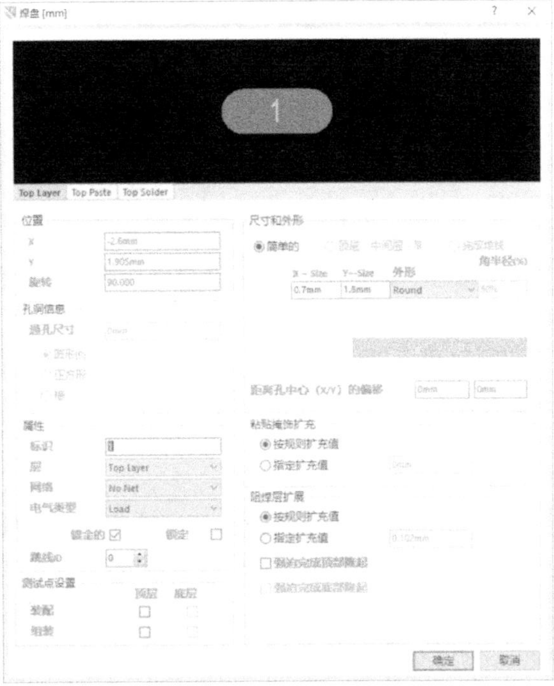

图 3-180　焊盘属性设置

按照上述方法完成焊盘的具体设置和排列。

在 Altium Designer 中，使用连续放置的方法可以提高效率并减少错误。以下是连续放置多个相同焊盘的步骤：

（1）设置第一个焊盘的属性：按照之前描述的方法，按 Tab 键打开焊盘属性对话框，设置焊盘的尺寸、外形和编号。

（2）放置第一个焊盘：在坐标原点处单击以放置第一个焊盘。

（3）连续放置焊盘：放置第一个焊盘后，鼠标指针上会自动附着一个新的焊盘。移动鼠标到下一个预定位置，再次单击以放置焊盘。重复此过程，沿横轴方向每隔 50mil 放置一个焊盘，共放置 4 个。然后，沿纵轴方向每隔 150mil 依次放置 4 个焊盘。

（4）自动递增编号：Altium Designer 会自动为连续放置的焊盘设置递增的编号。例如，第一个焊盘的编号设置为 1，第二个会自动变为 2，以此类推。

（5）结束放置：8 个焊盘都放置完毕后，单击鼠标右键来结束放置。

这种方法的优点在于：

（1）效率提升：设置了第一个焊盘的属性和编号后，后续焊盘的属性和编号会自动保持一致，避免了反复打开属性对话框的需要。

（2）准确性：自动递增的编号减少了手动输入的错误，确保了设计的准确性。

注意：要确保 ICL7660 引脚的编号与原理图库符号中的编号相匹配，以确保元件在原理图和 PCB 设计中的一致性；在放置焊盘的过程中，如果需要修改焊盘属性，可以随时按 Tab 键打开属性对话框进行调整。

最终，绘制好的 ICL7660 引脚封装应该类似于图 3-181，确保所有焊盘的位置和编号都符合设计要求。

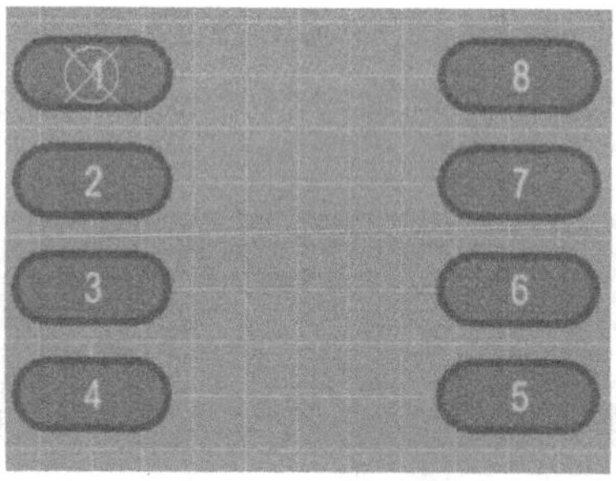

图 3-181　ICL7660 引脚封装

元件 PCB 封装与原理图封装不同，PCB 封装需要严格按照实际元件的尺寸绘制，并且要方便制作生产。

在 PCB 设计中，焊盘通常放置在多层（Multi-Layer）上，这意味着它们会贯穿所有的层，并且可以在任何一层进行电气连接。然而，当绘制元件的外形时，需要切换到顶层丝印层（Top Overlay）。

为什么使用顶层丝印层呢？

顶层丝印层用于放置元件的外形线、文字和尺寸标注等非电气连接信息。

（1）元件的外形线应该绘制在顶层丝印层上，因为这些线条不需要形成电气连接。如果绘制在其他布线层（如信号层或内部平面层）上，可能会无意中创建铜膜走线，这可能导致短路。

（2）使用顶层丝印层可以确保元件的文字和尺寸标注不会对电路的功能产生负面影响。

如何切换到顶层丝印层？

（1）在 PCB 元件库编辑器中，通常可以通过层管理器（Layer Manager）或者直接在层标签

（Layer Tab）中选择相应的层来切换层。

（2）找到并选择顶层丝印层，然后开始绘制元件的外形线和其他非电气信息。

要确保这些线条只存在于顶层丝印层，不会影响其他层上的电气连接。由于 ICL7660 的外形框尺寸为 2.8mm×4.8mm，建议采用设置坐标的方式来绘制外形线。

切换到顶层丝印层并设置单位为公制单位 mm；将坐标原点设置为 8 个焊盘的中心对称处；绘制两条直线，起点和终点坐标分别为(-1.4,2.4)和(1.4,2.4)、(-1.4,-2.4)和(1.4,-2.4)，线宽设置为10mil，如图 3-182 所示；再次绘制两条直线，起点和终点坐标分别为(-1.4,-2.4)和(-1.4,2.4)、(1.4,2.4)和(1.4,-2.4)，如图 3-183 所示。

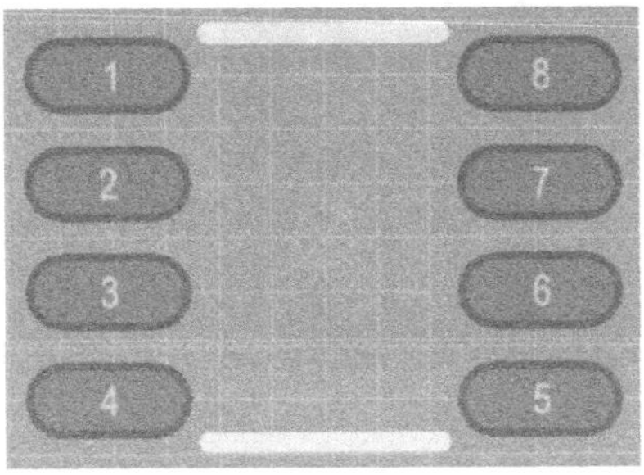

图 3-182　外形上下边框

图 3-183　外形上下左右边框

然后，标记元件的方向。由于此类封装是对称的，按照规定这个标记一般为元件的第一引脚。可以在第一引脚和最后引脚的边框上绘制一段圆弧表示方向，或者在第一引脚的焊盘处绘制小圆点表示。这样，一个 ICL7660 元件的 PCB 封装就绘制完成了，如图 3-184 所示。

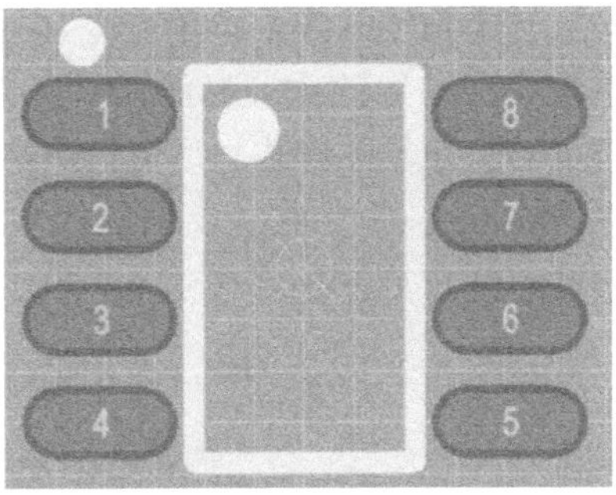

图 3-184　PCB 封装

在主界面左侧的工作面板下方，选择【PCB Library】选项，将当前的工作面板切换到【PCB Library】面板；在【PCB Library】面板中，找到刚才创建的 PCB 封装，它的默认名字可能是“PCBCOMPONENT_1”或类似的名称。双击该元件名，或者右击元件名后选择【元件属性】选项，弹出【PCB 库元件】对话框。在这个对话框中，将元件的名字改为更具描述性的名称，如“ICL7660”。

若要新建一个 PCB 元件封装，可以执行【工具】→【新的空元件】菜单命令，也可以在【PCB Library】面板中选择【新的空元件】选项。新建的封装名通常是系统默认的，可以按照上述步骤重命名。

对元件封装进行命名和修改后，需要保存 PCB 元件库文件以确保更改被保留。用户自己创建的 PCB 元件库文件就像软件自带的元件库一样，用户可以通过安装这个库文件来方便地调用其中的元件封装。

当需要用到新的元件封装时，按照以上方法绘制比较费时费力，而且容易出错，可以考虑采取复制的方法制作元件封装，在已有的 PCB 文件中复制元件，粘贴到 PCB 元件库文件中。

在立创商城搜索元件，可以找到元件的数据手册和封装库，如图 3-185 所示，下载 PCB 元件库文件，就得到了该元件的 PCB 封装。

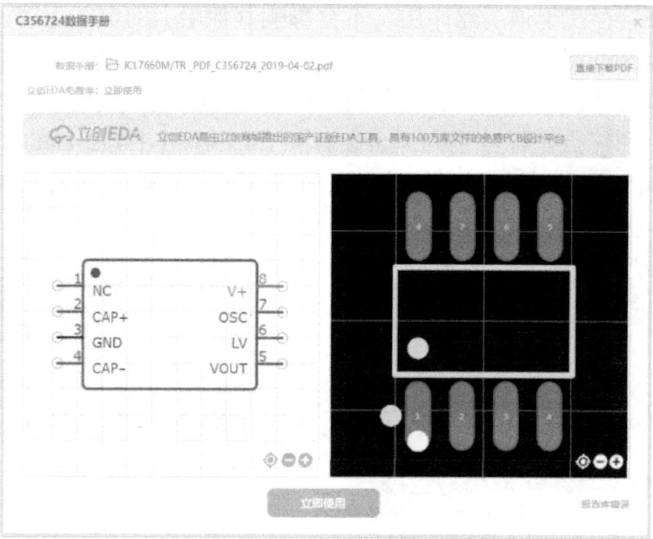

图 3-185　立创商城元件信息

可以使用元件封装创建向导来创建规则和引脚排列规范的元件封装，对于 ICL7660 这样的元件，这种方法非常适用。

（1）打开 PCB 元件封装创建向导。在【PCB Library】工作面板的元件栏中右击，选择【元件向导】选项，或者选择【工具】→【元件向导】菜单命令，打开 PCB 元件封装创建向导。

（2）确定封装类型和尺寸单位。在向导的欢迎界面上单击【下一步】按钮，进入封装类型和尺寸单位选择界面。在这个界面中，有多种封装类型可供选择，如电阻、电容、二极管、DIP（双列直插封装）等，还可以选择 BGA、LCC、PGA、QUAD、SOP 等专用贴片元件封装。在这个例子中，根据 ICL7660 的外形和引脚排列，选择【Small Outline Pagedges（SOP）】选项，尺寸单位选择【Metric（mm）】选项，如图 3-186 所示。

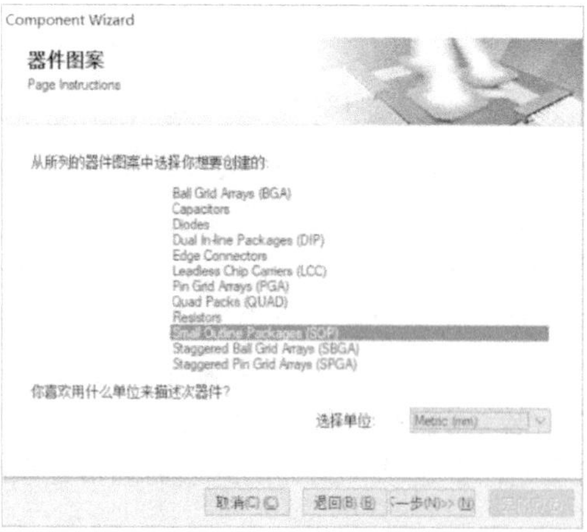

图 3-186　选择封装类型和尺寸单位

（3）设置焊盘参数。单击【下一步】按钮，进入焊盘尺寸设置界面，设置焊盘的大小。在这个例子中，X-Size 和 Y-Size 分别设置为 0.7mm 和 1.8mm，如图 3-187 所示。

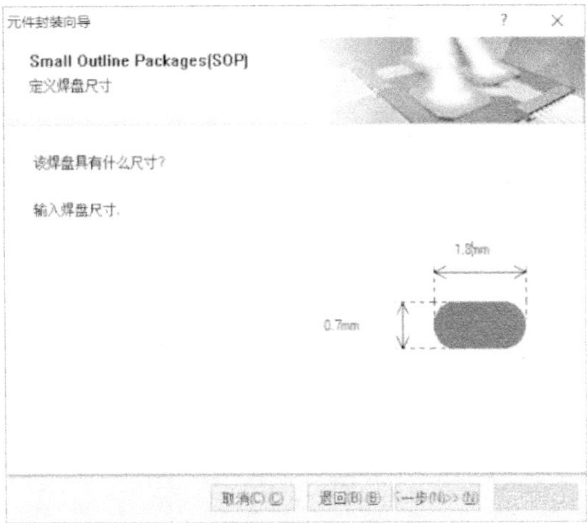

图 3-187　设置焊盘参数

（4）设置焊盘布局。单击【下一步】按钮，进入焊盘布局设置界面，设置引脚列间距和行间距。在这个例子中，引脚列间距设置为 5.2mm，行间距设置为 1.27mm，如图 3-188 所示。

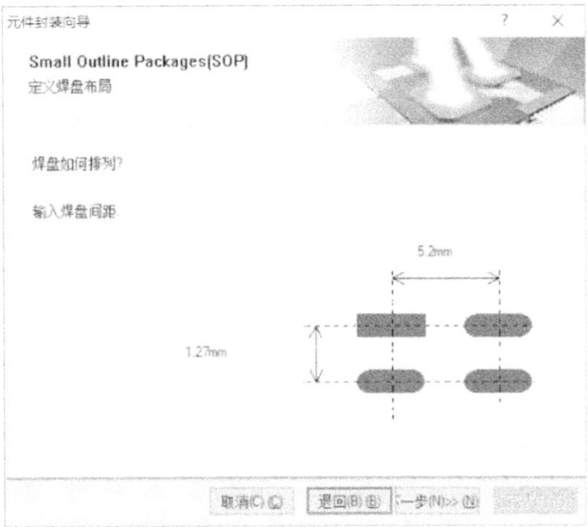

图 3-188　设置焊盘布局

（5）设置元件外围边框线宽。单击【下一步】按钮，进入元件外围边框线宽设置界面。外围边框用于指示元件外形所占的面积，方便绘制 PCB 时进行元件布局。在这个例子中，线宽设置为 10mil（0.254mm），如图 3-189 所示。

图 3-189　设置元件外围边框线宽

（6）设置焊盘数目。单击【下一步】按钮，进入焊盘数目设置界面，设置焊盘的数量。在这个例子中，焊盘数目设置为 8，如图 3-190 所示。

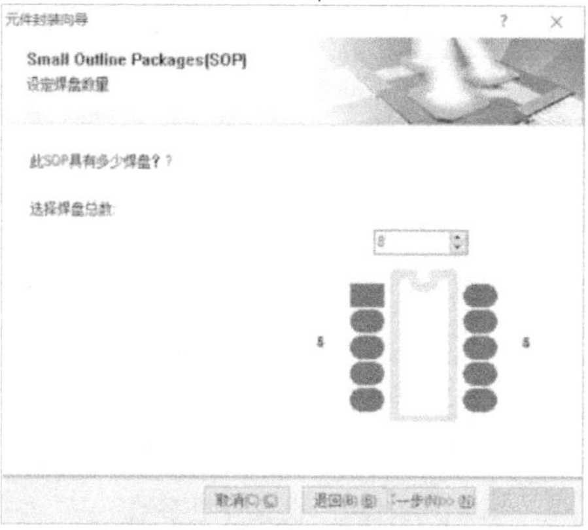

图 3-190　设置焊盘数目

（7）元件封装命名。单击【下一步】按钮，进入元件封装命名界面，为新创建的元件封装命名。在这个例子中，元件封装被命名为 ICL7660，如图 3-191 所示。

图 3-191　元件封装命名

（8）创建完成。单击【下一步】按钮，进入创建完成界面。单击【完成】按钮，将在 PCB 元件库文件编辑区显示初步完成的元件封装，如图 3-192 所示，可以进行进一步的修改和调整。

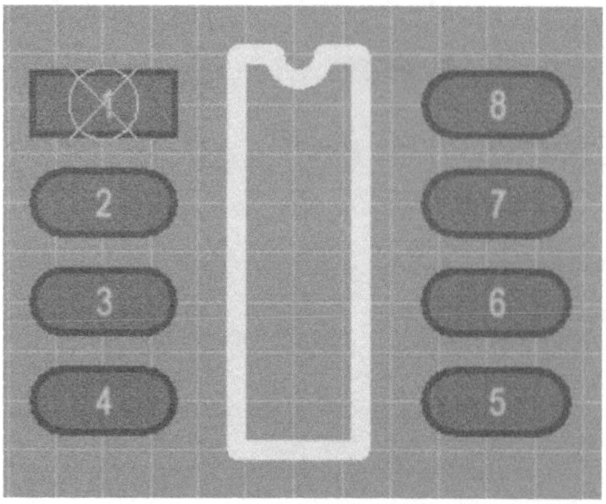

图 3-192　初步完成的元件封装

制作好封装库后，如果因为封装与原理图不一致，在原理图生成 PCB 时发生错误，这时打开封装库文件，弹出如图 3-193 所示的【摘录源文件或安装文件】对话框。单击【摘取源文件】按钮，将库文件中的所有封装提取出来，找到需要修改的封装并进行相应的修改，以解决封装与原理图不一致导致的问题。

图 3-193　【摘录源文件或安装文件】对话框

3．集成库的创建和管理

集成库并不是工程设计的必需品，但采用集成库中的元件进行原理图设计可以大大提高设计效率。这是因为在使用集成库时，无须为每个元件单独添加 PCB 封装。集成库的优点如下。

简化设计流程：集成库将原理图元件和 PCB 封装组合在一起，使得设计师无须分别处理原理图和 PCB 封装，从而简化了设计流程。

提高效率：通过集成库，设计师可以快速访问和使用所需的元件，而无须手动添加和关联 PCB 封装，从而提高了设计效率。

减少错误：集成库中的元件已经经过验证和测试，因此使用集成库可以减少手动添加 PCB 封装导致的错误。

保证一致性：集成库确保了原理图元件和 PCB 封装之间的一致性，因为它们是同时创建和更新的，这有助于避免二者不一致导致的设计问题。

（1）集成库的创建。

执行【文件】→【新建】→【工程】→【集成库】菜单命令，创建一个集成库工程（.LibPkg），如图 3-194 所示。然后给工程添加原理图库和 PCB 元件库，可以右击工程名，在弹出菜单中选择对应选项进行添加，如图 3-195 所示。右击文件名，选择【保存工程】或【保存工程为】选项，将集成库文件保存到指定位置。

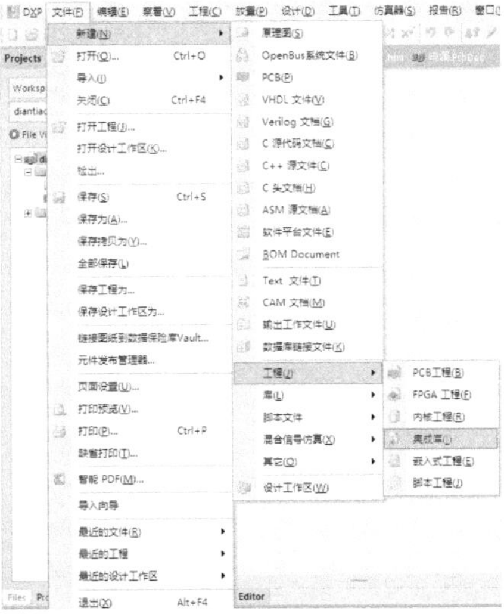

图 3-194　创建集成库命令

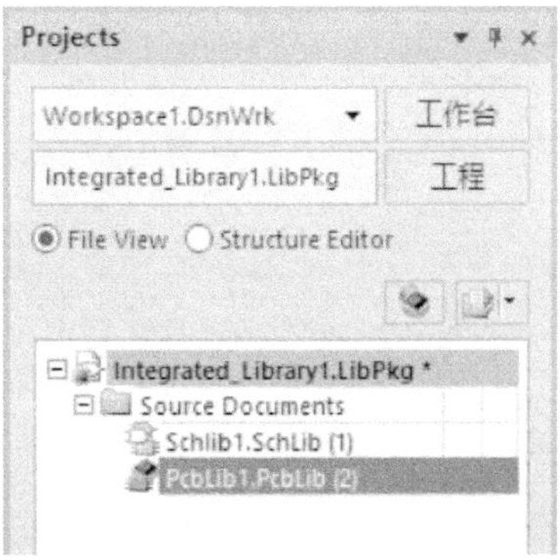

图 3-195　创建的集成库工程

原理图库（.SchLib）和 PCB 元件库（.PcbLib）中的元件符号是各自独立的，在创建集成库时首先要把它们关联起来。以 ICL7660 为例，在原理图库“Schlib1.SchLib”中，双击元件名“ICL7660”，弹出【Library Component Properties】对话框，在对话框的【Models】选区中单击【添加新模型】按钮，在弹出的对话框中选择【模型种类】为【Footprint】，单击【OK】按钮后弹出【PCB Model】对话框，找到并添加 PCB 元件库“PcbLib1.PcbLib”中的元件“ICL7660”，添加结果如图 3-196 所示。创建了集成库工程文件，并关联了原理图库及 PCB 元件库的元件符号后，就可以对集成库工程进行编译了。执行【工程】→【Compile Integrated Library】菜单命令，或右击集成库工程文件名，选择【Compile Integrated Library】选项，生成一个与集成库工程文件同名的编译集成库文件（.InLib），编译后的集成库和软件自带的集成库相同，操作方法也一致，集成库中的元件既有原理图元件符号，又有 PCB 封装符号，如图 3-197 所示。

图 3-196　原理图库与 PCB 元件库元件符号关联

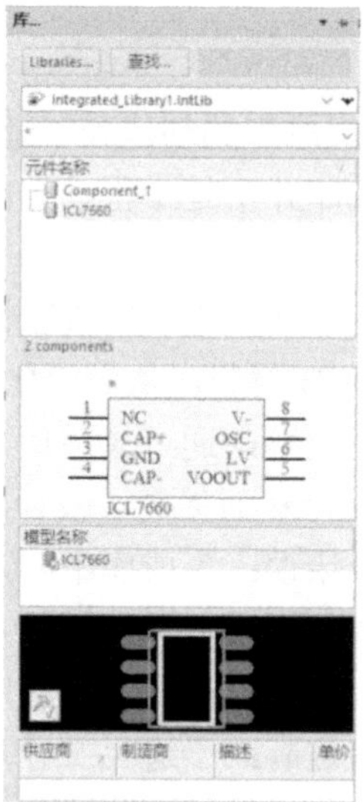

图 3-197　编译完成的集成库

（2）集成库的管理。

编译后的集成库可以直接导出，在集成库工程编辑界面，选择【工程】→【工程参数】菜单命令，弹出【Options for Integrated Library】对话框，在对话框中可以设置集成库的输出路径，如图 3-198 所示。

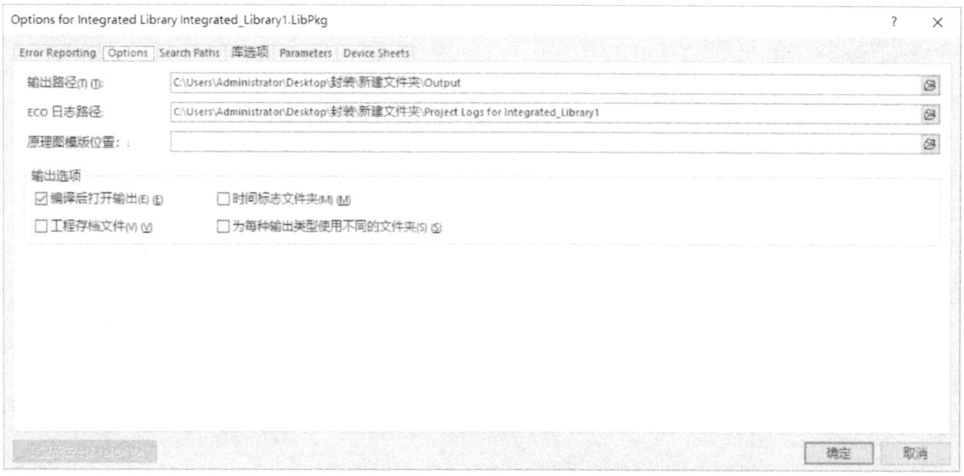

图 3-198　设置集成库的输出路径

由于元件在集成库中不能编辑，所以如需修改集成库中的元件符号或封装，可以双击集成库文件（.IntLib），打开同名的集成库工程文件（.LibPkg）。在集成库工程文件中只显示原理图库（.SchLib）和 PCB 元件库（.PcbLib）文件，可以在这两个库文件中编辑元件符号和封装。编辑修改后需再次编译集成库。

3.4.6 设计技巧

1．快捷方式

在原理图中选中想要修改的元件，使用快捷键 T+S 可以快速切换到 PCB 界面并选中对应的元件。选中元件后，按 A 键，然后选择弹出菜单中的第二个选项，将弹出一个对话框，显示对应封装符号图形。

单击图形的上、下、左、右、左上、左下、右上、右下等位置，来确定元件名的新位置。完成后，元件名将会整齐地排列在选择的位置上。如果希望按照功能模块进行布局，可以在原理图上选择其中一个模块的元件，使用快捷键 T+S，这时候 PCB 中对应的元件就会被选中。然后选择【工具】→【器件布局】→【在矩形区域排列】菜单命令，用鼠标拖出一个区域，释放鼠标后，所选模块的元件就会排列在这个区域内。

如果需要对丝印进行调整，可以在选择丝印层后，按下快捷键 Shift+S，这样可以更清楚地看到丝印布局，并进行必要的调整。对于其他属性如过孔大小等，可以使用 PCB filter 进行批量修改。在【PCB Filter】面板中，根据需要勾选相应的名称进行批量修改。在设计 PCB 时，应将每个子电路中的组件组合在 PCB 的不同区域，以保持组件之间的轨道长度较短，并更好地控制返回路径。敏感元件应远离散热或产生电磁场（EMF）的子电路。

以下是一些 Altium Designer 中常用的快捷键。

（1）通用操作。

放大缩小：Ctrl+鼠标滚轮或鼠标中键+移动鼠标。

切换不同的布线层：Ctrl+Shift+鼠标滚轮。

左右翻转：Ctrl+X（在原理图或 PCB 同一平面内）。

上下翻转：Ctrl+Y（在原理图或 PCB 同一平面内）。

选择全部：S—A（表示选按 S 键、再按 A 键，以下同理）。

全部取消：X—A。

删除：E—D，再选择要删除的对象。

测量距离：R—M。

刷新：V—R。

（2）原理图编辑。

快速布线：P—W。

画折线：Shift+Space 转换走线模式。

交叉索引：T—C。

（3）PCB 布局布线。

单面布线：Shift+S。

上对齐：Ctrl+Shift+T。

下对齐：Ctrl+Shift+B。

左对齐：Ctrl+Shift+L。

右对齐：Ctrl+Shift+R。

水平方向上等距：Ctrl+Shift+H。

竖直方向上等距：Ctrl+Shift+V。

元器件中心：Shift+E。

线性尺寸测距：Ctrl+M。

快速选择整个网络连线：Shift+E。

放置过孔：P—V。

覆铜：P—G。

同时画 *n* 条线：先按住 Shift 键选中多条线，然后按 TTM（multiple traces）。

注意，快捷键使用均在英文输入状态下有效。此外，还可以根据需要自己设置快捷键，找到需要设置快捷方式的选项，按住 Ctrl 键，然后单击该选项，弹出图 3-199 所示对话框，进行设置即可。有些快捷键可能被重复使用，此时只会响应优先级高的选项。

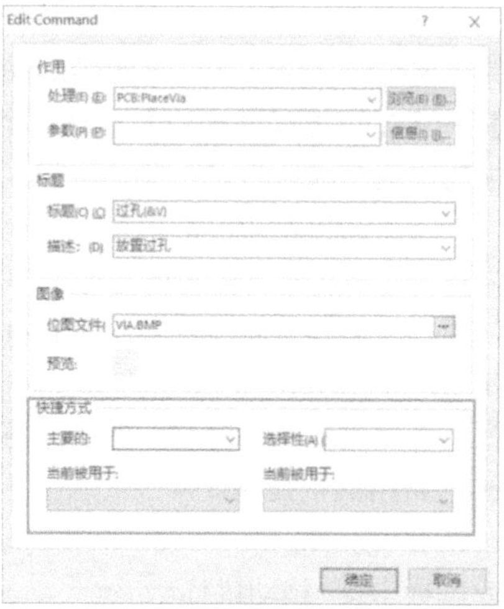

图 3-199　设置快捷方式

2．设计基本要求

在制作 PCB 时，遵守一定的规范进行设计可提高 PCB 的质量，对于一些要求较高的 PCB 还应遵守 PCB 生产的要求。

布局规则一般有以下几点：

（1）结构关系优先：先放置与结构密切相关的元件，如接插件、开关和电源插座等，确保它们的位置符合整体设计的需要。

（2）核心元件优先：优先放置电路功能块的核心元件及体积较大的元器件，然后围绕这些核心元件布置周围的电路元件。

（3）散热考量：功率大的元件应放置在有利于散热的位置，考虑风扇散热或传导散热的方式，并相应地安排元件位置。

（4）重心稳定：质量较大的元器件避免放在板的中心，靠近板在机箱中的固定边放置，以保持整体的稳定性。

（5）高频连线元件接近：有高频连线的元件应尽量靠近，以减少信号的分布参数和电磁干扰。

（6）输入输出隔离：输入和输出元件应尽量远离，避免互相干扰。

（7）安全性考虑：高电压元器件应放在不易触及的位置，以确保调试时的安全。

（8）热敏元件保护：热敏元件应远离发热元件，防止温度影响其性能。

（9）调节元件布局：可调元件应便于调节，布局要考虑操作的便捷性。

（10）信号流向：考虑信号流向，合理安排布局，使流向尽可能保持一致，减少回路和交叉。

（11）布局均匀：布局应均匀、整齐、紧凑，同一模块的元件靠近，方向一致，以便于装配和维修。

（12）焊盘方向一致：表面安装元件的焊盘方向应尽量一致，以便于装焊和减少桥连的可能。

（13）去耦电容就近放置：去耦电容应在电源输入端就近放置，以提高去耦效果。

（14）接插件设计合理：注意接插件的位置及方向、距离，以防拥挤导致不便连接。

（15）考虑实际尺寸：注意实际元件的大小和高度，合理安排间距，避免拥挤。

布局的工艺设计要求一般有以下几点：

（1）PCB 尺寸和形状：注意 PCB 的尺寸和形状应便于安装。

（2）PCB 边框处理：PCB 的边框通常用 0.15mm 的线绘制。

（3）定位孔设计：机械定位孔的直径通常为 3mm，且其圆心与板边缘的距离不应小于 5mm，以确保 PCB 在机械加工和装配时的准确性。

（4）元件放置方向：元件的放置方向不仅要考虑布线、装配、焊接和维修的要求，还应尽量统一，以便于生产和检查。

（5）元件排列与散热：元件的排列应有利于散热，必要时可以使用风扇和散热器，对于大功率元件如 MOSFET，可以通过敷铜来增强散热效果。

（6）不同频率电路布置：不同频率的电路应该分开布置，以减少互相干扰。

（7）数字与模拟电路分离：数字电路与模拟电路应尽量分开，最好使用地线隔开，以避免噪声干扰。

布线规范一般有以下几点：

（1）走线角度：走线时应避免锐角和直角，推荐使用 45° 走线，这样可以减少信号反射和电磁干扰。

（2）相邻层信号线方向：为了减少层间的串扰，相邻层的信号线应该尽可能正交。

（3）高频信号走线：高频信号的走线路径应尽可能短，以减少信号衰减和辐射。

（4）输入输出信号隔离：输入和输出信号线应避免平行靠近地走线，可以在它们之间加地线，以减少反馈耦合。

（5）电源线和地线布局：在双面板设计中，电源线和地线的走向最好与数据流向一致，这有助于增强抗噪声能力。

（6）地线设计：数字地线和模拟地线应该分开。对于低频电路，应采用单点并联接地。对于高频电路，宜采用多点串联接地。数字电路的地线应闭合成环路，以提高抗噪声能力。

（7）阻抗匹配：对于时钟线和高频信号线，应根据其特性阻抗要求选择合适的线宽，以实现阻抗匹配。

（8）均匀性：整块电路板的布线和打孔应该均匀，以避免疏密不均导致的信号完整性问题。如果外层信号区域有较大的空白，应添加辅助线或铺铜，以平衡板面的金属分布。

安全间距原则一般有以下几点：

（1）走线间距：走线之间的最小间距应能够承受所加电压的峰值，以防止电路板出现打火击穿，甚至发生火灾。特别是对于高压线路，走线应圆滑，不能有尖锐倒角，以减少电场集中和电弧产生的可能性。

（2）元件间距：元件的最小间距应大于 0.5mm，以避免由温度变化导致的补偿不足，特别是在发热元件周围，应保持足够的空间以促进热量的散发。

（3）高压设计考虑：对于高压应用，除了走线和元件间距的要求，还需要考虑使用合适的绝缘材料和涂层，以及可能的隔离措施，如使用隔离槽或增加绝缘层的厚度。

（4）电气安全标准：设计时应参考相关的电气安全标准和规范，如 IEC（国际电工委员会）和 UL（美国保险商实验室）等的标准，这些标准提供了详细的间距和绝缘要求。

（5）测试和验证：设计完成后，应进行适当的电气测试，如耐压测试和绝缘电阻测试，以验证间距设计的有效性。

安全载流原则一般有以下几点：

（1）线宽：导线的宽度是决定其承载电流能力的基本因素。一般来说，导线越宽，其能够安全承载的电流就越大。

（2）线厚：导线的厚度，即铜膜的厚度，也会影响其载流能力。厚度越大，导线的载流能力越强。

（3）允许温升：导线在通电后会发热，允许温升是指导线在不超过其热稳定性的前提下可以升高的温度。导线的设计应保证在最大工作电流下，温升不会超过这个限制。

（4）修正系数：在计算导线的载流能力时，还会使用一个修正系数 K，这个系数取决于导线在 PCB 的内层还是外层，以及环境条件。

（5）截面积：导线的截面积（通常用 mil^2 表示，1mil≈0.001 英寸）也是计算其载流能力的一个重要参数。截面积越大，导线的载流能力越强。

（6）环境因素：实际工作环境中的散热条件、温度等因素也会影响导线的载流能力。

（7）标准参考：在设计时，可以参考相关的电气标准和规范，如 IPC 标准等，这些标准提供了详细的导线宽度与电流承载能力的对照表，如表 3-15 所示铜膜导线的相关参数。

（8）温升标准：对于不同类型的导线，如钢芯铝绞线、铝包钢绞线等，有不同的允许温升值，这些值应根据具体的应用场景和要求来选择。

表 3-15 铜膜导线的最大允许工作电流（导线厚 50μm，允许温升为 10℃）

导线宽度/mil	导线电流/A	导线宽度/mil	导线电流/A
10	1	50	2.6
15	1.2	75	3.5
20	1.3	100	4.2
25	1.7	200	7.0
30	1.9	250	8.3

最大允许工作电流的计算公式为：$I = KT^{0.44}A^{0.75}$

其中，K 为修正系数，一般铜膜导线在 PCB 内层时取 0.024，在外层时取 0.048；T 为允许温升，单位为℃；A 为铜膜导线截面积，单位为 mil^2；I 为最大允许工作电流，单位为 A。

导线精简原则一般有以下几点：

（1）高频信号走线：对于高频信号导线，如场效应管栅极、晶体管基极、时钟信号等小信号导线，走线应尽可能短且直接，以减少信号衰减和受干扰的可能性。

（2）阻抗匹配：在某些情况下，为了实现阻抗匹配，可能需要使用特殊延长的走线，如蛇形走线。这是为了保证信号传输的稳定性和减少反射现象。

（3）电磁抗干扰：在布线时，应考虑电磁抗干扰原则，如导线拐角应为圆角或斜角，双面板的两面导线应互相垂直、斜交或弯曲走线，尽量避免平行走线，减少寄生耦合。

电磁抗干扰原则涉及内容较多，主要包含以下几点。

（1）导线拐角：导线转折点内角不应小于 90°，通常选择 135°或圆角，以减小导线的寄生电阻和寄生电感。高频电路中，应避免尖角拐弯，因为它们会影响电气性能。导线与焊盘、过孔的连接处应圆滑，避免小尖角，因为工艺原因可能导致有效宽度减小，电阻增大。

（2）布线方向：双面板或多面板中，两面信号线的走线方向应尽量垂直或斜交，以减少寄生耦合。数字和模拟信号线应位于不同层或同一层的不同区域，且走线方向垂直，以减少信号耦合。

（3）就近接地和隔离原则：小信号线和模拟信号线应靠近地线，远离大电流和电源线，以提高抗干扰能力。数字信号容易干扰小信号，也容易被大电流信号干扰，因此需要妥善处理数据总线的走线，必要时使用电磁屏蔽罩或屏蔽板。时钟信号引脚易产生电磁辐射，走线时应靠近地线，减小回路长度，避免在时钟电路下方走线。数据总线间可以添加地线来实现隔离。数字电路、模拟电路和大电流电路的电源线、地线应分开走线，最后连接到系统电源线或地线上，形成单点接地形式。

（4）美观、经济原则：设计者应充分利用电路板空间，均匀分布走线，追求走线的美观精简。

此外，还应了解组装工艺，如 5mil 走线比 8mil 走线难腐蚀，因此加工价格更贵；过孔越小，价格也越贵。

3W 和 10W 规则如下。

（1）3W 规则：当导线中心之间的距离至少为导线宽度的 3 倍时（3W），可以减少 70%的电场互相干扰。这个规则通常适用于 50 欧姆特征阻抗的传输线条件下，并且对于多层板，特别是四层板来说，3W 原则可以满足高速信号线的隔离要求。

（2）10W 规则：如果想要进一步减少串扰，达到 98%的电场互不干扰，可以使用 10W 规则，即把线间距增加到 10 倍线宽。不过，这可能需要更多的电路板空间，并可能增加制造成本。

需要注意的是，3W 和 10W 规则并不适用于板上所有的布线，而是主要应用于高速或敏感信号线，如时钟线、差分线、视频和音频信号线、复位信号线及其他系统关键电路。对于其他非关键信号线，可以根据实际的设计需求和空间限制来适当调整线间距。

此外，除了 3W 和 10W 规则，还有其他的设计规则，如 20H 规则，它建议电源层相对于地层内缩 $20H$ 的距离以抑制边缘辐射效应，提高电磁兼容性（EMC）。

由于电源层与地层之间的电场是变化的，因此其在板的边缘会向外辐射电磁干扰，称为边缘效应。可以将电源层内缩，使得电场只在接地层的范围内传导。以一个 H（电源层和地层之间的厚度）为单位，若内缩 $20H$，可以将 70%的电场限制在接地边沿内，内缩 $100H$ 可以将 98%的电场限制在边沿内。

对布线设计的工艺要求一般有以下几点。

（1）最小线宽：对于内层铜箔线路，厚度通常为 0.5oz，即大约 17μm。在实际布线时，最小线宽通常建议不小于 4mil，约等于 0.1mm。表层走线的最小线宽推荐为 4.5mil，而内层走线的最小线宽推荐为 4mil。

（2）最小线间距：表层最小覆铜间距推荐为 8mil，内层为 6mil。一般的 PCB 加工推荐线宽/线间距为 6mil/6mil，可使用的最小线宽/线间距为 4mil/5mil。

（3）DRC：布线完毕后，必须进行设计规则检查（DRC）。这是为了确保所有的设计元素，包括线宽、线间距、过孔大小等，都符合制造工艺的要求。

（4）制造精度：如果线宽在设计中没有达到制造工艺的最小要求，那么这些线路可能无法被正确加工出来。因此，设计师需要根据制造商提供的工艺规范来设定最小线宽和线间距。

（5）成本考虑：更小的线宽和线间距可能会导致更高的制造成本。例如，当线宽/线距控制到 3.5/3.5mil 时，有些 PCB 生产厂商可能无法生产，而且价格会很贵。

特殊器件考虑：对于引脚密集的芯片，如 QFP 类封装，可能需要更小的线宽和线间距。在这种情况下，阻焊桥（绿油桥）的大小也必须考虑，以防止焊盘间连锡。PCB 线宽、线间距工艺要求如表 3-16 所示。

表 3-16　PCB 线宽、线间距工艺要求

布 线 密 度	最小线宽、线间距/mm	布 线 密 度	最小线宽、线间距/mm
一般密度	0.3（12mil）	高密度	0.2（8mil）
较密	0.25（10mil）	甚高密度	0.15（6mil）

过孔设置的要求一般有以下几点：

（1）过孔类型：过孔分为通孔、盲孔和埋孔。通孔贯穿整个 PCB 板，而盲孔和埋孔则用于连接特定的内部层。设计时应保证过孔的孔径不小于 0.3mm（12mil），焊盘单边不小于 6mil（0.153mm），最好大于 8mil（0.2mm）。

（2）尺寸选择：对于普通的 PCB 设计，推荐的过孔尺寸为 0.36mm/0.61mm/1.02mm（钻孔/焊盘/POWER 隔离区），对于特殊信号线如电源线、地线、时钟线，可选用 0.41mm/0.81mm/1.32mm 的过孔。但实际尺寸应根据具体电路和制造商的能力来选择。

（3）成本考虑：过孔的大小会影响生产成本，因为更小的过孔需要更长的钻孔时间并且容易偏离中心位置。此外，如果孔深超过孔径的 6 倍，就无法保证孔壁能均匀镀铜。

（4）与厂商协商：如果因为布线密度问题需要采用盲孔或埋孔，应先与 PCB 制造商协商确认，因为这些类型的过孔可能会显著增加成本。

（5）表面处理：如果 PCB 将经过波峰焊，过孔不应该被绿油覆盖；如果全部是表面安装元件，则应该覆盖绿油，以避免在线测试时真空泵无法正常工作。

常用过孔设计要求如表 3-17 所示。

表 3-17　常用过孔设计要求

孔 类 型	外径/mm	内径/mm	孔 类 型	外径/mm	内径/mm
VIA1	0.45	0.2	VIA3	1.0	0.5
VIA2	0.6	0.3	常用	0.6	0.3

电源和地的布线要求一般有以下几点。

（1）线宽与电流承载能力：对于单、双层板，电源线应尽量粗而短，以确保足够的电流承载能力和减小电阻。电源线和地线的宽度可以根据 1mm 的线宽最大对应 1A 的电流来计算。这是一个简化的估算方法，实际设计时还需要考虑温升、铜箔厚度、敷铜厚度等因素。

（2）环路面积：电源线和地线构成的环路应尽量小，以减少电磁辐射和提高抗干扰能力。

（3）去耦和滤波：为了防止电源线较长时，电源线上的耦合杂信号直接进入负载器件，应对电源进行去耦。对每个负载的电源应独立去耦，并做到先滤波再进入负载，以防止它们之间的相互干扰。

（4）去耦电容的选择：去耦电容通常放置在电源输入端和地之间，用于稳定电源电压和吸收瞬时电流变化。应选择合适电容值的电容，通常使用多个不同电容值的电容并联，以覆盖更宽的频率范围。

（5）地平面：在多层板设计中，通常会设计一个完整的地平面，它可以作为电源分布网络的一部分，并为所有信号提供一个低阻抗的回路。

（6）电源平面：如果条件允许，可以设计电源平面来提供稳定的电源分布网络，并与地平面相邻，以形成有效的电磁干扰屏蔽。

时钟布线的要求一般有以下几点。

（1）优选布线层：时钟信号线应尽量选择在布线层上进行布局，以减少其他信号的干扰。

（2）避免跨分割：时钟信号线应尽量避免跨越电源或地平面的分割区域，以维持信号的完整性。

（3）保持间距：时钟信号线与其他信号线应保持足够的间距，通常至少满足 3W 规则，以减少相互干扰。

（4）内层布线：为了提高 EMC 性能，较长的时钟信号线应优先考虑在内层布线，以减少对外的辐射干扰。

（5）端接匹配：注意时钟信号的端接匹配，以防止信号反射和确保信号质量。

（6）走线形状：时钟信号线的布局应靠近 PCB 中心，走线应圆滑、短且非直角或 T 形，以避免产生额外的辐射和信号失真。

（7）屏蔽处理：时钟信号线属于高速信号线，应进行屏蔽处理，如每 1000mil 打孔接地，以减少电磁泄漏。

（8）避免闭环和开环：在多层 PCB 中，时钟信号等高速信号网络应避免形成闭环或开环，因为这些结构会产生环形或线形天线，增加电磁辐射强度。

（9）类差分形式：时钟源的一对线应布局成类差分的形式，线尽量短而粗，并进行包地处理，以减少干扰和提高信号质量。

（10）布局紧凑：时钟源，如晶体，应与 IC（集成电路）布在同一层，以减少打孔数量；电容应位于时钟源和 IC 之间，且靠近时钟源放置，使时钟信号线到 IC 尽量短。

文字标注等字符的要求一般有以下几点。

（1）字符尺寸：常规字体的字符线宽应不小于 0.15mm，字符高度不小于 1mm。如果选择高精字符，最小字符线宽为 0.1mm，最小字符高度为 0.8mm。

（2）字符与焊盘的距离：丝印字符不应压住焊盘，以避免焊接时造成焊接不良。

（3）摆放位置：字符的摆放应该考虑易于阅读和识别，建议摆放方向不要超过两个，以便于查看和维护。

（4）标识关键引脚：对关键引脚如 VCC、GND 和 IO 端口进行标注，以便在安装和调试时能够快速识别。

（5）保持方向统一：为了方便读取，一块 PCB 上的元件标识和字符应保持方向统一。

（6）避免过孔打在字符上：过孔尽量不要打在丝印字符上，以免造成视觉混淆。

（7）字符不上阻焊：丝印位号不应放在阻焊层上，以防止生产后缺失。

（8）特殊处理：对于高密度或特殊要求的 PCB，可能需要采用个性化字符或特殊的处理方式。

（9）丝印规范：丝印字符应遵循从左至右、从下往上的原则，特别是对于有极性的器件，如电解电容、二极管等，在每个功能单元内尽量保持方向一致。

（10）辅助标记：如果 PCB 上的空间不足以放置所有丝印标识，可以使用 2D 辅助线或放置方块进行标记，以便于读取。

（11）电气特性：在高速、高频电路中，字符和图形设计还需要考虑电路的电气特性、特征阻抗和电磁兼容等因素。

不同类型 PCB 的字符尺寸及方向要求如表 3-18 所示。

表 3-18　PCB 字符尺寸及方向

类　型	字高/mm	线宽/mm	位 置 方 向
一般密度	1.52	0.25	向上、向左
高密度	1.27	0.2	向上、向左
甚高密度	1.14	0.15	向上、向左

批量修改字符尺寸的步骤如下：

（1）选中一个字符，右击，在弹出菜单中选择【查找相似对象】选项，弹出对话框，在【String Type】下拉列表中选择 Any、Same 或 Different 进行筛选。

（2）单击【确定】按钮，弹出对话框，并且所有字符被选中。

（3）找到【Text Height】和【Text Width】输入框修改字符高度和宽度即可。

PCB 设计完成后，需要将 PCB 印制出来，以供用户使用。不同应用领域的印制工艺要求也有所不同。本节介绍手工制板方法和工厂专业制板。

对于需要测试的电路，通过快速制板，可以快速迭代，完成电路的测试。最终的正式电路板可以交由正规厂家帮助制作。手工制板适用于电路较简单，性能要求不高的场合，下面给出了手工制板的具体流程，如图 3-200 所示。

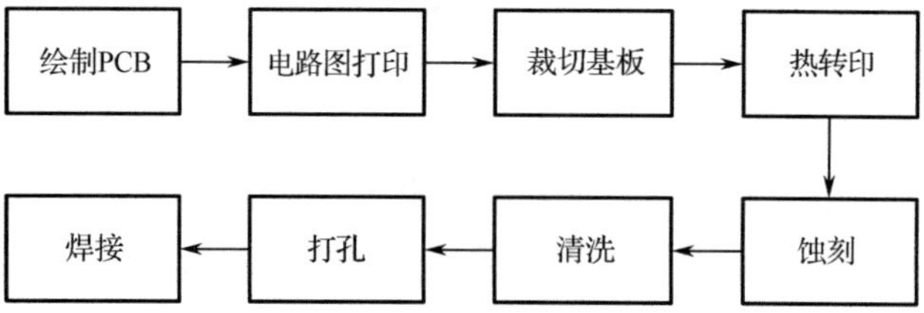

图 3-200　手工制板流程

手工制板的具体步骤如下：

（1）绘制 PCB，如图 3-201 所示。

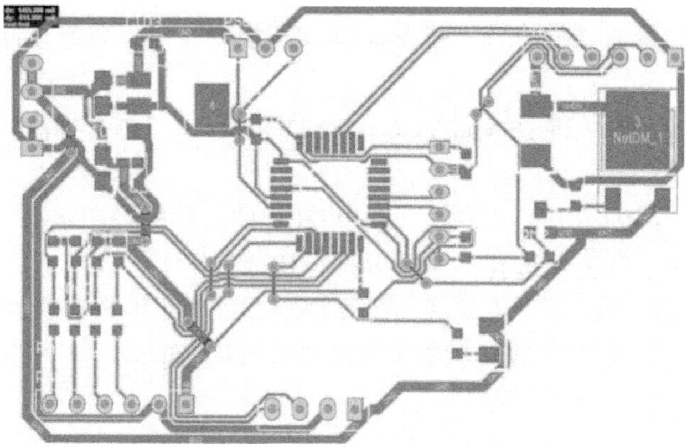

图 3-201　PCB 电路图

（2）使用激光打印机将顶层和过孔层打印在热转印纸上，如图 3-202 所示。

（3）裁切大小合适的基板（覆铜板），如图 3-203 所示。

（4）将热转印纸附着在覆铜板上，在热转印机加热加压下，20 秒便可以完成热转印。取出覆铜板，揭开热转印纸，便可以看到覆铜板上清晰的电路图。然后将覆铜板放在震荡腐蚀槽内，使用盐酸和双氧水混合的腐蚀液，只需要 15 秒便可以去掉多余的铜层。

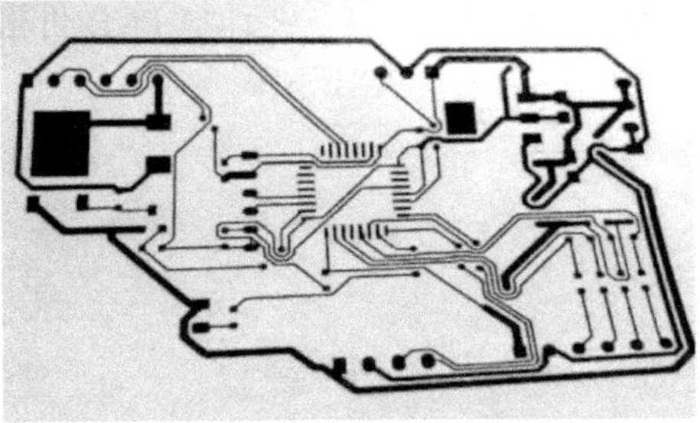

图 3-202　电路图打印

图 3-203　裁切基板

（5）再使用丙酮将黑色的墨粉擦除，这样，一个实验 PCB 便制作完毕了，如图 3-204 所示。

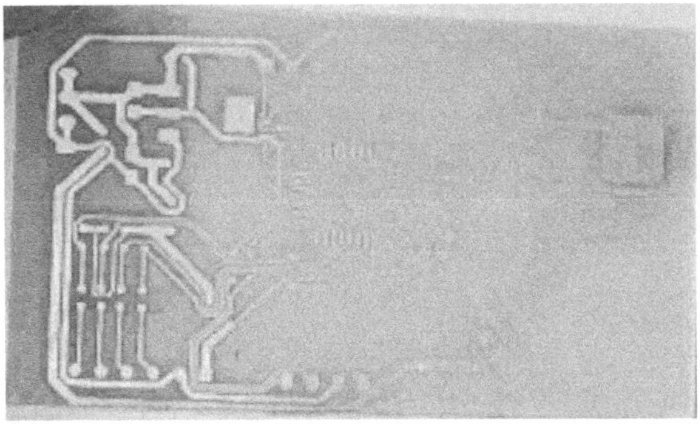

图 3-204　制作的 PCB

对于复杂的双层板或多层板，一般采用专业的制板方式，绘制好 PCB 电路图后，交给生产 PCB 的厂商进行制作。这种方式的制作工艺较好，质量高，在智能汽车硬件制作方面很常用。下面介绍 PCB 制作网上下单的流程。

以选择深圳嘉立创科技集团股份有限公司进行 PCB 打样为例，在网上搜索“立创商城”，其主页如图 3-205 所示。立创商城中不仅可以采购电子元器件，还包含元件的数据手册和封装库，实用性极高。

图 3-205　立创商城主页

找到 PCB 下单平台入口，进入该平台，界面如图 3-206 所示。可在线计算 PCB 价格和进行下单等操作。还可以下载嘉立创下单助手，在该软件中直接进行 PCB 下单。

图 3-206　PCB 下单平台界面

进入下单界面，里面包含客户信息、上传文件记录等信息，如图 3-207 所示。

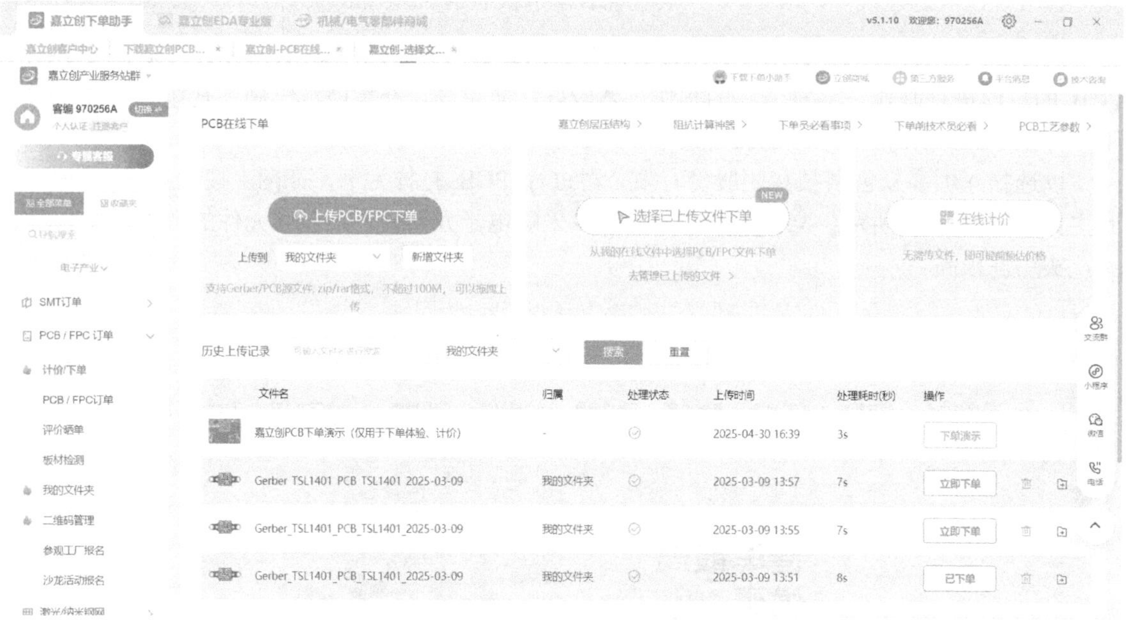

图 3-207　在线下单/计价界面

上传需要打样的 PCB 文件（压缩包），上传文件后会有几分钟的审核时间，审核完成后进入下单界面。主要是填写 PCB 的尺寸、数量、层数、颜色、工艺、STM 贴片、快递方式和发货信息等。不确定的选项可以选择默认，填完所有选项后即可下单。

下单成功后会弹出图 3-208 所示界面，单击【支付】按钮，弹出此订单的信息和金额，选择一种支付方式即可。

支付完成后，可返回 PCB 订单列表，此时可查看和修改此订单的信息，修改后等待审核通过即可。在该订单列表可查看此订单的进度、PCB 生产目前所在的工艺环节和发货的进度跟踪等。

图 3-208　下单成功界面

3.4.7　焊接调试

PCB 制作完成后，根据原理图、PCB 图纸或物料清单进行 PCB 的焊接工作。本节将介绍 PCB 焊接和调试的一些方法和注意事项。

PCB 的焊接有两种方法，STM 贴片和手工焊接。STM 贴片是指利用贴片机将元件放置到 PCB 上，再将 PCB 送入回流焊机进行焊接（回流焊用于焊接贴片元件，波峰焊用于焊接插件）。STM 贴片一般用于批量生产 PCB，在智能汽车 PCB 制作时，一般采用手工焊接。

电子焊接工作中常用的工具主要包括电烙铁、热风枪、镊子、吸锡器、吸锡带和海绵等。

电烙铁如图 3-209 所示，其组成部分包括：

（1）烙铁头：直接与被焊接物体接触的部分，通常由耐热且导热性好的材料制成，如铜合金。

（2）烙铁芯：电烙铁的加热元件，通常由电热丝绕制而成，位于电烙铁内部。

（3）外壳：起到保护内部结构以及隔热的作用。

（4）木柄：作为操作时的握持部分，起到绝缘作用并提供舒适的握持感。

（5）电源线及插头：连接电源，为电烙铁提供电能。

焊台由温度控制台和手柄组成，如图 3-210 所示。焊台具有热效率高、回温速度快、防静电和恒温调节等优点，适合焊接角精密、质量要求较高的器件。

图 3-209　电烙铁

图 3-210　焊台

电烙铁根据传热方式可分为：

（1）内热式电烙铁：加热元件（烙铁芯）位于烙铁头内部，因此热量主要集中在烙铁头，加热速度快，热效率较高。

（2）外热式电烙铁：烙铁头围绕在加热元件外部，加热速度相对较慢，但温度分布较为均匀。

按温度调节方式可分为固定温度式和恒温可调式。

烙铁头也有不同的类型：

（1）凿式：具有较宽的平面，适合需要较大接触面积的焊接作业，如多引脚的集成电路或大面积的金属部件。

（2）尖锥形：尖端细长，适用于精密的焊接工作，如对单个表面安装器件（SMD）的操作。

（3）马蹄形：形状像马蹄，两边略翘起，中间可容下焊锡，适用于通孔元件（THD）的焊接。

（4）一字形：形状较为规则，可用于多种普通的焊接任务。

为了维护电烙铁的使用寿命和安全性，应注意以下事项。

（1）在不使用电烙铁时，应将其放置在专用的烙铁架上。这不仅有助于保持工作台的整洁，还能确保烙铁头不受损害，并防止长时间接触易燃物品而引发火灾。

（2）放置电烙铁时，应确保电源已被切断，避免不必要的能源浪费和潜在的安全风险。

（3）定期清理和维护烙铁头，以保持良好的焊接效果和延长使用寿命。

图 3-211　热风枪

热风枪是焊接和维修工作中常用的工具，如图 3-211 所示，主要用途是通过发热电阻丝产生的热风对电子元件进行焊接或拆卸。

使用热风枪时需要注意以下工艺要求。

（1）温度控制：根据不同的元件和电路板材质，调整到合适的温度。温度过低可能导致焊点不充分（虚焊），而温度过高可能损坏元件或电路板。

（2）风量调节：适当的风量可以确保热风有效地作用于目标区域，风量过大可能会吹散小型元件，影响作业效果。

（3）均匀加热：在使用热风枪时，应保持热风枪与焊接面的距离一致，并均匀移动热风枪，以确保焊点均匀受热，避免局部过热。

（4）操作技巧：在取下或安装小型元件时，需要精确控制热风枪的位置和角度；而在处理大型集成电路时，可能需要更长时间的预热和更大的热风覆盖面积。

（5）安全使用：使用热风枪时，需注意个人防护，以免被热风烫伤，且应确保工作场所通风良好。不要停留在一个地方，这样不利于焊接或摘取，还易损坏元件和焊盘。

镊子是焊接过程中不可或缺的辅助工具，如图 3-212 所示，尤其在处理小零件时显得尤为重要。以下是有关使用镊子的一些具体说明：

（1）防止烫伤和短路：在精细的焊接工作中，直接用手拿取和扶持小零件不仅容易造成烫伤，而且手上的油脂可能导致焊接不良或短路。使用镊子可以有效避免这些问题。

（2）操作灵活：用镊子可以轻松地接引线、放置和定位引脚，提高了焊接工作的灵活性和精确度。

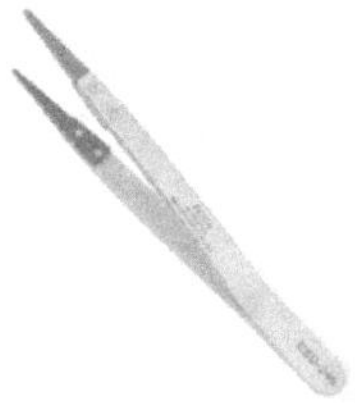

图 3-212　镊子

镊子选择的要求有以下几个方面。

（1）弹性适中：镊子不宜过硬或过软，过硬会导致使用时费力，过软则无法准确夹取和定位细小部件。

（2）口部对齐严实：镊子的口部应该对齐严实，能够紧密闭合，这样才能够稳固地夹持住零件而不滑落。

（3）不易变形：高质量的镊子在正常使用下应保持形状稳定，不应出现弯曲或者变形的情况。

为了确保镊子的长期性能，应定期清洁并妥善存放，避免镊子接触腐蚀性物质或长时间暴露在潮湿环境中。

吸锡器是电器修理中用于收集融化的焊锡的工具，如图 3-213 所示。吸锡器分为手动和电动两种类型。在维修、拆卸零件时，使用吸锡器可以避免损坏电路板。

手动吸锡器通常由耐高温塑料制成，内部有一个弹簧机制。使用时需要先压缩吸锡器的滑杆直到听到“咔”声以固定其位置。然后使用电烙铁对接点进行加热，使焊锡熔化，接着将吸锡器靠近接点并按下按钮吸取焊锡。如果一次没有清除干净，可以重复以上步骤直至清理完毕。

吸锡带用于清除焊盘上多余的焊锡，如图 3-214 所示。操作时，在助焊膏上放置吸锡带，并将电烙铁置于其上加热，同时在表面划动以清除多余的焊锡。原理是吸锡带对锡的吸附能力比金属强。

图 3-213　吸锡器

图 3-214　吸锡带

在焊接 PCB 的过程中，海绵用于擦拭烙铁头，使焊接成果干净一些。在使用海绵时，先将海绵浸湿并挤干多余的水分。海绵如图 3-215 所示。

洗板水的主要作用是去除 PCB 焊接过程中产生的残留物，如助焊剂和松香，这些物质若不清除可能会影响电路的性能和可靠性。洗板水适用于单面或双面 PCB 的清洗，也可用于 SMT（表面安装技术）钢网的清洗。合格的洗板水对人体无害，洗完后 PCB 上无残留，不发白，对 IC 等电子元器件无损伤。洗板水如图 3-216 所示。

图 3-215　海绵

图 3-216　洗板水

PCB 焊接的常用焊料有焊锡和焊膏。焊锡是一种用于连接电子元器件的重要工业原材料，一般指低熔点的锡基合金焊料，如图 3-217 所示。

焊锡通常以锡（Sn）为主要成分，并可能掺杂铜（Cu）、银（Ag）、镍（Ni）、锌（Zn）等元素来提升其性能。这材料合金的熔点比纯锡低，使得焊锡在较低温度下就能熔化，适用于电子元件的焊接。在标准焊接作业中，常用的是线状焊锡，也称为松香芯焊锡线或焊锡丝。这种焊锡内含有助焊剂。助焊剂一般由松香和少量活性剂组成，有助于提高焊接质量。

焊接作业时，确保正确的温度设定是非常重要的。对于手工焊接，烙铁头的温度通常设定为焊料熔点的基础上加 150℃。这是因为需要考虑到焊接过程中的热损失和操作环境。例如，有铅焊锡丝的烙铁头温度一般设定为 330℃，而无铅焊锡丝则建议设定为 350~370℃。

焊接过程中常会用到助焊剂——松香，如图 3-218 所示。金属表面同空气接触后都会生成一层氧化膜，且温度越高，氧化膜越厚。这层氧化膜会阻止液态焊锡对金属的浸润，如玻璃上沾上油就会使水不能浸润玻璃一样。因此，在焊接过程中，通常会使用助焊剂来帮助清除金属表面的氧化膜，从而提高焊接质量。松香是一种常见的助焊剂，它有助于提高焊接效率并减少氧化问题。

图 3-217　焊锡

图 3-218　松香

助焊剂有三大作用：

（1）除氧化膜：助焊剂能够通过化学反应去除金属表面因暴露在空气中而形成的氧化膜。助焊剂中的物质与氧化膜发生还原反应，生成的渣滓会悬浮在焊料表面，从而清除氧化物。

（2）防止氧化：助焊剂在熔化后能在焊料表面形成隔离层，这可以阻止进一步的氧化反应，保护被焊接金属免受空气氧化的侵害。

（3）减小表面张力：助焊剂有助于减小被焊接材料的表面张力，增加焊锡流动性，促进焊锡对焊件的浸润，从而提高焊接效率和质量。

除了上述三个主要作用，助焊剂还具有其他辅助功能，如辅助热传导、去除被焊接材料表面的油污以增大焊接面积等。使用助焊剂可以提高焊接速度和质量，特别是在波峰焊接等自动化焊接过程中尤为重要。

认识了焊接的常用工具，下面介绍如何正确地焊接元件。元件的焊接可分为通孔元件焊接和贴片元件焊接。

通孔五步焊接法操作步骤：

（1）准备焊接。在开始焊接之前，需要准备好焊锡丝和烙铁。确保烙铁头干净，并且可以沾上焊锡，即所谓的“吃锡”状态。

（2）加热焊件。将烙铁接触焊接点，使焊件均匀受热。注意要均匀加热焊件各部分，如使PCB 上的引脚和焊盘都受热。

（3）送入焊锡。当焊件加热到能熔化焊料的温度时，将焊锡丝送至焊点，焊料开始熔化并覆盖焊点。

（4）移开焊锡。熔化一定量的焊锡后，将焊锡丝移开，以避免过多的焊料堆积在焊点上。

（5）移开烙铁。待焊锡完全浸润焊点后，再移开烙铁。这样可以确保焊点形成一个光滑的锥形，而不是冷焊或过热。

五步焊接法操作要点：

（1）焊件表面处理。在进行焊接前，通常需要对焊件的表面进行清理，以去除锈迹、油污、灰尘等可能影响焊接质量的杂质。常用的方法有机械刮磨和使用酒精、丙酮等溶剂擦洗。

（2）预焊。在正式焊接之前，应先对元件引线的焊接部位进行预焊处理，即预先用焊锡浸润，这一步骤对于保证良好的焊接效果是不可或缺的。

（3）使用适量焊料。在使用焊料时要注意控制用量，使焊料仅足够浸湿即将形成的焊点，避免过量的焊料流到元件或插孔里。如果使用的是松香焊锡，则不需要再额外涂助焊剂。

（4）保持烙铁头清洁。烙铁头的清洁非常关键，因为其表面的氧化层会形成隔热层，减弱加热效果。因此需要经常清除这些杂质，可以使用湿布或者海绵擦拭烙铁头，确保其能够正常工作。

（5）固定焊件。在进行焊接操作时，需要将焊件固定在适当的位置，以便精确地进行焊接工作。

（6）烙铁撤离技巧。撤离烙铁时要轻轻旋转一下，这样可以保持焊点上有适量的焊料。

贴片元件的焊接方法与通孔元件有所差异，这里以两个焊盘的元件为例。先在一个焊盘上送入适量的焊锡，用镊子夹住元件与焊盘对齐，烙铁加热使一端引脚固定，将另一端引脚焊接即可。

在焊接元件较多、类型不同的 PCB 时，应遵循先小后大、先低后高、先里后外的原则进行焊接。一个焊点的焊接时间不要太长，否则会损坏元件或焊盘。一个合格的焊点应满足以下标准：

（1）焊点形状。合格的焊点应呈内弧形（圆锥形），这表明焊料流动充分，与焊盘和元件引脚良好结合。

（2）焊点外观。焊点应整体圆满、光滑，无针孔，无松香渍。

（3）引脚长度。如果有引线或引脚，露出的引脚长度应在 1～2mm，这有助于确保机械强度和电气连接的稳定性。

（4）锡的流散性。元件引脚处锡的流散性好，说明焊锡与焊点材料相容，焊接过程中流动性好。

（5）焊锡包围。焊锡应将整个上锡位置及元件引脚包围，这样可以确保元件与电路板之间的牢固连接。

焊接完成后，还需要对 PCB 进行测试，如果不经过测试直接上电使用的话可能会产生不可预料的后果。在测试电路之前需要准备电源、万用表和一些辅助工具。具体步骤如下：

（1）用万用表蜂鸣档测试每个接口的地线是否接通，一支表笔接触一条地线，另一支表笔分别接触其余地线，有蜂鸣声则此时两条地线是接通的；否则为断开。正常情况下 PCB 上所有地线都要接通。

（2）使用蜂鸣档，用红黑表笔分别接 VCC 和 GND，测试 VCC 和 GND 是否短路。如果有开关要将开关闭合后测试；如果 VCC 和 GND 接有滤波电容，则先将电容两端短接放电，再进行测试，此时蜂鸣器会响一声，然后不响，这属于正常情况。如果测试时，蜂鸣器一直响，说明 VCC 和 GND 短路，此时不可上电测试，否则会烧毁 PCB 或电源。

（3）如果前面两项都正常，就可以上电测试了。给 PCB 接入电源，区分正负极，万用表选择合适的档位和量程。对每个关键的地方进行电压测试，看电压是否正常，以此判断电路是否正常工作。

针对不同功能的 PCB，对于其功能有不同的测试方法，这就需要平时多加练习，积累经验。这只是对 PCB 硬件的测试，还需要下载程序进行软件测试，两项测试都通过了，则此 PCB 设计成功了。

在实际硬件设计过程中，遇到了很多的问题，这里列举出来，希望大家在设计和制作过程中多注意。

原理图绘制问题：

（1）连线。注意不要虚连，注意线与线交叉的地方是否需要连接的问题。

（2）网络标签。使用网络标签时，注意标签是否放置在导线上面，特别是芯片。

（3）检查。原理图设计完成后要编译检查。

PCB 绘制问题：

（1）封装。要结合现有的元件，使用对应的封装，特别是极性电容。

（2）布局。进行模块化布局。布局时一定要考虑实际元件的大小（尺寸）、高低，以免放不下元件，特别是显示屏、按键。

（3）接口。注意接口的位置（一般靠外放置）和方向，一定要结合实际元件。注意接口之间的距离，以免拥挤放不下。

（4）布线。根据电流大小选择适当的线宽。同一模块的导线尽量在一层，减少过孔。

（5）通孔。一定要结合实际导线的粗细设置孔的尺寸，特别是电源线。

（6）定位孔。定位孔大小、位置要准确。注意定位孔与元件或接口的距离，以免拥挤不方便拧螺钉。

（7）丝印。一些接口应有相应的引脚标注，如 VCC、GND、特殊引脚、接口名称等。

焊接问题：

（1）元件封装尺寸不对，焊盘过小或过大，不利于焊接。

（2）极性电容正负极焊反，上电后被击穿。

（3）虚焊，无法实现 PCB 功能。

第 4 章　机械设计及调试

4.1　C1 车模机械设计

C1 车模是典型的阿克曼（Ackerman）转向的车模，前轮转向采用舵机连杆结构，后轮驱动采用 2 个 380 电机作为独立后驱，能主动控制两轮差速。目前最快的平均速度已经达到 3.5m/s。该车模所在的组别常作为新手入门组别。车模可以搭载摄像头或电磁传感器进行巡线（后面会单独讲解传感器的原理及使用方法）。

车模在依据阿克曼转向几何进行设计时，采用了四连杆结构中的相等曲柄，如图 4-1 所示。这种设计使车模沿弯道转弯时，内侧轮的转角会比外侧轮大 2°～4°。这一机制使得 4 个轮胎的路径圆心大致交会于后轴延长线上的瞬时转向中心，从而确保车模能够流畅地完成转弯动作。

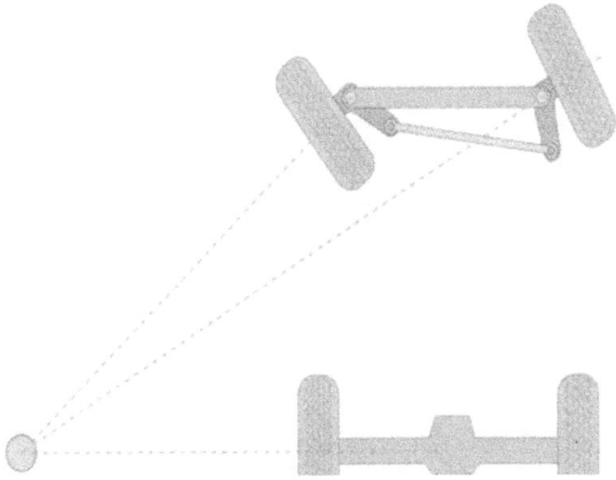

图 4-1　阿克曼转向示意图

4.1.1　舵机安装

舵机安装步骤如下。

（1）C 车模自带的配件包里包含了所有舵机所需的零配件，如图 4-2 所示，不需要额外购买舵机安装套件。

图 4-2　车模及配件包

（2）从图 4-2 中左侧的配件包里找出配件（见图 4-3）：4 颗小螺钉，直径为 2mm，用于固定舵机摆臂；金属舵机摆臂；拉杆两根，球头两颗，十字套筒，塑料的球头连接件。球头的安装如图 4-4 所示，安装好的球头和拉杆如图 4-5 所示。

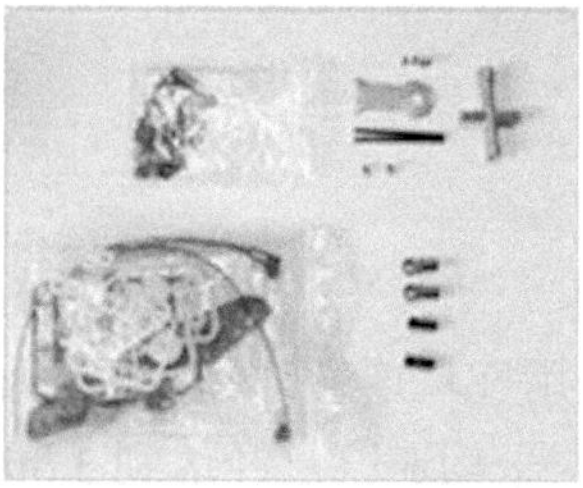

图 4-3　螺钉等配件

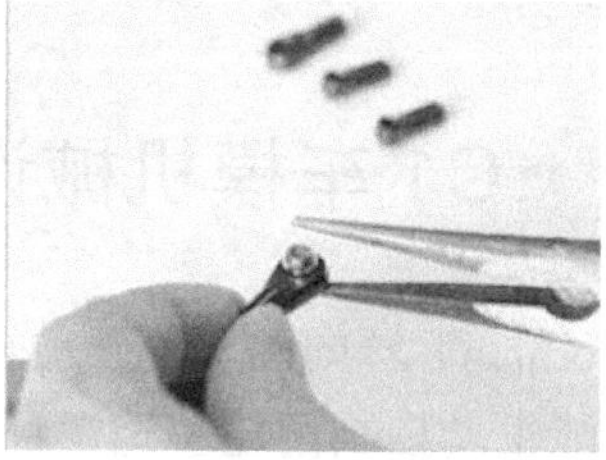

图 4-4　球头安装

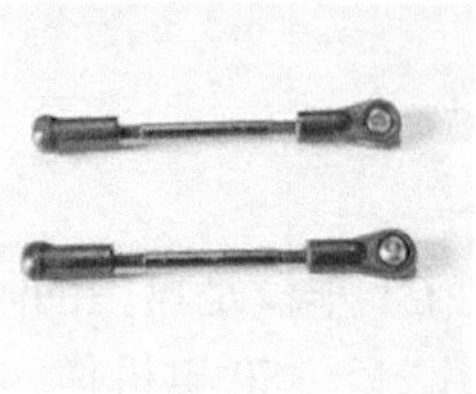

图 4-5　球头和拉杆

（3）将舵机摆臂与舵机圆盘固定，如图 4-6 所示。S3010 舵机出厂时就已安装舵机圆盘，这里只需要将螺钉拧上去即可。舵机圆盘上的孔没有螺纹，需要直接将螺钉拧入，相当于按自攻螺钉的方式处理。

（4）摆臂安装好后，再将球头和拉杆的一端安装到摆臂上，如图 4-7 所示。转动舵机，如果出现往某一边的极限角度不够的情况，就需要调整舵机圆盘的位置，使摆臂往左右两边转动的角度基本上一样。

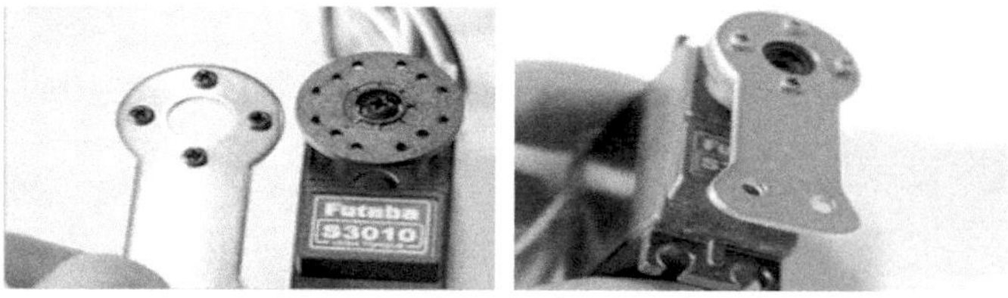

图 4-6　摆臂安装

图 4-7　完整摆臂安装

（5）将舵机从舵机支架里穿过去，然后用螺钉固定，如图 4-8 所示。将前轮胎取掉，把球头和拉杆的另一端按进球头，如图 4-9 所示，用尖嘴钳加点力就能按进去。

图 4-8　舵机安装

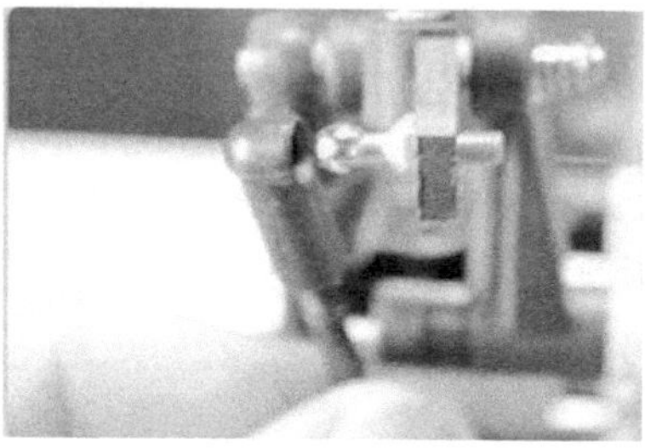

图 4-9　球头和拉杆安装

（6）舵机卧式安装需要自制舵机固定结构，如图 4-10 所示。此安装方式可以降低重心，而且使摆臂与拉杆在同一水平面运动（避免了形成夹角分散拉力），提高传动效率。

图 4-10　舵机卧式安装

4.1.2　编码器安装

编码器安装如图 4-11 所示。齿轮啮合应松紧适中（太松容易打齿，太紧会增加阻力），而且要确保松紧一致，以保证动力对称。

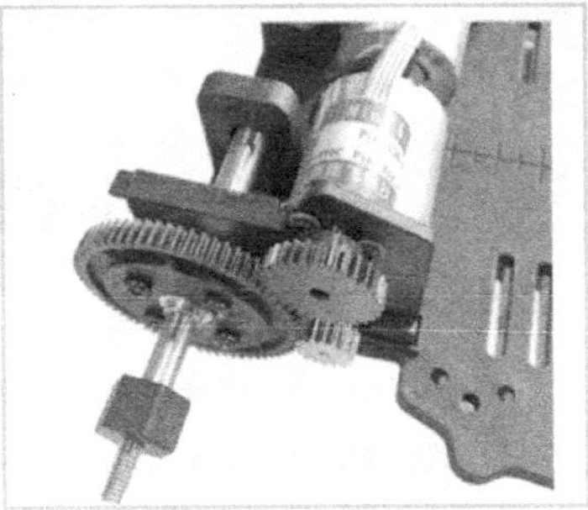

图 4-11　编码器安装

4.1.3　摄像头安装

摄像头安装材料如图 4-12 所示。

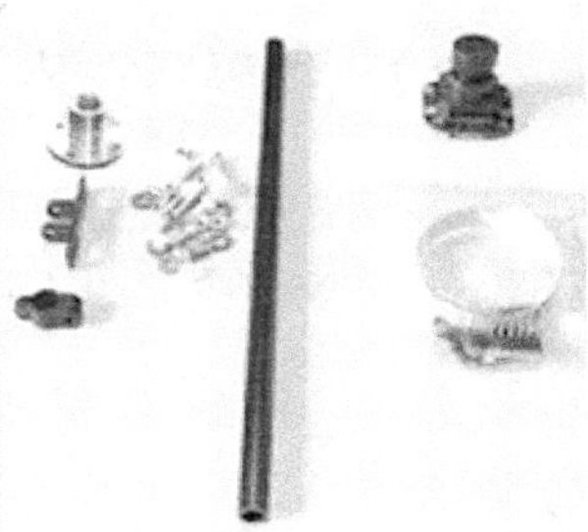

图 4-12　摄像头安装材料

在车模底板的合适位置，根据法兰盘底座的孔距，用电钻打 4 个固定孔（一般两个孔也足够用），安装底座，如图 4-13（a）所示。将碳素杆和底座连接，把碳素杆放进底座中心孔，然后将两颗 M3.5 螺钉分别放进底座侧面的孔，拧紧之后固定好碳素杆。将多功能底座、8mm 三通按图 4-13（b）所示方式连接，这里的螺钉先不要拧太紧，因为装好后会以这个螺钉为轴，对摄像头的角度进行调节。将装好的三通套进碳素杆，调节摄像头的高度，确定好位置后，拧紧螺钉即可。

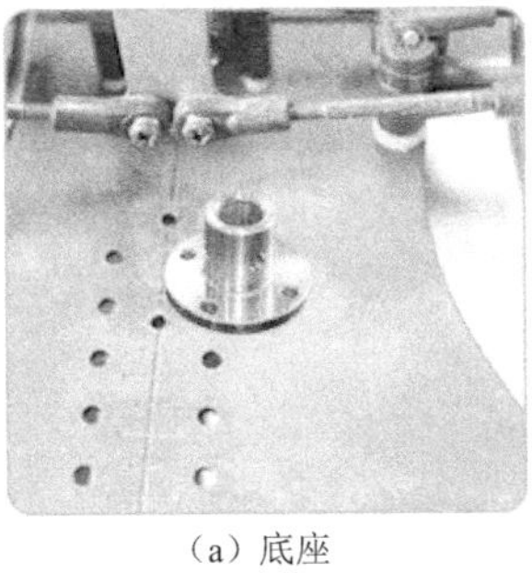

（a）底座

（b）支架

图 4-13　摄像头安装

固定摄像头的螺钉一定要用小头螺钉，这样摄像头的镜座才有活动空间，因为有时由于镜座安装不正，图像会歪一点，这时需要微调镜座来纠正图像。（小头螺钉是在买摄像头后，配在装转接板和排线的自封袋内的。）

将小头螺钉和尼龙柱连接固定，这里也可以用铜柱。最后将尼龙柱和多功能底座连接固定。

4.1.4　电路板与电池安装

在车身和电路板上打孔，然后用尼龙柱和螺母进行固定，左右两边都需要进行打孔和固定，以确保电路板的稳定，如图 4-14 所示。

电池在整车中的重量占比很大，所以应尽可能地将其安放在靠近车身重心的位置并降低安放高度，但同时也要易于更换，如图 4-15 所示。

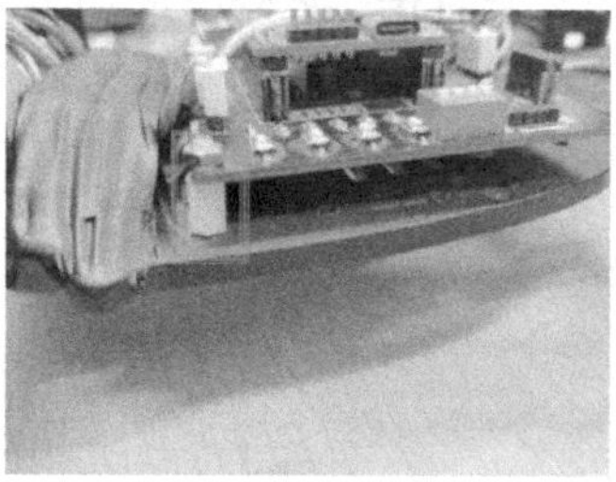

图 4-14　车模电路板

图 4-15　车模电池

4.2　D 车模机械设计

D 车模为两轮车模，其设计重点是平衡，在安装电路板以及架设传感器的时候应着重考虑车体直立行走时的重心位置，以保证车模在高速情况下平稳运行。重心靠前难以控制速度，靠后速度上不去，重心太高容易翻车。

4.2.1　编码器安装

齿轮啮合应松紧适中且松紧一致，确保动力对称。直立车采用 1024 线编码器来测量车轮的转速。具体安装图如图 4-16 所示。

图 4-16　编码器安装

4.2.2　摄像头安装

摄像头的安装高度应小于 20cm，车身总长不超过 30cm。

具体安装过程请参照 C1 车模的摄像头安装，此处不再赘述。

4.2.3　电路板与电池安装

电路板应尽量靠近转向轴，这样重心更集中，如图 4-17 所示。

图 4-17　电路板安装

电池作为整车中重量占比最大的部分，应尽量靠近转向轴安装，这样重心更集中，同时将电池支架与部分电路板用螺钉固定，如图 4-18 所示。

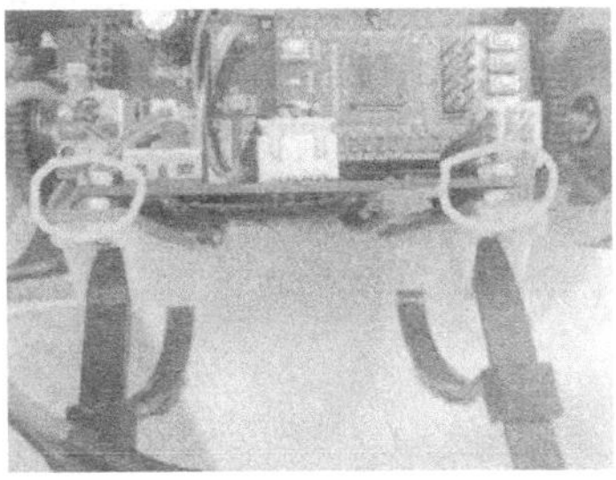

图 4-18　电池安装

4.3　F 车模机械设计

F 车模为三轮车模，其特点是转向灵活，前轮采用万向轮结构。在安装电路板以及架设传感器时，应着重考虑车体的重心位置，保证车模在高速情况下平稳运行。重心靠前转向吃力，容易左右摇晃，靠后则加速时容易翘头，重心太高容易转急弯时抬轮。

4.3.1　编码器安装

齿轮啮合应松紧适中且松紧一致，确保动力对称。编码器安装图如图 4-19 所示。

图 4-19　编码器安装

4.3.2　电磁传感器安装

F 车模在放置完电路板后，所剩空间不利于电磁杆的放置，因此使用 3D 打印制作了一个三角形状的模板来放置电磁杆。三轮车采用赛道上的电磁信号作为传感器信号来识别赛道信息，所以需要架设电磁传感器来采集电磁信号，且架设电磁传感器的过程中需尽量保证机械对称。由于运放的放大倍数比较大，电磁传感器的位置太高时，电磁传感器采集的值会过大，因此电磁传感器应固定到相对合适的位置，从而使车模采集到的值更加稳定，如图 4-20 所示。

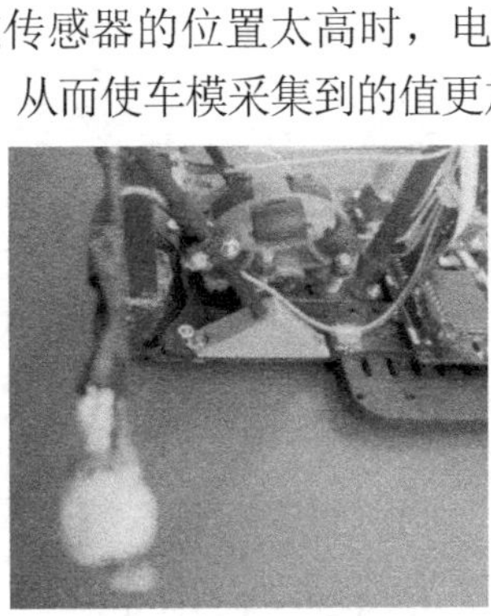

图 4-20　电磁传感器安装

4.3.3 电池安装

由于三轮车模前方位置放置东西相对比较多，为使车模重心保持在电机中心，将电池放于车模的后方，但由于直接固定时会出现电池固定不稳的情况，对三轮车模的平衡难免有影响，所以用 3D 打印制作了支架来固定电池，并在支架和电池上使用了魔术贴，从而使电池更加稳固，如图 4-21 所示。

将支架固定于车身后方，打孔并用螺钉固定即可，如图 4-22 所示。

图 4-21　电池支架设计

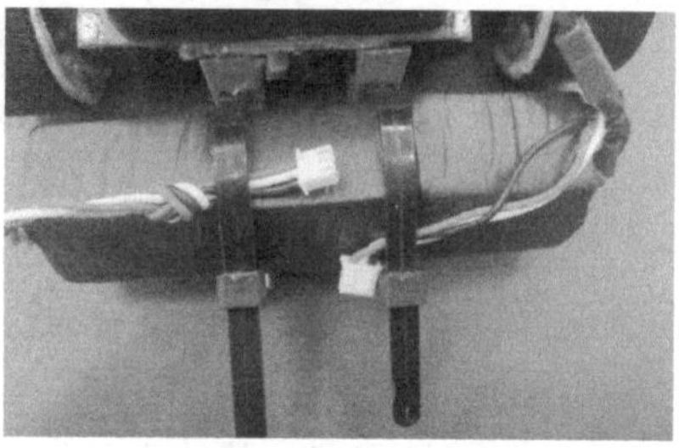

图 4-22　电池安装

4.3.4 摄像头安装

摄像头的安装高度应小于 20cm。具体安装过程请参照 C1 车模的摄像头安装，此处不再赘述。最后用螺钉将其固定到车模前轮和电路板之间的位置，如图 4-23 所示。

图 4-23　摄像头安装

4.3.5 电路板安装

电路板应尽量靠近转向轴安装，这样重心更集中。在车身和电路板上打孔，然后用螺钉螺母进行固定，电路板呈对角线的两个点位都需要进行打孔和固定，以确保电路板的稳定，如图 4-24 所示。

图 4-24　电路板安装

4.4　H 车模机械设计

H 车模为越野车模，如图 4-25 所示，其特点是体积大、底盘高、动力强，适合室外场地。转向机械改造是 H 车模设计的重点，由于车身长，转向半径大，难以转急弯，所以需要改为前后轮随动转向，以提升转向性能。

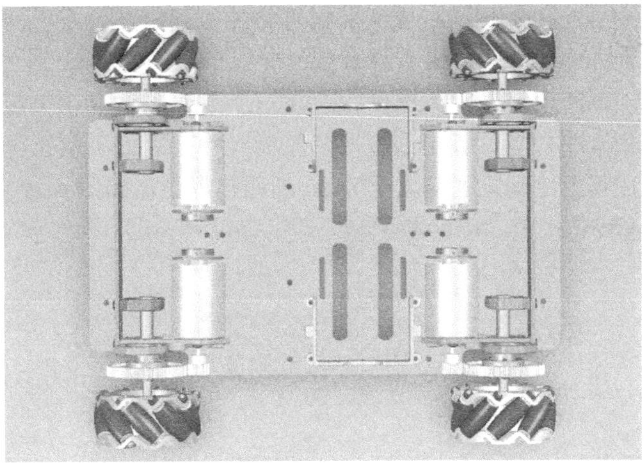

图 4-25　H 车模

4.4.1　编码器安装

齿轮啮合应松紧适中且松紧一致，确保动力对称。采用结构如图 4-26 所示的支架，将 4 个编码器用螺钉固定在图 4-27 所示位置。

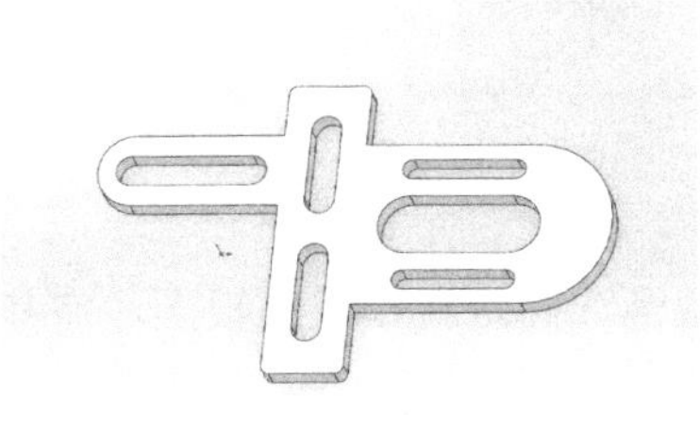

图 4-26　编码器支架

图 4-27　编码器安装

4.4.2　驱动板安装

驱动板是驱动 H 车模的四驱电机的电子调速器，因此两个驱动板应安装在电机附近，其尺寸为 69.5mm×29.5mm，如图 4-28 所示。

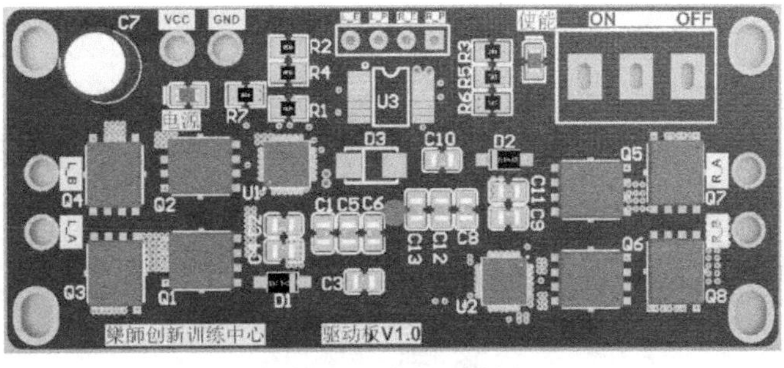

图 4-28　电机驱动板

其尺寸刚好可用热熔胶固定于前后电机的传动轴固定架上方，注意在绘制驱动板 PCB 时，应将开关按键和电解电容绘制在同侧，安装时应把电解电容安装在车模内部，以防被撞击。

4.4.3 舵机摄像头和电路板安装

安装前，在车模四轮平面或底板平面的几何中心作一点。安装舵机时，要注意舵机的传动轴应和车模的几何中心处于同一点，以使车模前进和平移时摄像头始终处于物理中心，从而减少采集图像的误差。安装时，利用舵机支架和螺钉将舵机固定在底座上，在舵机齿轮处利用摆臂将舵机传动轴与碳素杆连接起来，碳素杆预留长度应不小于 25cm，以方便后续安装摄像头。

由于车模长度限制，两电机之间距离仅有 100mm，加之电源和下方舵机上的碳素杆，剩下的长度又不能将电路板水平放置，而电路板不易精简尺寸，因此采取在电路板上取孔的方法；在绘制电路板前应先在其上绘制直径略大于 8mm 的通孔焊盘，如图 4-29 所示。

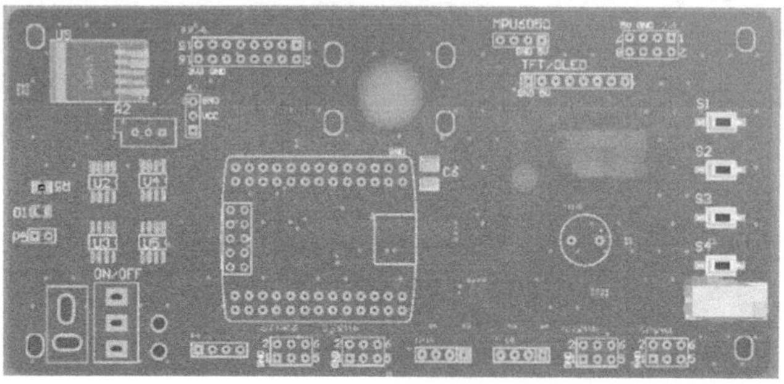

图 4-29　电路板

安装时将碳素杆穿过电路板通孔位置后，利用铜柱（铜柱长度应大于舵机支架、舵机和舵臂高度之和）和螺钉固定在底板（需打孔）上。

摄像头需安装在合适的高度，固定于碳素杆上，固定时需使摄像头始终处于水平位置。在调试后若确认摄像头高度合适，可用胶水固定摄像头。

4.4.4 电源安装

电源安装于前轮电机和舵机之间，利用魔术贴或泡沫固定在车模底板上，使其在撞击和行驶中均不掉落。

4.4.5 布线和布局

车身的所有多股铜芯线需用扎带和胶带固定在铜柱、支架、底板和碳素杆上，以使其尽量规整和美观。整体布局如图 4-30 至图 4-32 所示。

图 4-30　前视图

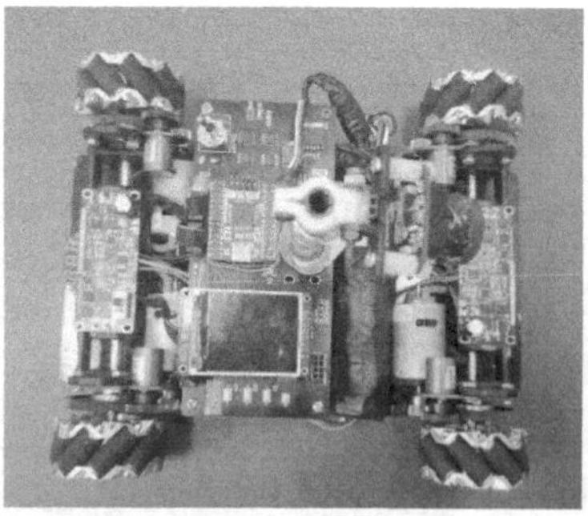

图 4-31　俯视图

图 4-32　左视图

4.5 K 车模机械设计

K 车模为单车车模，其特点是特别灵活，因此其设计难点为保持平衡，前轮控制转向的同时还要控制平衡，所以在安装元器件时要注意重心的合理分配，保证车模能够在前进的同时保持平衡。

4.5.1 陀螺仪安装

陀螺仪选用 MPU-6050，安装在车模偏下的位置，其目的是保证准确采值，并且避免不必要的噪声。

4.5.2 编码器安装

编码器选用的是迷你编码器，为保证采值足够精准，安装编码器时要保证齿轮与齿轮之间松紧合适，这样才能保证不会因为啮合过松导致齿轮损坏，也不会因为过紧导致齿轮之间的阻力过大。编码器的齿轮和传动齿轮要平行，否则也会加大电机负载，如图 4-33 所示。

图 4-33　编码器安装

4.5.3 电磁传感器安装

在电磁传感器支架上安装 4 个电磁传感器，其中外面两个负责循迹，里面两个负责判断转向。首先在车模前端固定一个支架，然后将电磁传感器支架固定在上面，导线缠绕在支架上，如图 4-34 所示。

图 4-34　电磁传感器安装

4.5.4 电路板安装

电路板固定在后轮上方的支架上，电路板上集中安放了电磁信号放大器、陀螺仪采值器、编码采值器等元器件，如图 4-35 所示。

图 4-35　电路板安装

4.5.5　电池安装

电池用支架安装在电路板上方，其目的是在慢速模式中提高重心，在快速模式中又可以将电池放在电路板下方以降低重心。

4.6　L 车模机械设计

L 车模为越野车模，其特点是体积大、底盘高、动力强，适合室外场地。转向机械改造是 L 车模设计的重点，由于其车身长，转向半径大，难以转急弯，所以需要改为前后轮随动转向，以提升转向性能。

4.6.1　编码器安装

齿轮啮合应松紧适中且松紧一致，确保动力对称。编码器支架中将铜质的硬连接联轴器改成了万向节联轴器，能有效减少编码器和电机不同轴引起的剧烈抖动。

编码器支架材料如图 4-36 所示。将铜柱用 M3 沉头螺钉固定在电机固定板上（可以选择上锡将螺钉头和固定板焊死，焊接时为了保证螺钉和固定板保持垂直，最好将铜柱和螺钉固定紧，这样可以保证螺钉不会歪），如图 4-37 所示。

注意有焊盘的面朝外侧（铜柱上半部分的三个焊盘是连通的，下半部分的三个焊盘也是连通的），方便引电机线，电机焊接线的两个耳座需要卡在图 4-37 中固定板的两个槽内，然后焊接来固定电机固定板。

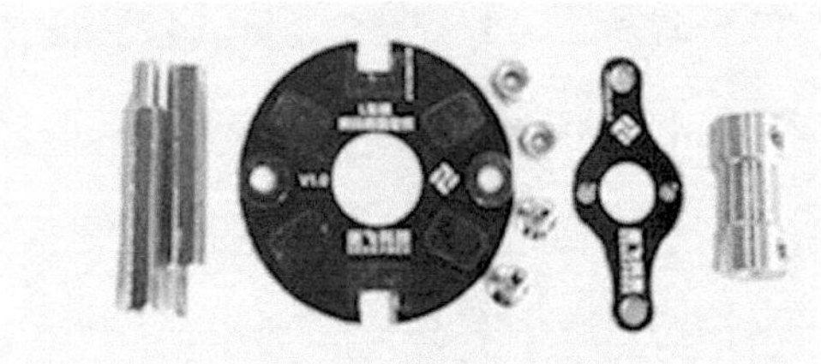

图 4-36　编码器支架材料

图 4-37　电机固定板

如图 4-38 所示，将编码器固定在编码器固定板上。

如图 4-39 所示，将联轴器与编码器固定，注意编码器轴平面需和紧固螺钉垂直，图中的黑色紧固螺钉可以用普通 M3 螺钉代替（联轴器两端的孔不一样大，大孔一端连电机轴，小孔一端连编码器轴）。

图 4-38　编码器固定板

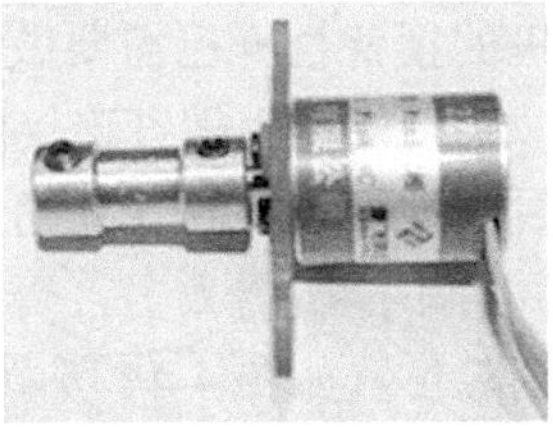

图 4-39　联轴器安装

如图 4-40 所示，将电机固定板和编码器固定板固定在一起（这里用的螺钉是止推螺钉，要比普通螺钉稍微难拧一点）。

如图 4-41 所示，将组装好的编码器支架和电机固定，电机固定板的两个槽和电机上的两个耳座卡在一起，然后拧紧螺钉将电机轴固定，最后将电机耳座上锡，与固定板焊接在一起。

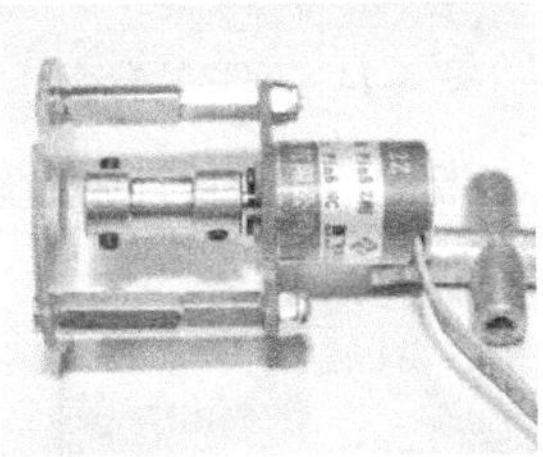

图 4-40　支架组装图

图 4-41　完整组装图

4.6.2　电路板安装

电路板应尽量靠近车身中部安装，使重量分布均匀。具体安装过程可见 C1 车模的电路板安装。

4.6.3　电磁传感器安装

电磁传感器长度没有限制，选择适当的长度即可。

4.6.4　转向改进

由于前后轮都采用了万向节进行动力传动，而且 4 个轮子均为独立悬挂，所以只需要将后轮改为和前轮一样的连杆结构，再用一根连接杆将舵机的拉动动力传递到后轮转向。由于 L 车模轴距长，转弯半径大，但其本身原装的转向幅度较小，同时原装连接球头也有些不牢靠，实际测试时曾因为撞击直接将前转向连杆弹出，所以前轮转向最大化必须做如下改动。原车模前转向球头用的是活扣，如果拉杆受力形变比较大，就容易弹出来，这也是为什么原车模会把靠近车轮的球头放在下边。放在上边会很容易弹出来，但放下边会造成拉杆的角度太大，可以按图 4-42 所示方法改装，改用逐飞科技的塑料球头连接，用螺母固定，改装后拉杆角度更合适，同时没有弹出的风险。这样改装需要把原来的球头取下，孔直径扩为 3mm，用直径 3mm、长 16mm 的螺钉来连接固定，换两个新的球头，原来的拉杆可以继续使用。

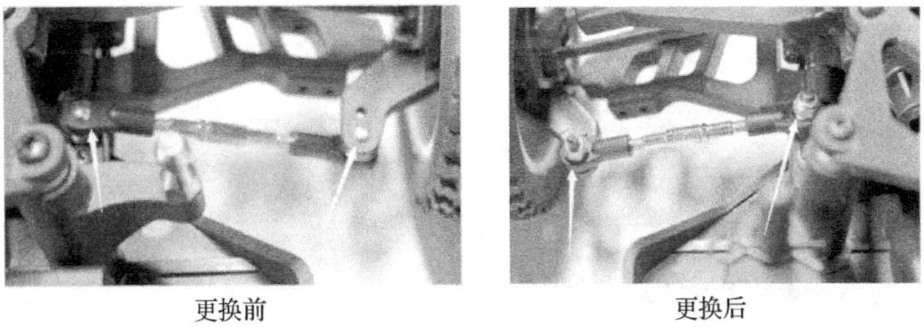

更换前　　更换后

图 4-42　球头更换前后对比图

同理，舵机的摆臂拉杆也需要做同样的球头更换，中间的金属拉杆可以用原来的，两端换成逐飞科技的球头，同样用螺钉连接固定，如图 4-43 所示。

如果想尽量大地增加前轮转向角度，就需要削除一些阻碍转向臂转动的位置，保证转向角度大且顺畅，同时不能削得太多，否则会导致车模塑料连接件强度不够，这需要根据自己的控制需求把握。削除位置如图 4-44 所示。

图 4-43　舵机球头更换

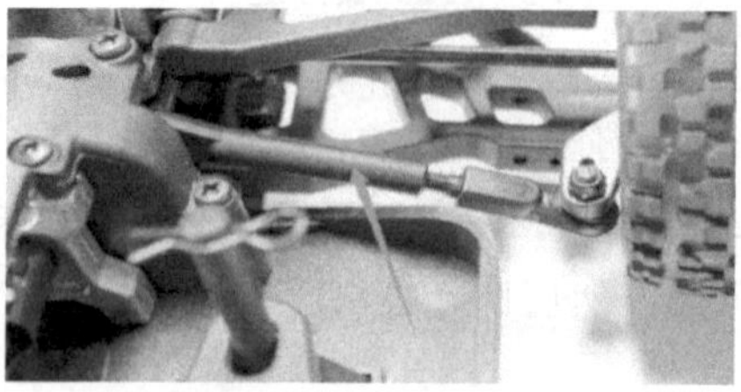

图 4-44　削除位置

舵机摆臂两边各固定一个球头，右边球头连接长拉杆，带动后边的转向系统，所以需要将原来的球头换成长螺钉，用螺母将两边的球头锁死。

固定后轮的拉杆需要拆掉，更换成可以左右活动的结构，但是该拉杆靠近齿轮，拆起来比较复杂，一定要特别注意结构和顺序，以免拆后无法还原。

图 4-45　联动装置固定板

如图 4-45 所示，将用于固定联动装置的固定板先固定在车身上，需要先打好对应的孔位，装上两边联动的旋转结构。

后轮摆臂上安装铜柱抬高固定球头，便于连接联动装置，如图 4-46 所示，从左到右，第 1 个箭头处所用铜柱高 28mm，这个高度比较合适，太矮的话，会增大拉杆的角度，太高就会撞到上边的长拉杆，铜柱的螺纹是 M3 标准的，后轮的摆臂孔需要用 M3 的钻头扩一下；同理，第 2 个箭头处的螺钉上了一个螺母（此处的螺钉需要用 18mm 长的），将此处的球头高度降低，来减小拉杆的角度，这样，如果车受力往下沉，此处拉杆基本可以呈现水平状态，同时还保证了球头的活动空间，不会和上边的摆臂摩擦；第 3 个箭头处拉杆的长度决定第 4 个箭头处立柱和拉杆的距离，这个距离决定长拉杆的角度，图上的距离大概为 37mm；第 4 个箭头处的转向立柱里有螺纹孔，直径为 2.5mm，立柱是通过螺钉与底板固定的，且立柱套在轴承里，旋转比较灵活。

舵机摆臂到后轮联动装置的连接需要一根长连杆，这里使用 150mm 的长连杆，两端依旧使用逐飞科技的球头固定，转向柱的孔位直径也需要自行扩成 3mm。改装完成后实物图如图 4-47 所示。

图 4-46　联动装置安装

图 4-47　改装完成后实物图

4.7　节能信标组机械设计

该组别车模制作没有限制，主要利用3D打印制作车身，无刷电机驱动，法拉电容作为电源动力。节能组车模历年要求：2018年要求车轮接触地面行驶，2019年要求履带接触地面行驶，2020要求两轮直立行驶。

所以在车模设计中，没有统一的设计标准，这里给出往年设计比较优秀的车模作为参考。

4.7.1　3D建模

在建模软件（如CAD，UG）中建模，如图4-48至图4-50所示。

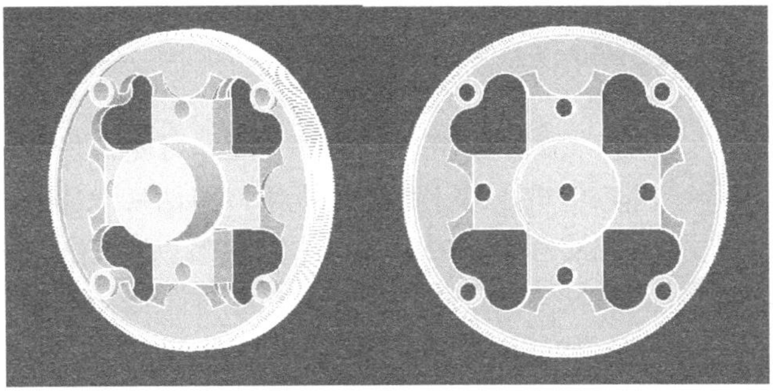

图4-48　车轮

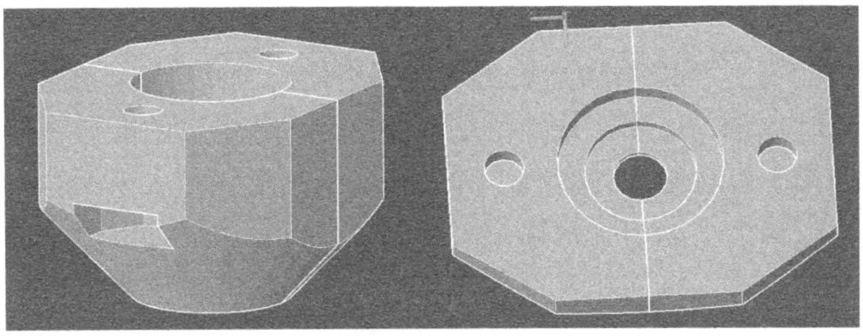

图4-49　万向轮

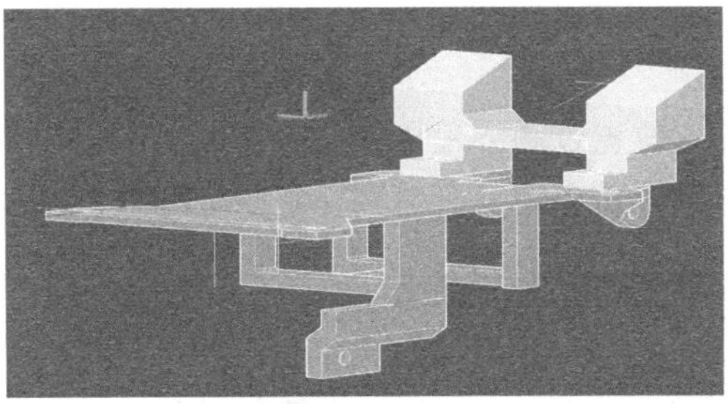

图4-50　支架

4.7.2　整体布局

车身机械结构采用3D打印制作的三轮车，如图4-51所示。为了减轻重量，各部件均采用了20%的填充度。三轮车依靠后方两轮的差速实现转向，前方的万向轮起到支撑车体的作用。此结构的优点是转向灵活，控制简单。

图 4-51　整体实物图

4.7.3　万向轮安装

车模前轮采用滑轮式万向轮，安装在车模最前方。这样保证了左右的对称性，同时提升了车模的转弯速度，使车模可以更灵活地转向与活动。

4.7.4　永磁铁与充电线圈安装

图 4-52　永磁铁与充电线圈安装

为了提高灭灯效率，应尽可能地将永磁铁高度放低。在不影响电机正常工作的前提下，将两块永磁铁分别放在两电机下方，在实际测试中灭灯率达到 90%以上。关于充电线圈的摆放问题，将其安在车体尾部可以将整体重心向后移，以防速度过快导致刹车时车体前翻。另外在阅读比赛规则后发现，信号灯在闪烁时会发射充电信号，在灭灯后不发射充电信号，但如果在灭灯的情况下灯上有磁铁，就仍可以继续充电，于是在线圈位置加装了一块永磁铁，如图 4-52 所示，这样在比赛开始时灯会直接熄灭且不影响充电，经实验后得出此方法可行。

为了在节能的同时不影响速度，选择了空心杯电机，该电机的能量转换效率相比于普通电机要高很多。由于车模和齿轮组均为自制，因此在电机的形状和大小上有很大的选择空间，最终选定了三款电机，根据大小以下分别称为大、中、小电机。经过测试，三款电机性能都很稳定，其中小电机在测试中两电机的转速几乎相同，这为车辆的调试带来很大的便捷，但在最终的车体实测中发现小电机的功率不够，导致驱动发热，反而不节能，而大电机由于重量大被淘汰，最后选择了中等大小的电机。

4.7.5　摄像头固定

因车模行进中摄像头放置位置过高导致摄像头容易晃动，所以使用 3 根 4mm 碳素杆在底盘的空余地方上支起三角架，以固定摄像头，达到稳定照灯的效果，如图 4-53 所示。

图 4-53　摄像头固定

4.7.6 重心调整

在放置无线充电线圈、摄像头、电路板以后，车的整体重心前倾，这对转弯、下坡、避障都是极为不利的，因此，将电路板和电容模块尽可能后移，在无须加配重的情况下，尽可能平衡车的重心，如图 4-54 所示。

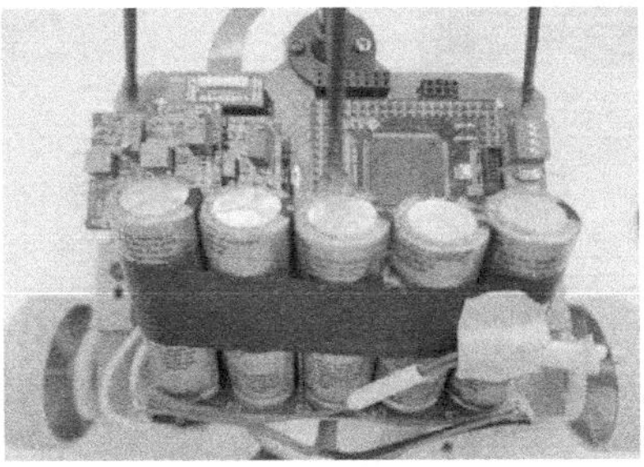

图 4-54 重心调整

4.7.7 其他机械方面调整

除了上述的调整，在许多细节方面也应该做好。例如，能用短螺钉就不用长螺钉，螺钉要拧紧，左右要对称，摄像头支撑架要固定牢等。总之，不能忽视任何细节。对于底盘等需要精确固定的地方，可以用高精度 3D 打印机打印必要的非标准连接件，保证结构尺寸精度。

第5章　车载传感器介绍

本章介绍电磁传感器、CCD（电荷耦合器件）传感器等车载传感器的使用。

5.1　电磁传感器

2010年竞赛正式引入电磁组，电磁传感器用于识别赛道中心铺设的电磁线信号（100mA，20kHz的交流信号）。其原理是利用切割磁感线产生电流，而越靠近赛道中心，磁感线越密集，电流就越大，以此来进行赛道的精确定位，并为车模的转向及速度控制提供依据，如图5-1所示。规则要求正式比赛中，传感器不能用成品模块，需要自己制作。第6章会详细介绍电磁传感器的电路原理，这里只对其功能和应用做讲解。

经过技术的更新迭代，电磁传感器的应用已经非常成熟，图5-2中的工字电感匹配6.8nF的校正电容用于电磁传感器的前端信号采集，再将信号进行放大整流后送入MCU（微控制器，即单片机）进行数据的处理。信号放大电路的设计需要考虑信号的失真、抗干扰等电路性能。

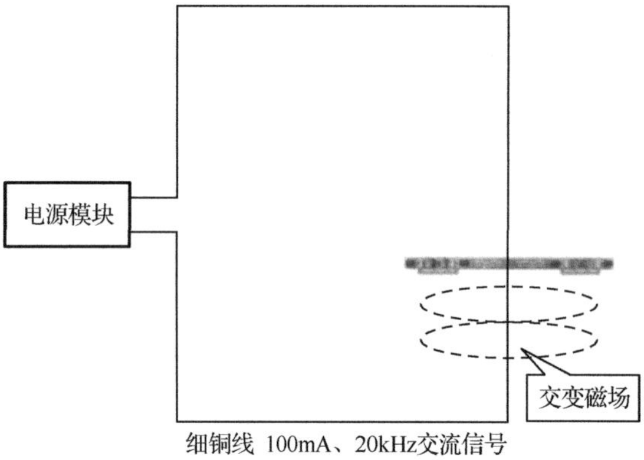

图5-1　电磁组赛道示意图

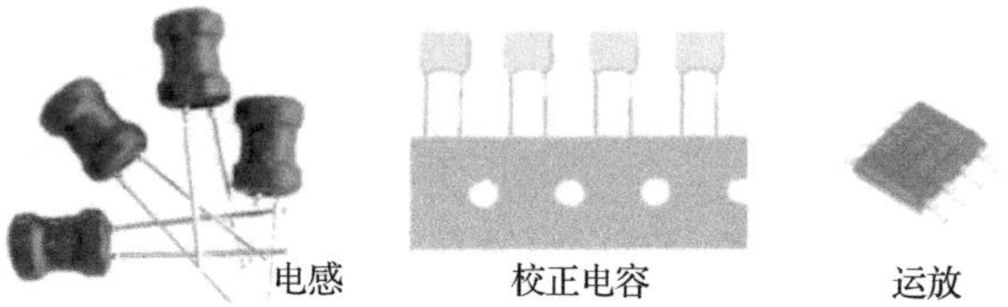

图5-2　电磁传感器核心元器件

工字电感具有较小的体积和较高的Q值，其特点是拥有一个开放的磁芯，能够对周围的交变磁场产生感应，如图5-3所示。

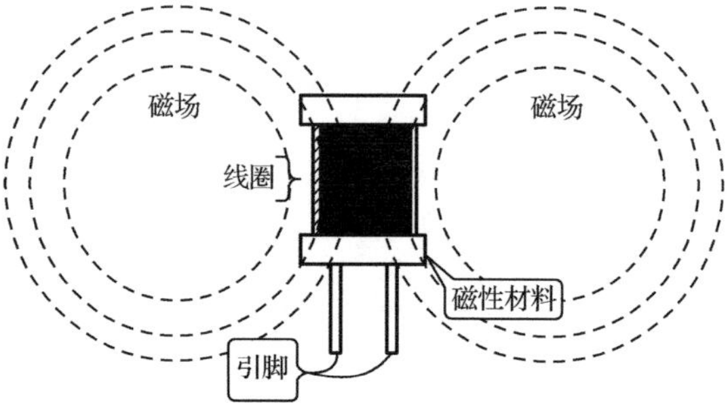

图5-3　工字电感

在车模前方固定两个水平放置的电感线圈，就可以检测出车模相对于赛道中心线的偏移量，从而控制车模沿着赛道前进，如图 5-4 所示。这里只介绍最简单易上手的一种检测赛道中心线周围交变磁场的布局方式。在智能汽车竞赛中，通过合理选择不同种类的传感器并采用不同的布局来增加车模检测路径的前瞻性和稳定性，将能够获得更大的优势。

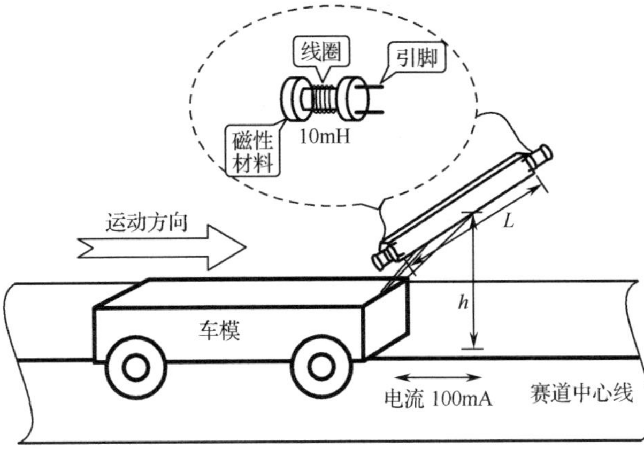

图 5-4　双水平线圈检测

对于电感线圈的选择主要考虑以下 4 个方面。

（1）在选择电感容量时，需要考虑的因素包括电感的 Q 值、体积、重量（影响感应电动势系数）、谐振电容的容量以及购买的便利性等。

（2）在材料选择方面，电感磁芯材料的相对磁导率 μ_r 会影响电感的大小、Q 值和价格等。通常来说，选择 μ_r 较大的磁性材料有助于减小电感的体积，提高感应信号的强度。

（3）对于线圈数量的选择，本节只介绍了使用两个水平线圈的方案，这种方案只能检测车模相对于赛道中心线的偏移量。为了提升车模的速度，通过增加检测线圈的数量并合理布局，可以提高检测的前瞻性。

（4）自制线圈。由于传感器数量的限制，可以通过绕制特殊形状和尺寸的感应线圈来提高系统的灵敏度和检测的前瞻性。

在赛道中心线周围，存在交变的磁场和电场。除使用线圈检测外，还可以选择集成的霍尔器件来测量磁场的强度和方向。虽然这类器件的选择较多，但通常情况下，高灵敏度的霍尔磁场传感器价格较高。所以大多数情况下电感线圈是一个不错的选择。

图 5-5 为电磁传感器实物图，该传感器的特点是将电路都集成在一块电路板上，非常适合新手进行电磁传感器的电路学习和数据处理及算法研究。该传感器可以在逐飞科技的官方网站上进行购买。该传感器在设计上布局清晰，直观展示出三级电路的信号走向，每一级电路都预留测试点位，方便对电路故障的查找和解决。

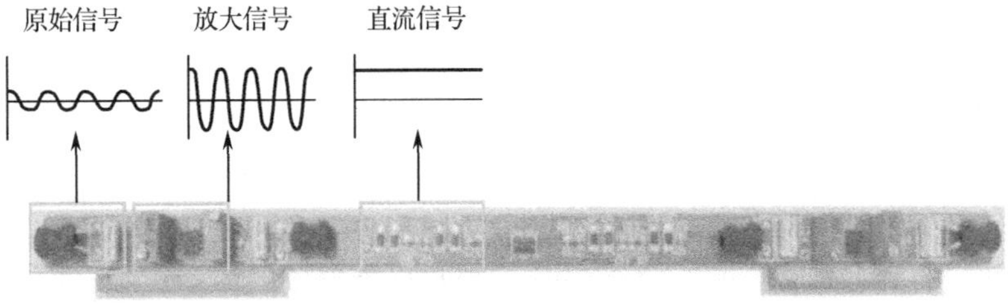

图 5-5　电磁传感器实物图

5.2 CCD 传感器

本节介绍的 CCD 传感器是指 TSL1401 型号的线阵 CCD，它和通常的面阵 CCD 最明显的区别就是它只能采集一行 128 个像素点。图 5-6 所示为面阵 CCD 和线阵 CCD 的图像采集对比。线阵 CCD 的引进是为了替代激光传感器，但经过几个赛季的使用又逐渐淡出人们的视野。随着规则的修改和完善，传感器的使用不再受限制，在限制安装高度的情况下，可以自由地搭配，CCD 传感器又开始被使用，如第 15 届比赛节能组中大部分学校就采用电磁传感器与 CCD 传感器组合，电磁传感器用于巡线，CCD 传感器用于识别车库。

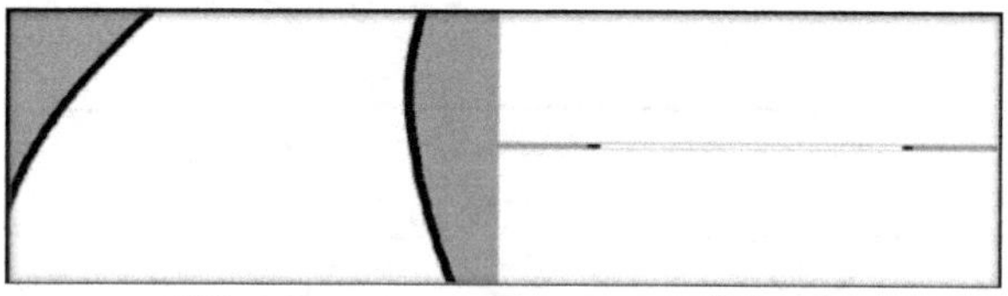

图 5-6　CCD 成像图

TLS1401 线阵 CCD 采用 120°广角无畸变镜头，分辨率为 128 像素，模拟量输出，有效检查距离为 5～100cm。该 CCD 传感器由一个线性阵列构成，该阵列包含 128 个光电二极管像素电路。除了这 128 个像素，它还配备了一个开关控制逻辑和移位寄存器电路。通过这个电路，SI（Serial Input）信号能够管理每个像素的积分与复位操作；CLK（Clock）信号则负责控制每个像素电压的序列输出。TSL1401 的内部模块图如图 5-7 所示。

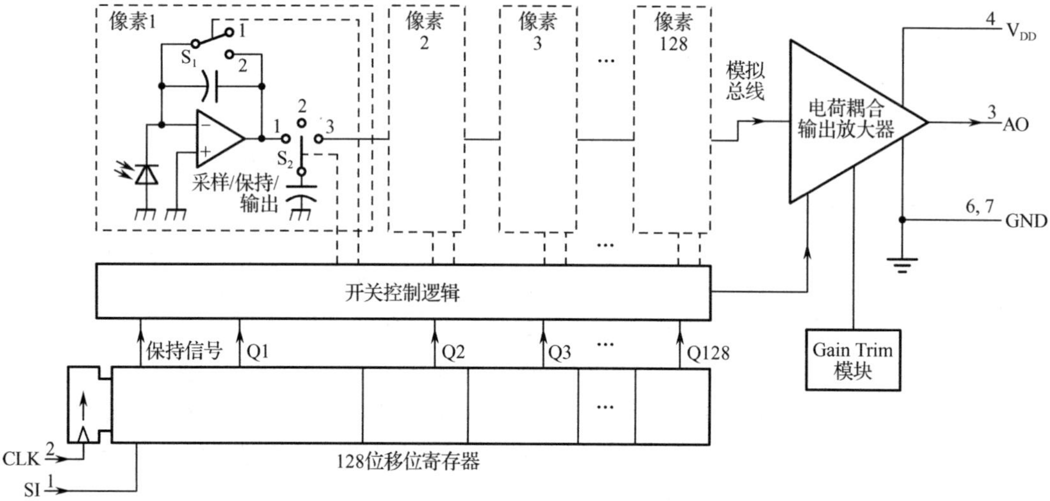

图 5-7　TSL1401 的内部模块图

Gain Trim 模块负责调节传感器输出电压的增益，这意味着 AO 引脚输出的电压可以直接连接到 MCU 的模拟-数字转换（ADC）输入引脚，无须额外的运算放大器。每个像素的数值可以在时钟信号 CLK 下降沿时从 AO 引脚进行采集。

像素输出值与积分时间存在正比关系，这里的积分时间实际上就是曝光时间。这与传统相机中胶片曝光时间的概念相似：曝光时间延长，则胶片上形成的图像更亮，反之则更暗。线阵 CCD 的曝光时间同样基于这一原理。当光线照射到光电二极管上时，光能转换为光电流，该光电流由相关像素上的有源积分电路进行积分处理。在积分阶段，积分器的输出通过一个模拟开关与采样电容相连。每个像素上积累的电荷量与光照强度和积分时间成正比。

积分器的输出及复位过程是由一个 128 位的移位寄存器及开关控制逻辑来控制的。一个输出周期的开始是由 SI 信号的一个正脉冲来初始化的。为了保证操作时序的正确性，SI 信号需要在下一个时钟信号上升沿之前变为低电平，以满足最小保持时间的要求。SI 信号的上升沿会产生一个内部保持信号，此保持信号传递至像素电路中的模拟开关，导致所有 128 个采样电容与其各自的积分电路断开并进入复位阶段。

随着 SI 信号的移动，储存于采样电容中的电荷将被逐一连接到电荷耦合输出放大器，从而产生模拟电压输出 AO。同时，在最初的 18 个时钟周期内，所有像素的积分器将被复位，而下一个积分周期将从第 19 个时钟周期开始。当第 129 个时钟信号上升沿到来时，SI 信号将从移位寄存器移出，此时模拟电压输出 AO 将呈现高阻抗状态。

TSL1401 的技术文档中对积分时间做了大量说明，其时序图和简化时序图分别如图 5-8 和图 5-9 所示。图 5-9 中第 19 个 CLK 到下一个 SI 信号开始的这段时间，就是线阵 CCD 的积分时间，即曝光时间。之前的 18 个 CLK 的时间为积分器的复位时间。每个 SI 信号触发后采集到的像素点是这个 SI 信号先前曝光得到的图像。如果用户提供的 CLK 信号频率足够快（最大 8MHz），那么前 18 个 CLK 的时间可以忽略不计，TSL1401 的曝光时间可以近似为两个 SI 信号的间隔时间。而一般情况下，即使 CLK 信号频率为 8MHz，单片机的 A/D 转换时间也达不到那么快。

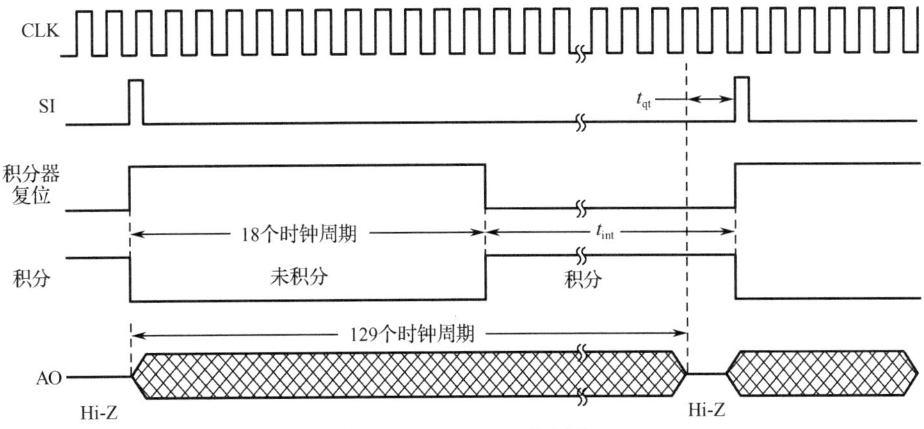

图 5-8　TSL1401 时序图

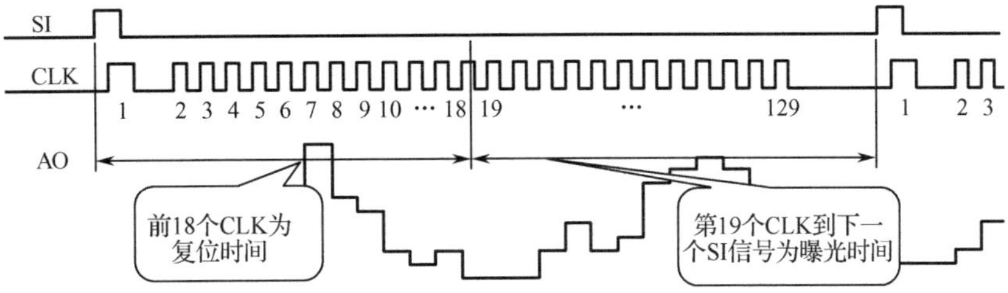

图 5-9　TSL1401 简化时序图

在使用 CCD 传感器进行道路识别之前，首先需要确定好 CCD 传感器的高度及前瞻。在这个前提下，使用 MCU 进行 CCD 数据的采集，需要 2 个 IO 端口和一个 ADC 端口。按照时序进行数据读取，采集的数据存放在程序定义的一个数组内。通过串口通信将数据发送至上位机，再通过上位机软件来辅助调焦，目的是获取清晰的一维图像，以便稳定地进行赛道识别，如图 5-10 所示，黑白跳变较大，图像聚焦清晰。

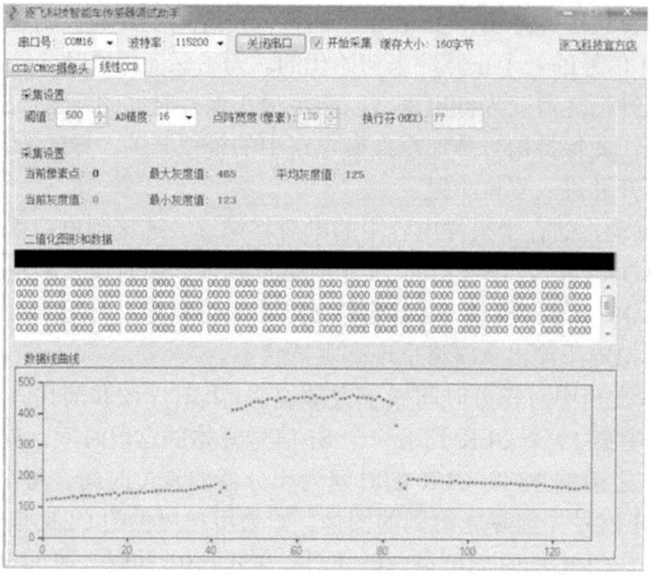

图 5-10　调试图

5.3　图像传感器

图像传感器即摄像头，主要用于赛道路径提取以及特殊元素识别，实物如图 5-11 所示。图像传感器通过返回一定像素比例的彩色或者灰度图像数据来进行道路识别。在智能汽车竞赛中，图像传感器的选型也是非常重要的，需要关心几个重要的参数，如分辨率、动态特性、FPS（每秒帧数）、自动曝光等。目前市面上主流的摄像头为 MT9V032/34，其中 MT9V032 的参数如图 5-12 所示。

图 5-11　摄像头实物图

芯片：	MT9V032
最大有效像素：	752*480
电压：	3.3V
电流：	75mA
功耗：	<250mW
扫描方式：	逐行扫描
输出信号：	场信号、行信号、像素时钟 8个数据端口、SDA、SCL
输出频率：	分辨率为752*480像素时，最大FPS为60 分辨率为 80*60像素时，最大FPS为498
功能：	具有自动曝光功能，窗口大小设置功能（即分辨率设置），帧率设置，曝光时间设置，增益设置等功能
接口：	18 PIN 0.5mm间距排座

图 5-12　MT9V032 参数

摄像头的数据采集原理如图 5-13 和图 5-14 所示。

图像采集思路：

（1）定义两个中断函数（行、场中断）。

（2）当场中断来的时候开启行中断。

（3）行中断里循环采集每行的像素点，可以设置跨行采集。

（4）实际的采集行总数等于定义的行总数时表示采集完成，关闭行中断，完成一幅图像的采集。将采集的数据发送至上位机。

摄像头采用MT9V032芯片，CMOS全局快门（Global Shutter）：在曝光前进行图像重置，像素可在曝光时间积累电荷；曝光结束后，每个像素积累的电荷同时传送到屏蔽光（对光不敏感）的存储区域；然后信号从此区域读出。因所有像素同时重置，曝光积分同样的间隔，同时传输到光屏蔽存储区域，对移动物体来说没有形变。

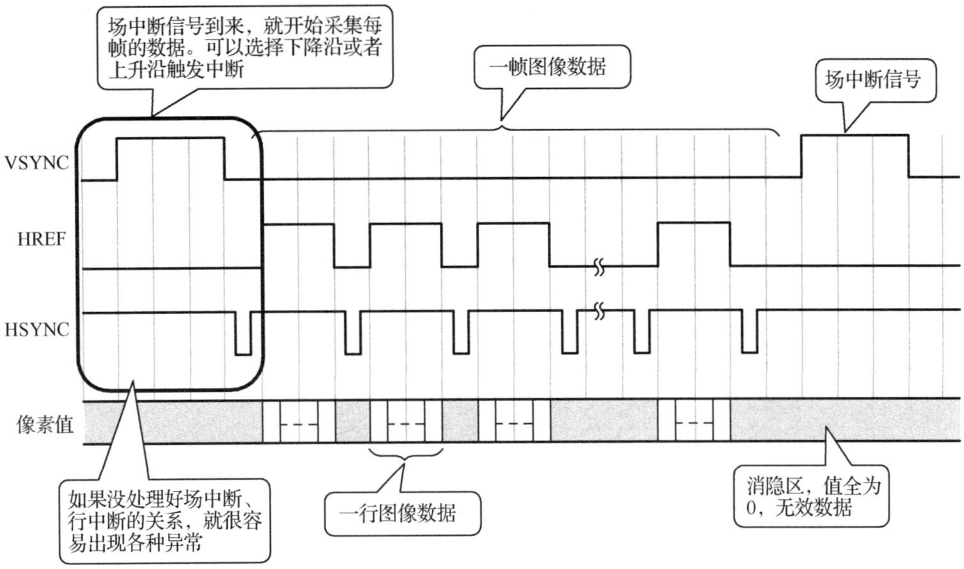

图5-13　场中断时序图

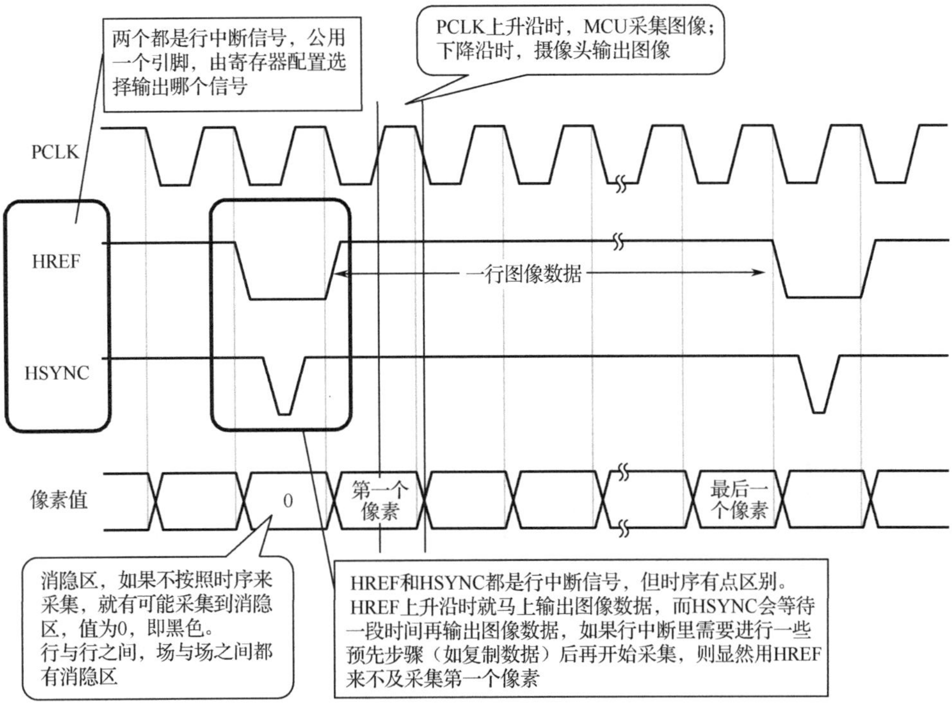

图5-14　行中断时序图

5.4　测速传感器

光电编码器是一种传感器，它通过将输出轴的机械位移转换成脉冲或数字化的信号来实现光电转换。这种设备主要用于各种数字控制设备中。在伺服系统里，一个光栅盘会与电机连接在同一轴线上，这样电机旋转时就会带动光栅盘一起转动，然后，通过光电检测设备，这个动作会被转译成多个脉冲信号。通过计算每秒钟的脉冲数量，可以得知当前电机的转速。因此，光电编码器可用作测速传感器。在智能汽车中，常用的光电编码器模块具有 200～500 线的精度，并带有方向输出端口。光电编码器实物如图 5-15 所示。

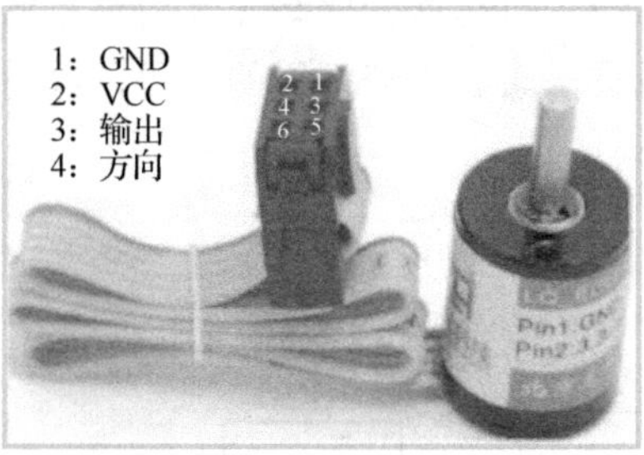

图 5-15　光电编码器实物图

速度是反映车模运动快慢的一个重要物理量。采用光电编码器来进行车模速度测量，使用的编码器精度为 500 线，即转动一圈产生 500 个脉冲。

设速度采集周期为 T，T 时间内采集到的脉冲数为 P_Cnt，车轮转动一圈脉冲数为 C_Cnt，车轮直径为 d，可以算出车模的实际速度

$$v = (\text{P\_Cnt}/\text{C\_Cnt}*\pi*d)/T$$

5.5　测距传感器

在智能汽车设计中，常用的测距传感器包括红外测距、超声波测距和激光测距传感器。

红外测距传感器由 3 个主要部分构成，分别是位置敏感探测器（PSD）、红外发射器（IRED）和信号处理单元。这种传感器运用三角测量法，将输出的电压值与实际距离建立比例关系，通常能够实现高达 0.1cm 的测距精度。它被广泛应用于距离的测量和避障。红外测距传感器的测距效果不会受到物体材料或环境温度的影响，但会受到环境光照条件的干扰。实物如图 5-16 所示。

超声波测距传感器发射频率为 20kHz 的声波，并在同一接收端等待这些声波的回声返回，计算发送和接收声波之间的时间差，再利用声速确定距离。这种类型的传感器在各种场景中都有广泛的应用。实物如图 5-17 所示。

激光测距传感器的工作原理是，首先通过激光二极管向目标发射激光脉冲；当这些激光脉冲击中目标并反射回来时，它们会朝各个方向散开，其中一部分散射的激光会被传感器的接收端捕获，随后光学系统将其聚焦至雪崩光电二极管上，这种二极管是一种具备内部放大功能的光学检测器，能够侦测到非常微弱的光信号；通过记录光脉冲从发射到返回并被接收所花费的时间，然后利用光速，就可以计算出目标的距离。实物如图 5-18 所示。

图 5-16　红外测距模块

图 5-17　超声波测距模块

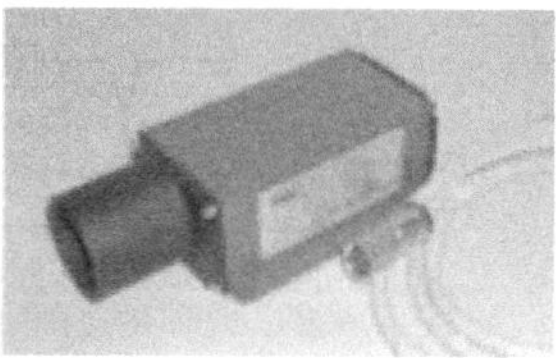
图 5-18　激光测距传感器

5.6　姿态传感器

姿态传感器是一种基于微机电系统（MEMS）技术的先进三维运动和姿态检测系统。它集成了三轴陀螺仪、三轴加速度计和三轴电子罗盘等多轴运动传感元件，并搭载了一个低功耗的 ARM 处理器，用于计算经过温度校正的三维姿态和方向数据。该系统运用基于四元数的算法和

高级数据融合技术，能够实时提供无漂移的四元数或欧拉角形式的三维姿态和方向信息。LPMS系列和iAHRS-M0这类姿态传感器可以应用于多种设备中，如无人机、机器人、机器稳定平台、车辆、船舶、地面与水下装置、虚拟现实设备以及人体动作分析系统等领域，这些应用通常需要精确的三维姿态和方向自主测量功能。姿态传感器实物如图5-19所示。

在智能汽车中，常用的姿态传感器是MPU-6050，它结合了三轴加速度计和三轴陀螺仪的功能。加速度计能够检测出由地球重力或物体的运动产生的加速度。为了计算车模的倾斜角度，通常只需检测一个特定方向上的加速度值。例如，将加速度计固定，使其Z轴保持水平，当传感器倾斜时，重力加速度g会在Z轴上产生一个分量，导致该轴的输出电压发生变化。在小角度倾斜的情况下，这个电压变化与倾斜角度成正比：

图5-19　姿态传感器实物图

$$\Delta u = kg\sin\theta \approx kg\theta$$

其中，k为常数。

陀螺仪是一种能够检测物体旋转速度的传感器，其工作原理基于科里奥利效应，即在旋转坐标系中的物体会受到一个假想的力——科里奥利力。该设备通常采用压电陶瓷材料作为振动单元。当陀螺仪随物体旋转时，振动频率会发生变化，通过这个频率变化可以感知并测量物体的角速度。

MPU-6050是一种创新性的六轴运动跟踪传感器。它通过将陀螺仪和加速度计集成于同一芯片中，消除了多组件解决方案中时间轴不匹配的问题，并显著节省了安装空间。此外，当MPU-6050与三轴磁力计联合使用时，它能通过IIC或SPI接口（SPI接口只在MPU-6000上提供）提供完整的九轴运动融合数据输出。

MPU-6000（与MPU-6050类似）能够检测的角速度全尺度范围包括±250°/s、±500°/s、±1000°/s以及±2000°/s，这使得它能够精确地追踪从缓慢到迅速的各种动作。此外，这款传感器具有用户可编程的加速度计，其全尺度检测范围可设定为±2g、±4g、±8g和±16g。数据传输可通过最高频率为400kHz的IIC接口，或者MPU-6000特有的最高频率为20MHz的SPI接口进行（注意，MPU-6050不提供SPI接口）。MPU-6000可以在多种电压下工作，VDD供电电压可以是2.5×(1±5%)V、3.0×(1±5%)V或3.3×(1±5%)V，而逻辑接口VDDIO供电电压为1.8×(1±5%)V（MPU-6000只使用VDD供电）。MPU-6000拥有行业领先的封装尺寸，仅为4mm×4mm×0.9mm（QFN，方形扁平无引脚封装）。它还包含其他元件，如内置温度传感器和振荡器，后者在运行环境中的变化率仅为±1%。

5.7　人机交互模块

1. 数据通信模块

MCU通过IO端口模拟SPI协议与CC2500模块进行通信，发送命令/数据给模块内部的寄存器来完成初始化，以及数据的发送、接收等操作。

需要熟练地进行代码的移植，以及熟练地调用收发接口函数，来完成数据的传输。上、下位机通信示意图如图5-20所示。

可以通过数据通信模块来收集单片机运行过程中的各变量的数据，也可以单独利用它，对单片机系统参数进行调试，它可以反馈单片机运行过程中各变量的数据，从开始到结束全程的细微变化等。也可以通过上位机来观察单片机检测到不同状态的数据时，上位机给予的反馈，判断出不同时间、不同路段上单片机需要的最好数据和为什么单片机会在这里更改数据等。总之，数据通信模块对智能汽车的调试起到很大作用。

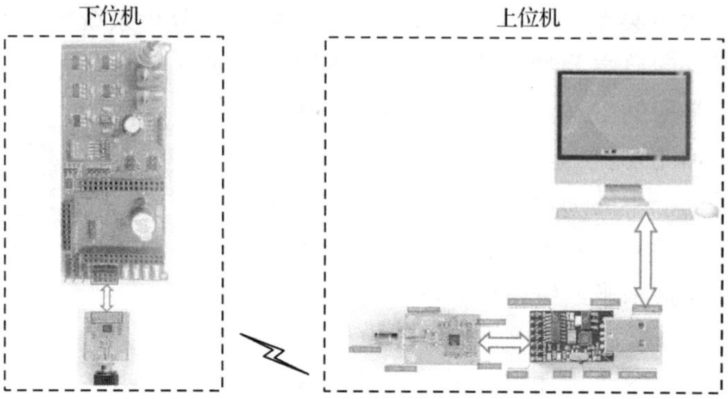

图 5-20　上、下位机通信示意图

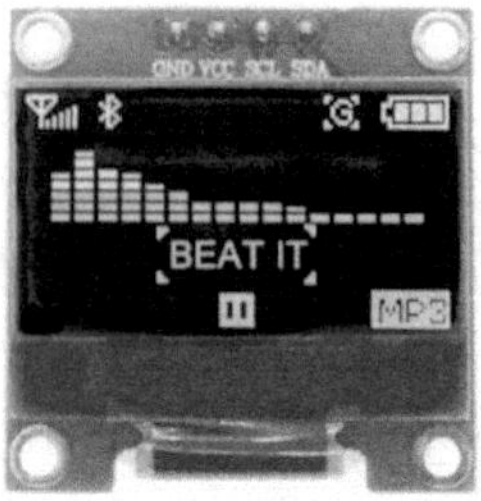

图 5-21　显示屏实物图

2. 硬件调试模块

在智能汽车系统设计中，往往需要一些输入输出模块来进行系统参数的调节和显示，如显示屏、独立按键、LED、蜂鸣器等。通过这些模块，可以切换工作模式，设置系统参数，以及接收单片机反馈等。

（1）显示屏：用于显示系统参数。简单的系统可以选择 128×64 像素的 OLED 显示屏，复杂的系统可以选择高分辨率的 TFT 液晶屏。显示屏实物如图 5-21 所示，规格表如表 5-1 所示。各接口的使用可参考表 5-2。

表 5-1　显示屏规格表

驱动芯片	SSD1306
支持接口	IIC
分辨率	128×64 像素
显示尺寸	0.96 英寸
显示颜色	白光/蓝光/黄蓝双色（黄蓝双色为上黄下蓝，固定区域，不可变动）
外形尺寸	27.5mm×27.8mm
玻璃尺寸	26.7mm×19.26mm×1.4mm
显示区域	21.74mm×10.864mm
点间距	0.17mm×0.17mm
点大小	0.15mm×0.15mm
引脚数	4
功耗	正常显示功耗约 0.06W
工作电流	正常工作时约 20mA，休眠时为μA 级
视角	全视角
工作温度	-20℃～70℃
存储温度	-30℃～80℃
工作电压	5V/3.3V（兼容）

表 5-2　显示屏接口定义表

引　脚	标　识	描　述
1	GND	Ground of Logic Circuit（逻辑电路接地）
2	VDD	Power Supply for Logic（逻辑电源）
3	SCL	Serial clock input（串行时钟输入）
4	SDA	Serial data input（串行数据输入）

（2）独立按键：连接单片机引脚的按键。可通过按下按键检测单片机引脚的当前状态，通过程序控制不同按键按下后需要执行的操作，如 startkey（发车键）按下后智能汽车进入发车状态。实物如图 5-22 所示。

图 5-22　独立按键实物图

（3）LED：用于检测智能汽车对应硬件部分是否成功上电，通常接于硬件电源位置和共地处。若亮起，则硬件正常工作；若熄灭，则硬件连接出现问题。通常会在单片机引脚上单独接入若干个 LED，用于测试单片机的好坏和调试程序。智能汽车上通常采用贴片式 LED。贴片式和插针式 LED 实物分别如图 5-23 和图 5-24 所示。

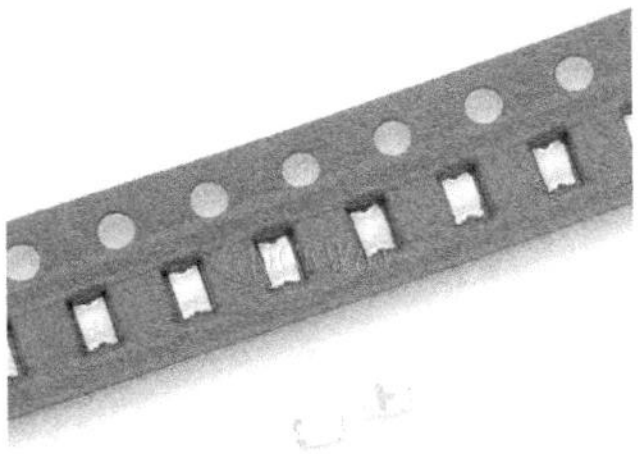

图 5-23　贴片式 LED 实物图

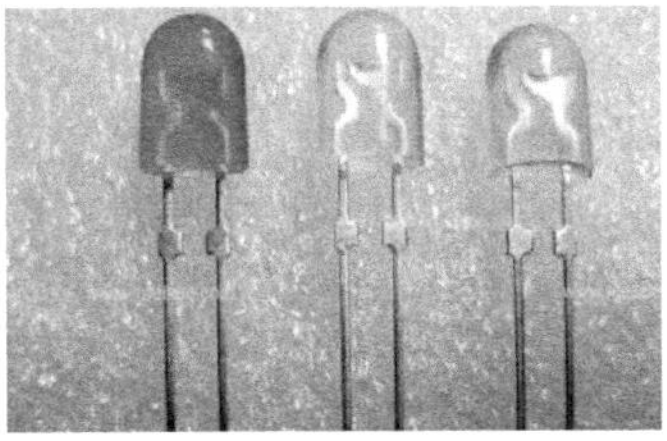

图 5-24　插针式 LED 实物图

（4）蜂鸣器：通常用于反馈智能汽车的当前状态。如果智能汽车检测到用户定义的需要给予反馈的信号，就通过蜂鸣器来告知用户，具体内容由用户自定义。压电式有源蜂鸣器和无源蜂鸣器实物分别如图 5-25 和图 5-26 所示。

图 5-25　压电式有源蜂鸣器实物图

图 5-26　无源蜂鸣器实物图

第 6 章　硬件电路设计及调试

6.1　电源模块

智能汽车硬件系统运行的可靠性完全依赖于电源的稳定性。如果电源供电不稳定，可能会导致电池损坏、微控制器重启、舵机和传感器故障等一系列严重问题。因此，在硬件电路设计中，电源模块的设计至关重要。本节以参赛学校普遍采用的芯片解决方案为例，进行详细说明。

6.1.1　单片机、传感器、外围电路供电

单片机、传感器、外围电路供电采用 DC-DC 降压电路（见图 6-1），把动力锂电池或者镍电池的高电压（8V 左右）降为电路可以接受的 5.0V 或者 3.3V。在智能汽车设计中，选定的电源管理芯片为 TPS7350 和 TPS7333。其中，TPS7350 是一款具有微功耗特性的低压差线性稳压器，它配备了全面的保护机制，包括过流、过压和电压反向保护功能。这个芯片的一个显著优势是，仅需少量的外部组件即可搭建起一个高效的稳压电路。由于其热损耗极低，散热问题可以不必特别考虑。作为一款线性稳压器，TPS7350 能够为微控制器和模拟-数字转换模块提供稳定的工作电压。输出电流限制在 1A 左右，TPS7350 在输出电流为 100mA 时最大压降只有 35mV。TPS7333 与 TPS7350 类似，能输出固定电压 3.3V。单片机将根据其要求接 5V 或者 3.3V，传感器接 5V，单片机和传感器单独供电，以避免工作时相互干扰；为减少纹波对元器件的影响，在电源输出位置通过电容进行滤波；外围电路接 3.3V，如编码器、显示屏、开关等。

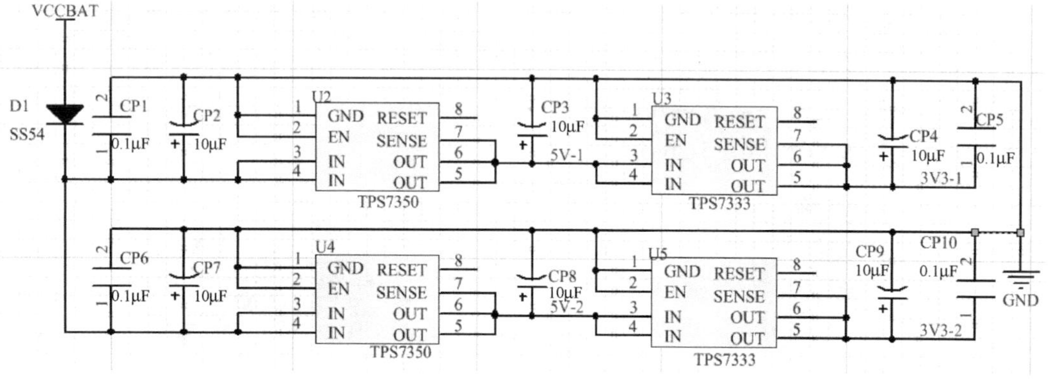

图 6-1　DC-DC 降压电路

节能组主要应用 DC-DC 升压电路（见图 6-2），利用法拉电容供电，在法拉电容较低电压时通过升压利用其存储的剩余电能。通常使用 TPS61088、TPS63070 等芯片进行升降压电路设计。电容完成充电以后，电压基本上达到 10V 以上。除驱动芯片外，其他芯片和模块所能承受的电压都在 3.3～5.0V，所以需要设计一套效率高、功耗小的 DC-DC 电压转换电路（见图 6-3）。经过器件选型，选定德州仪器的 TPS63070。该芯片是一款具有低静态电路的高效升降压转换芯片，输入电压为 2～12V，最大输出电流为 2A，内部集成脉宽调制器，通过同步整流来获得最高效率。

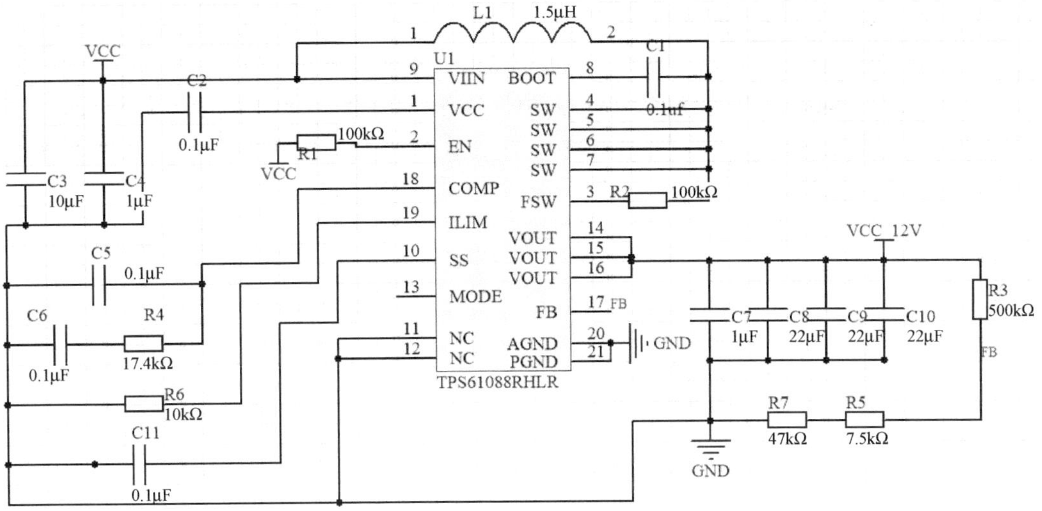

图 6-2　DC-DC 升压电路

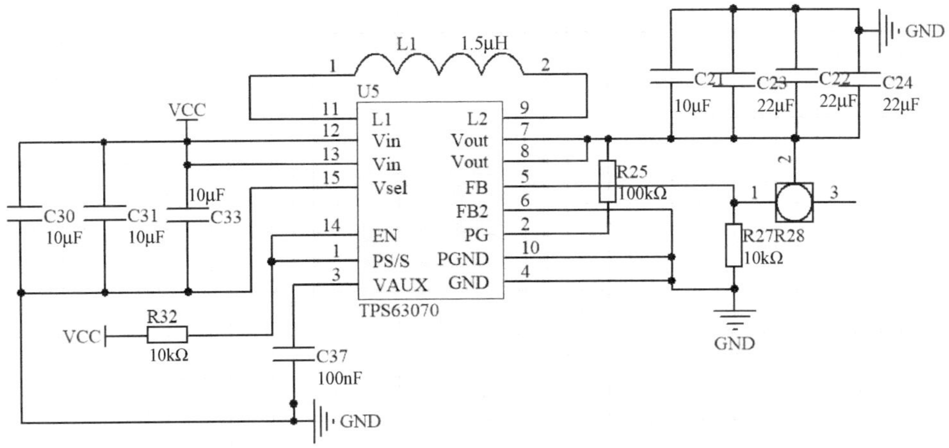

图 6-3　DC-DC 电压转换电路

6.1.2　电机、运放供电

由于驱动电机需接 8V 左右的电源，所以采用单刀双掷开关直接由电源直供（见图 6-4）。运放电路采用 OPA4377 或者 NE5532 芯片，其电源电压范围为 2.2～5.5V，所以采用图 6-1 中的 5V 电源给其供电（见图 6-5）。

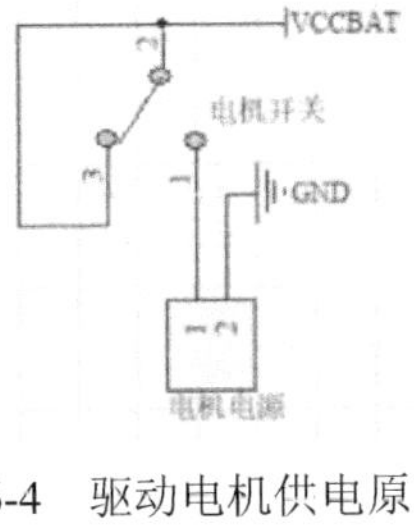

图 6-4　驱动电机供电原理图

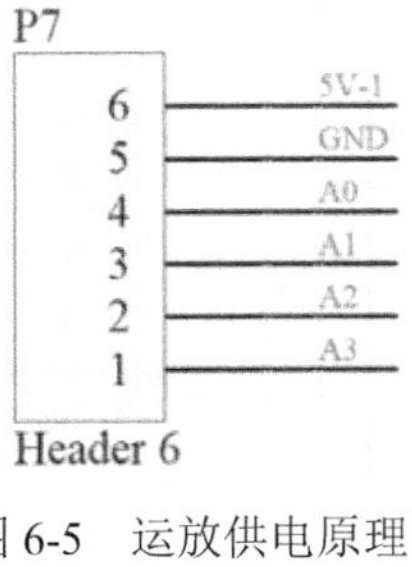

图 6-5　运放供电原理图

6.1.3　舵机供电

LM2941 是一款可调式低压降三端稳压器，具有以下特点：（1）典型压降为 0.5V；（2）最大输出电流为 1A；（3）最大输出电压为 26V，输出电压可调范围为 0～20V；（4）在 0℃～125℃温度变化范围内的最高压降为 1V。此外，当输入输出电压差超过 3V 时，芯片内部有专门的电路将引脚 GND 的静态电流减小。当输入电流为 1A 并且输入输出电压差为 5V 时，静态电流仅为 30mA。同时 LM2941 还具有短路保护、热过载保护和自我保护功能。一般将其输出电压调至 6V，用作舵机电源，如图 6-6 所示。

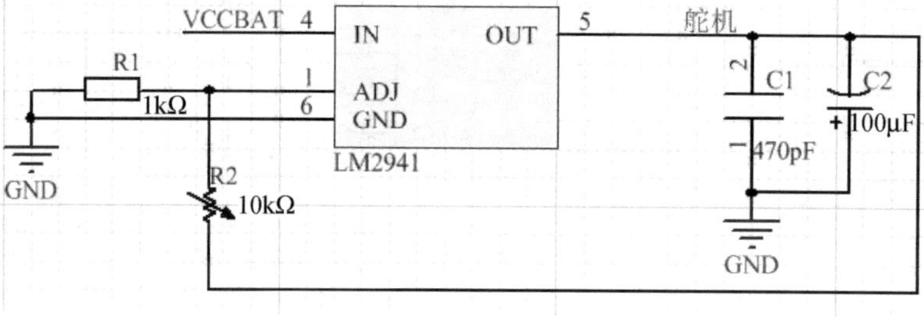

图 6-6　舵机供电原理图

6.2　基本输入输出电路

6.2.1　独立按键电路

该电路采用贴片按键。电路原理为按键按下后，所对应的单片机 IO 端口的电平将会随之被拉低。在程序设计中通过周期性扫描的方式来读取 IO 端口的电平状态，进而对按键进行识别。

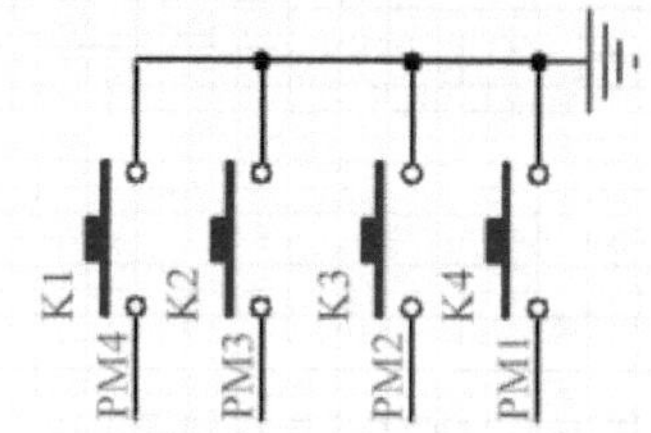

图 6-7　独立按键电路

6.2.2　蜂鸣器驱动电路

该电路由 NPN 型三极管，以及限流电阻和下拉电阻组成，作用是当车模经过特殊元素时蜂鸣器发生鸣叫，便于调试。电路原理为当车模经过特殊元素时，所对应的单片机 IO 端口将会被给予高电平，此时三极管将工作在饱和区，U_{CE} 很小，C、E 极视为短路，从而使得蜂鸣器工作。

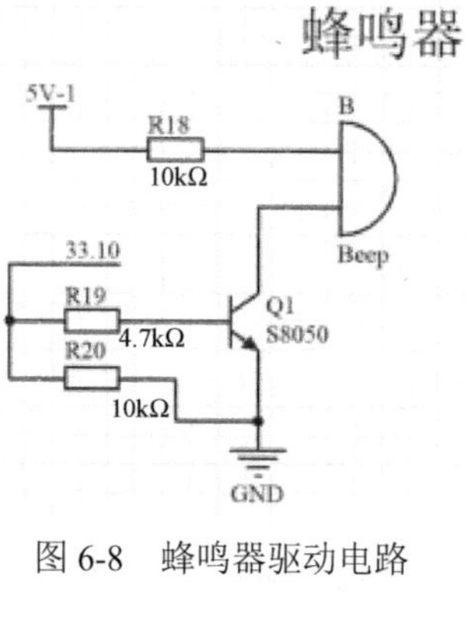

图 6-8　蜂鸣器驱动电路

6.2.3 拨码开关电路

该电路包含一个四路拨码开关，其功能是控制图像显示、定时停车以及选择是否执行入库或出库操作。工作原理与按键类似，在编程时需要检测相应引脚的电平状态，若检测到低电平信号，系统就会激活对应的功能。

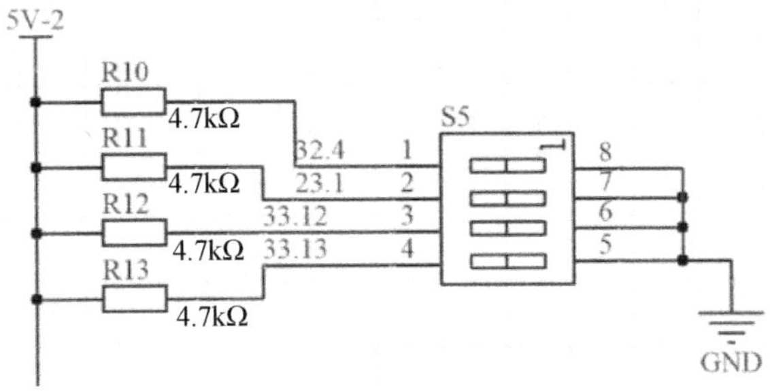

图 6-9 拨码开关电路

6.2.4 电源指示灯电路

该电路由 T 型开关（用于外接电池）、单刀双掷开关、发光二极管、限流电阻组成，作用是便于查看电池是否连接正常。原理是当单刀双掷开关接通 1、2 时，发光二极管工作。

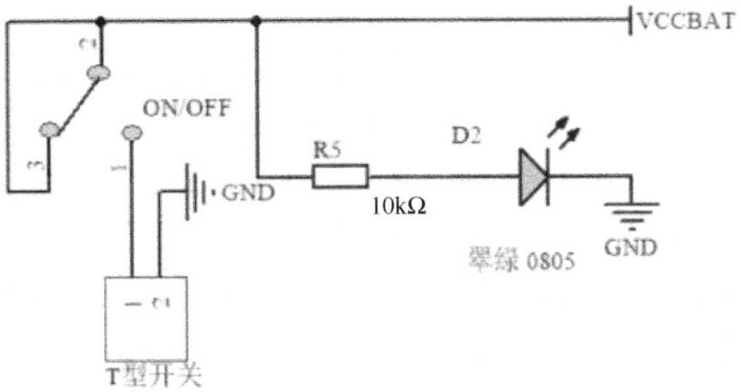

图 6-10 电源指示灯电路

6.2.5 OLED 电路

该电路外接 OLED 显示屏，作用是结合拨码开关和按键完成对参数的调整，用于显示图像。在代码中对该模块进行初始化，调用对应的函数。

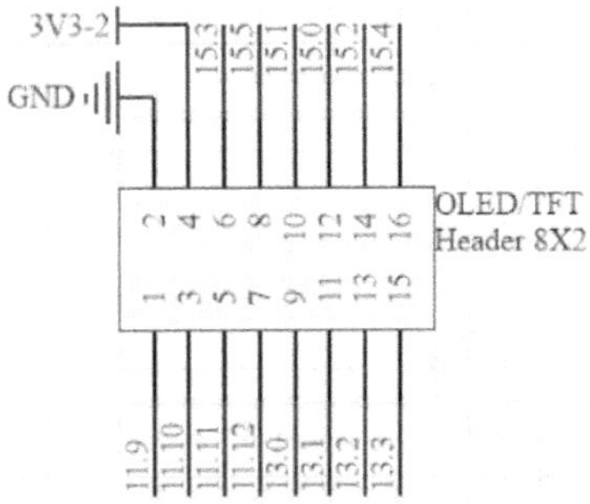

图 6-11 OLED 电路

6.3　数据采集模块

智能汽车设计中，主要涉及电磁信号数据的采集。采集电路分为三级，前级采集电路由 10mH 电感与 6.8nF 校正电容组成，采集到的交流信号进入 NE5532 进行放大，再由二极管检波电路将交流信号转换为直流信号供单片机 ADC 端口采集。

为了从使用电感的导线检测传感器中获得理想信号，需要通过三个关键步骤处理感应到的信号：首先进行信号滤波，以去除干扰杂波；然后对信号进行放大，增强其强度；最后执行信号检波，以提取有用信号。

1．电磁信号的滤波

为了在频谱上有效规避周边其他磁场的干扰，竞赛选择了 20kHz 的交变磁场作为路径导航信号。因此，需要通过选频放大来有效地放大 20kHz 信号，并消除其他干扰信号的影响。为此，使用 LC 并联谐振电路来实现选频电路（带通电路），如图 6-12 所示。

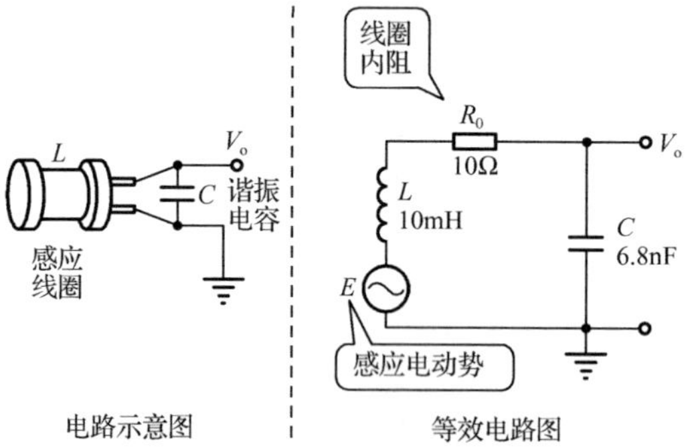

图 6-12　电磁信号滤波电路

在此电路中，感应电动势用 E 表示，感应线圈的电感值为 L，线圈的内阻为 R_0，并联到线圈上的谐振电容为 C。该电路的谐振频率可以表示为

$$f = \frac{1}{2\pi\sqrt{LC}}$$

已知电路的谐振频率 f=20kHz，感应线圈的电感值 L 为 10mH，可以计算出谐振电容 C=6.33×10^{-9}F，即 6.33nF。市面上能够找到的最接近这个计算值的标准电容为 6.8nF。因此，在搭建实际电路时，使用一片封装为 1206 的 6.8nF 电容作为谐振电容。

2．电磁信号的放大

在初步处理之后，得到了一个较为规则的 20kHz 正弦波电压信号，但其幅值较小，并且随着距离的增加迅速衰减，这不利于电压采样。因此，需要对信号进行放大。官方推荐的方案是使用三极管进行放大，但三极管放大存在无法避免的问题，即温度漂移较大，并且在实际应用中容易受到静电干扰。

鉴于此，可以不采用三极管放大方案，而是选择使用集成运算放大器（简称集成运放）来进行信号放大。集成运放相比于三极管的优点是受温度影响小，可靠性更高。使用集成运放的信号放大电路有同相比例运算和反相比例运算两种类型，我们在实际中选择了同相比例运算电路。

3．电磁信号的检波

有多种方法可以用来测量放大后的感应电动势 E 的幅值。其中，最简单的方法是利用二极管检波电路将变化的电压信号转换为直流信号，然后通过单片机的 ADC 端口采集数据，获取与感应电动势幅值成正比的数值。

三级采集电路如图 6-13 所示。

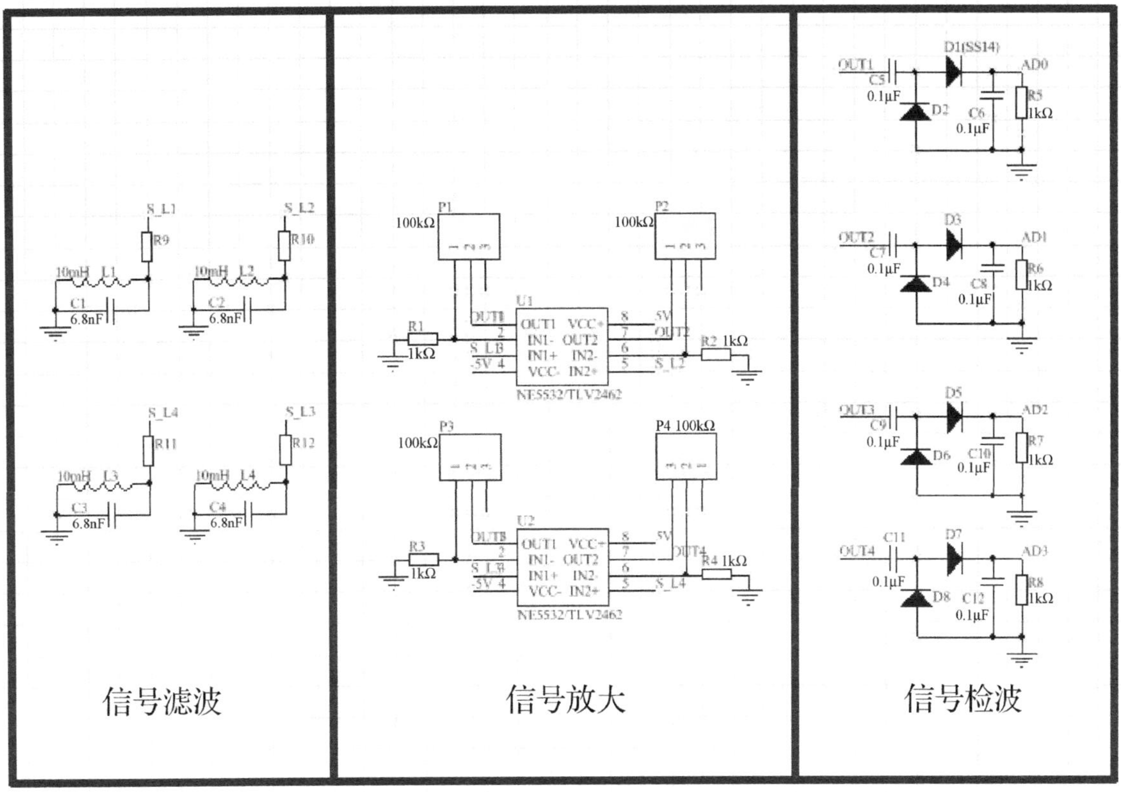

1.选用NE5532作为运放需要接-5V电源，R9、R10、R11、R12为0欧姆电阻。
2.选用TLV2462作为运放需要接-5V电源和接GND，R9、R10、R11、R12为1kΩ。
3.检波二极管型号为SS14。

图 6-13　电磁信号数据采集电路图

具体调试步骤如下：

（1）电感和校正电容进行匹配（示波器观察）。

（2）左右对称电感配对。

（3）传感器正对赛道中心线时，直流最大电压要小于基准电压，如 3.3V（避免靠近中心线时提前进入检测盲区）。

（4）开启电机干扰测试，观察数据的跳变。

6.4　最小系统模块

6.4.1　STC 单片机

STC 单片机采用了超高速的 8051 内核（1TB），并配备了 64KB 的 Flash 和 8KB 的 SRAM。此外，它还集成了 4 路串口、15 路 ADC 和 8 路 PWM 等模块，资源丰富且性价比高。最小系统和实物分别如图 6-14 和图 6-15 所示。

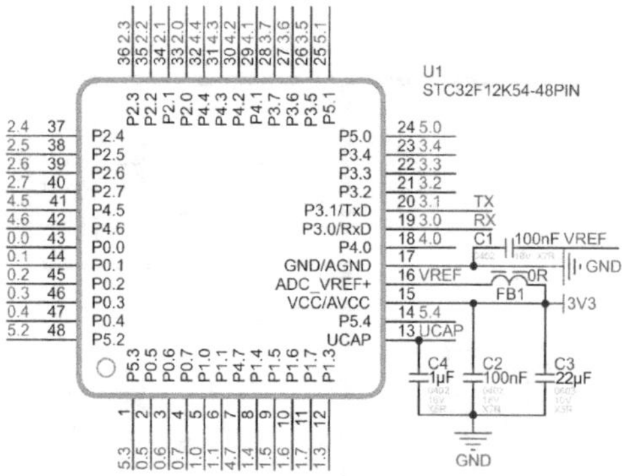

图 6-14 STC 单片机最小系统原理图

图 6-15 STC 单片机实物图

6.4.2 TC264 单片机

TC264 单片机拥有双核高性能微控制器，具备卓越的实时响应性能和高级的位处理能力。它集成了全功能的数字信号处理器（DSP），其乘积积累单元能在每个周期执行两次乘加（MAC）操作，在全温度工作范围内保持高达 200Hz 的处理速度，具有高达 120KB 的数据临时存储器、32KB 的指令临时存储器、16KB 指令缓存、8KB 数据缓存。TC264 单片机采用高性能片上总线结构，64 位交叉条互连，提供总线主机、CPU 和存储器之间的快速并行访问；32 位系统外围总线，用于芯片外围电路和功能单元；8 位备用控制器，2 个 8 位定时器，1 个 16 位定时器，实时时钟，高速同步串行接口。其最小系统和实物分别如图 6-16 和图 6-17 所示。

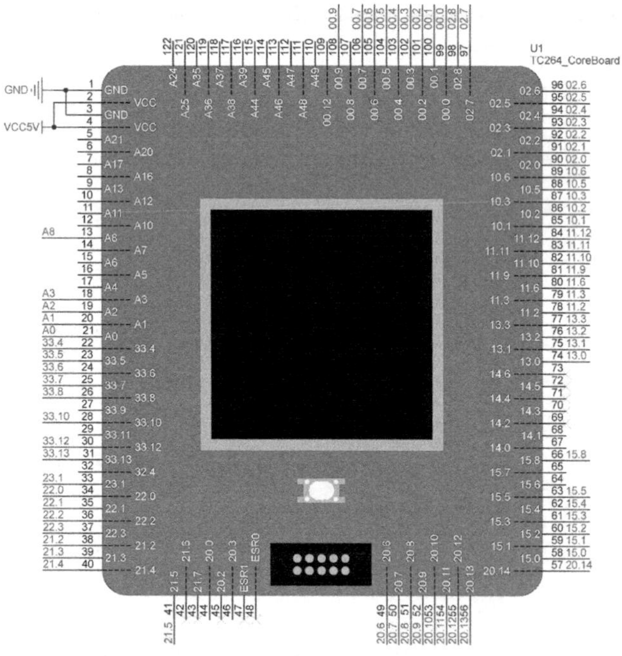

图 6-16 TC264 单片机最小系统原理图

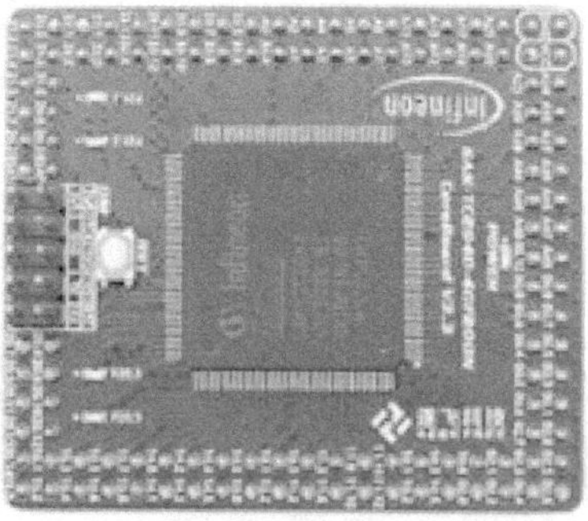

图 6-17 TC264 单片机实物图

6.4.3 RT1064 单片机

RT1064 单片机采用恩智浦公司先进的 ARM Cortex-M7 内核，运行速度高达 600MHz，可提供高 CPU 性能和实时响应。RT1064 配备 4MB 片内闪存和 1MB 片内 RAM，其中 512KB SRAM 可以灵活配置为 TCM（紧耦合存储器）或通用片内 RAM，而另外 512KB 则是通用片内 RAM。

RT1064 集成了先进的电源管理模块、DCDC 和 LDO，以及简易的电源启动程序。RT1064 还提供各类存储器接口，包括 SDRAM、Raw NAND、闪存、NOR 闪存、SD/eMMC、四通道 SPI；以及各类外设接口，包括 WLAN、Bluetooth、GPS、显示器和摄像头传感器。RT1064 还具有丰富的音频和视频功能，包括 LCD 显示器、基本 2D 图形引擎、摄像头接口、SPDIF 和 I2S 音频接口。其最小系统和实物分别如图 6-18 和图 6-19 所示。

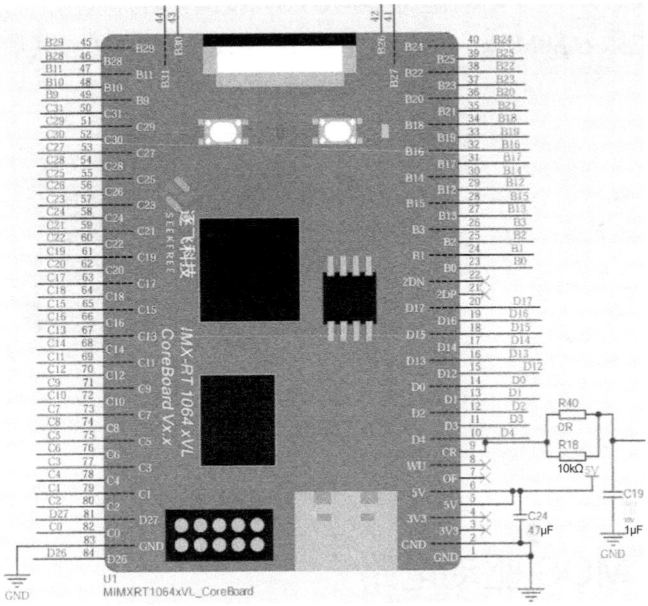

图 6-18　RT1064 单片机最小系统原理图

图 6-19　RT1064 单片机实物图

6.4.4　MM32SPIN27PS 单片机

MM32SPIN27PS 单片机有一个 2×5 的调试接口（SWD 调试接口，支持 DAP 下载器）；52 个 IO 引脚，1 个 5V 引脚，1 个 3.3V 引脚，2 个 GND 引脚；一个电源指示灯（红色），两个用户指示灯（蓝色）；一个复位按键（复位 MCU），一个启动模式（BOOTO）按键。芯片采用的封装是 LQFP64，芯片内核为 ARM Cortex-M0，主频为 96MHz，FLash 为 128KB，RAM 为 12KB。其最小系统和实物分别如图 6-20 和图 6-21 所示。

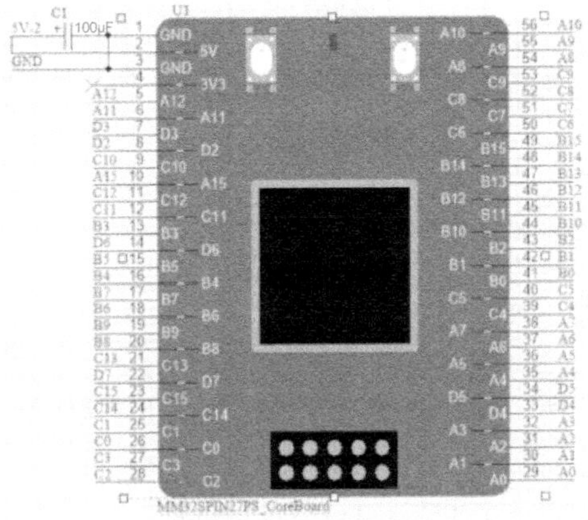

图 6-20　MM32SPIN27PS 单片机最小系统原理图

图 6-21　MM32SPIN27PS 单片机实物图

6.4.5 CH32V103R8T6 单片机

CH32V103R8T6 单片机有一个 2×5 的调试接口（与 SWD 引脚排布相同，仅支持 WCH-LINK 调试）；47 个 IO 引脚，1 个 5V 引脚，2 个 3.3V 引脚，2 个 GND 引脚；一个 USB 2.0 全速接口（与芯片的 USB 引脚相连，可同时为单片机提供电源）；一个电源指示灯（红色）；一个用户指示灯（蓝色）；一个复位按键（复位 MCU），一个启动模式（BOOTO）按键。芯片采用的封装是 LQFP64，芯片内核为 RISC-V3A，主频为 80MHz，FLash 为 64KB，RAM 为 20KB。其最小系统和实物分别如图 6-22 和图 6-23 所示。

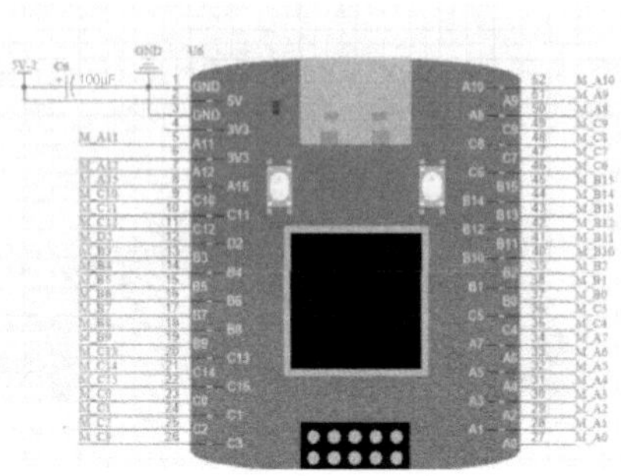

图 6-22 CH32V103R8T6 单片机最小系统原理图

图 6-23 CH32V103R8T6 单片机实物图

6.5 MOS 驱动电路

驱动模块是用于驱动电机的电路模块，这里所用的驱动是 MOS 桥驱动，其组成部分包括降压模块、升压模块、PWM 输入、使能模块、电机控制模块，电路原理图如图 6-24 所示。

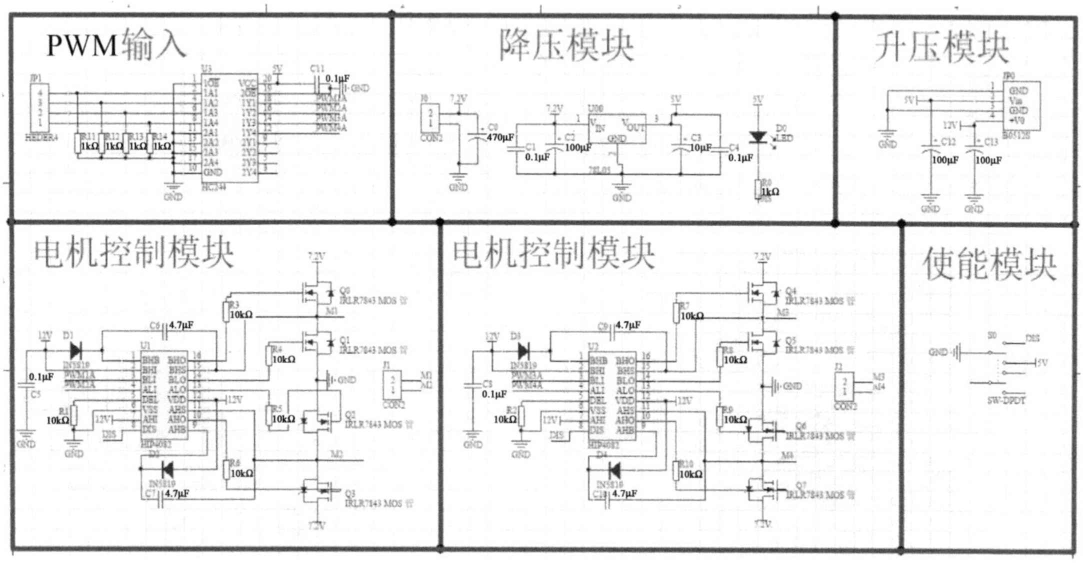

图 6-24 MOS 驱动电路原理图

6.5.1 PWM 输入

所谓的 PWM 输入就是对单片机某个引脚输出电压的控制，电机电压越高，转动就越快，所以将单片机的输出电压送到隔离芯片 HC244，再送到控制电机的芯片，这样就能使单片机信号和电机大电流信号分隔开，避免信号干扰。

6.5.2 降压模块

由于隔离芯片 HC244 使用的是 5V 供电，所以要将电池电压进行降压。

6.5.3 升压模块

升压模块的作用是为 HIP4082 供电，提供升压的器件是 B0512S，它将 5V 的电压升至 12V 为 HIP4082 供电。

6.5.4 使能模块

使能模块的作用是控制 HIP4082 的停止和启动，当 HIP4082 的 DIS 引脚信号为有效时，不管输入 PWM 是多少，电机都不转。添加使能模块后，调试车模时就可以不动主电源开关。

6.5.5 电机控制模块

电机控制模块采用 MOS 桥，原因在于：首先 MOS 管能承受的电压比较高，其次它的输出信号的大小与输入信号大小有关，最后就是 MOS 管的能耗小。MOS 桥的输入为 2 路 PWM，这实现的是 1 个电机的正反转。

原理是：当 PWM1A 为高电平，PWM2A 为低电平时，BHO 为高电平，BLO 为低电平，这时 Q0 导通，Q1 截止，使得 M1 为高电平；Q2 导通，Q3 截止，使得 M2 为低电平，控制电机转动。同理，当 PWM2A 为高电平，PWM1A 为低电平时，电机就能实现反转了。

6.5.6 MOS 驱动电路的 PCB

图 6-25 为图 6-24 中电路原理图的 PCB，PCB 制作和布局符合车模规范。在图 6-25 中，可以很清楚地看到电机接线口的位置，以及电源和 PWM 的输入位置，左右电机分布比较匀称，还有定位孔，方便固定 PCB。

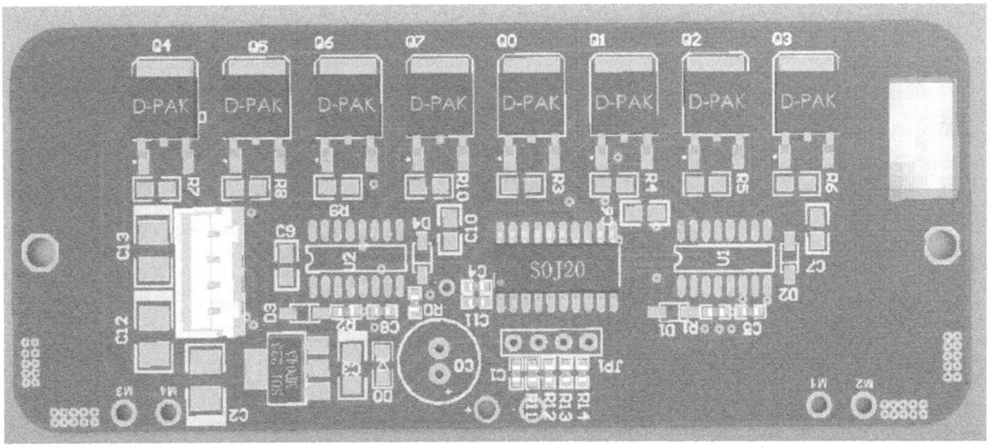

图 6-25 MOS 驱动电路的 PCB

脉冲宽度调制（PWM）是一种高效的控制技术，通过 MCU 的数字信号输出来管理模拟电路。该技术通过调节直流电源的开关频率来调整负载两端的电压，实现对电压的精确调控。它通过改变一个周期内“开”和“关”的时间比例，也就是“占空比”，来调节电机上的平均电压，从而精准地控制直流电机的转速，如图 6-26 所示。

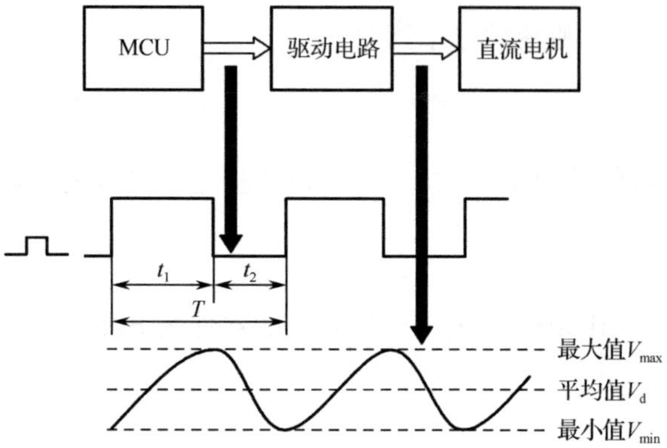

图 6-26　脉冲宽度调制（PWM）控制示意图

设电机转速为 v_{max}，占空比为 $D=t_1/T$，电机平均速度为

$$v_d=v_{max}*D$$

关系曲线如图 6-27 所示。

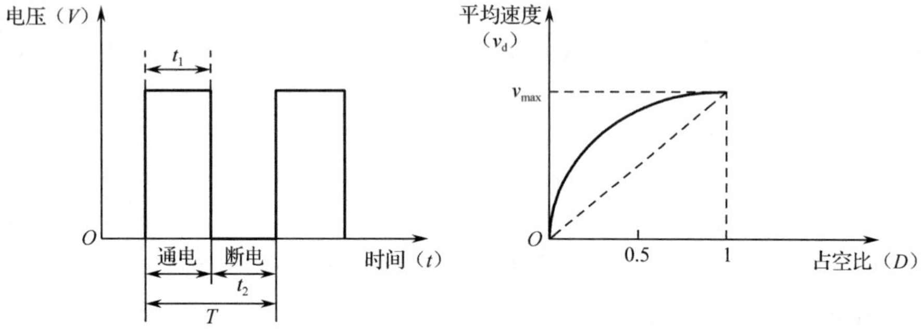

图 6-27　占空比与平均速度的关系

根据上述分析，需要对 RT1064 单片机内部的 PWM 模块进行设置，以生成频率为 10kHz 的 PWM 调制波形。接下来，通过给占空比寄存器赋予不同的值，可以调整输出波形的占空比，从而控制直流电机的转速。

第 7 章　系统软件设计及调试

早期竞赛中智能汽车的软件部分一般都比较简单，对单片机性能的要求并不是很高，但是随着各类传感器的加入，这一任务就变得略为复杂了。因此，系统软件的设计及调试也变得更为重要，一个好的程序可以大幅度提高智能汽车的性能。

本章首先简要介绍智能汽车的软件框架搭建，描述近年来主流的智能汽车软件的运行流程，为读者进行后续程序设计搭建一个框架；然后介绍从底层调用到数据处理等的一系列程序算法原理。本章主要注重算法原理的介绍，方便读者从根本上理解。

7.1　软件框架搭建

根据前面各章所述，智能汽车系统分为若干个模块，那么将这些模块整合在一起，形成一个完整的系统，就需要设计一个稳定的系统软件，让它们各司其职。在当前的智能汽车程序开发中，一个好的系统软件框架能让智能汽车的程序拥有很高的可移植性、易维护性、易读性和可靠性。系统软件框图如图 7-1 所示。

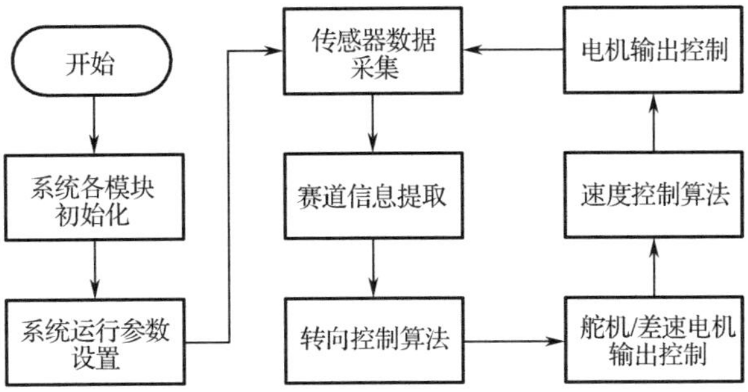

图 7-1　系统软件框图

7.1.1　系统各模块初始化

系统的每个模块，如按键、显示屏、摄像头、电机等，在使用前都需要进行初始化。一般将这些初始化程序全部写在一起，形成一个初始化子函数 System_Init()，在这个子函数中再调用各模块的初始化函数，其流程图如图 7-2 所示。

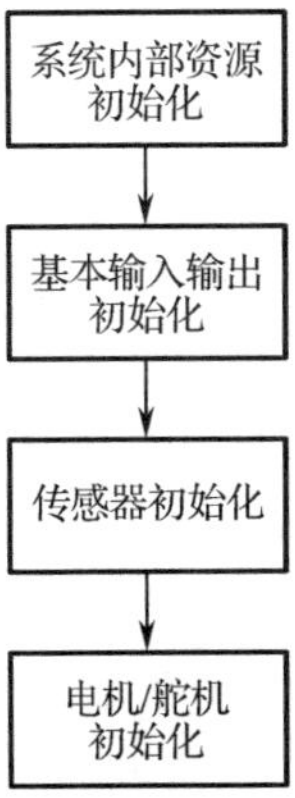

图 7-2　系统各模块初始化流程图

1．系统内部资源初始化

任何单片机的内部资源在使用前都需要进行初始化。在智能汽车系统中，常用的系统内部资源是系统的串口、外部中断、定时器中断、DMA 等。通过设置寄存器的内容，设置串口波特率、外部中断触发方式、定时器中断时间等，对系统内部资源进行初始化。

2．基本输入输出初始化

对按键、显示屏、蜂鸣器等基本输入输出模块进行初始化，规定其引脚方向、上/下拉电阻、工作方式等。

3．传感器初始化

对摄像头、电磁传感器、编码器、陀螺仪等传感器进行初始化，如设置摄像头采集帧率、采集方式和 ADC 端口等，规定传感器的使用方式、相关引脚功能。

4．电机/舵机初始化

对电机/舵机进行初始化，如电机/舵机对应的 PWM 输入端口频率、正反转对应引脚等。

7.1.2 系统运行参数设置

在智能汽车发车前，需要配置一些关键参数，包括转角系数、最大速度、减速系数及 PID 参数等。参数设置过程如图 7-3 所示。

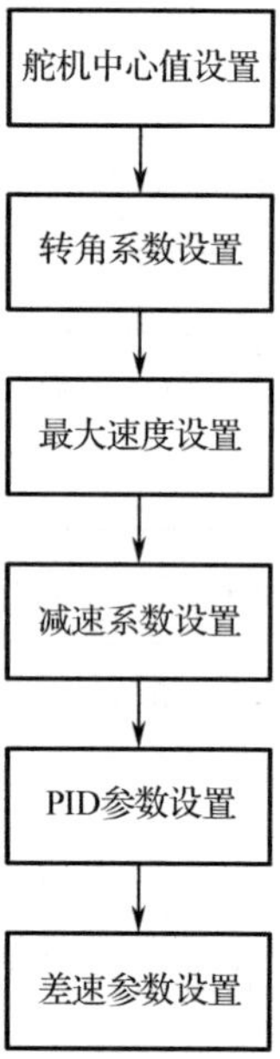

图 7-3 系统运行参数设置流程图

1．舵机中心值设置

智能汽车如果有舵机，那么在运行过程中容易发生碰撞后舵机中齿轮滑齿的情况，此时车模将偏离中线位置。可以通过调节舵机中心值来让舵机回到中心位置。

2．转角系数设置

智能汽车运行时，其转角如果偏大或偏小，都会让其路径不够优化。可以通过调节转角系数来使转角减小或增大。

3．最大速度设置

最大速度为智能汽车运行时理想速度的上限值，也是实际运行时的最大速度。

4．减速系数设置

智能汽车在赛道上运行时，遇到弯道、坡道等需要进行减速，但是减速应当有一个下限值，即减速系数。减速系数是最大速度的百分比，而不是一个固定的速度值。

5．PID 参数设置

可以通过为智能汽车电机设置不同的 PID 参数来改变智能汽车的运行状态，如过弯的流畅度、加减速的时间等。

6．差速参数设置

差速指智能汽车转弯时，后方左右轮的速度差。在有舵机的智能汽车中，虽然舵机可以完成转弯动作，但是只使用舵机转弯的话，会显得略为僵硬，导致智能汽车的路线不够平滑，因此引入了后轮的差速控制，在转弯时使后轮产生差速，极大地提升智能汽车转弯时的流畅度。

7.1.3 传感器数据采集

智能汽车程序进入主循环之后，会首先进行传感器数据采集，对于不同的车型，有不同的传感器。

1．摄像头数据采集

在摄像头初始化完成之后，摄像头每采集一幅图像就会触发一次场中断，中断通过后则会将摄像头采集到的数据以二维数组的形式进行存储。在现有的底层中，一般通过 DMA 控制器进行硬件采值。

2．电磁数据采集

对于电磁传感器的数据采集，往往需要经过一些处理才能完成。电磁传感器采集回来的值往往非常微弱，所以需要先经过放大电路对其进行放大，而后因为采集回来的是一个 A/D 信号，所以需要对信号进行滤波，并将其调节到想要的数据区间。

3．赛道信息提取

赛道信息提取是指根据传感器采集的数据来确定车模当前所处的位置，如通过摄像头采集回来的数据提取赛道左右边界、前方距离、赛道宽度等信息，通过电磁传感器采集回来的数据提取当前车模是否在直道、弯道、十字路口、坡道等赛道信息。后面的转向和速度控制是根据这些提取出来的赛道信息进行的。

4．转向控制算法

在转向控制中，通过分析提取出来的赛道信息，如赛道左右边界、十字路口等，利用 PD 控制算法来计算车模当前是否需要进行转向及转角的大小。

5．舵机/差速电机输出控制

对于使用舵机的车型，计算出转角值后，会将其与舵机中心值相加，通过改变舵机中心值的大小来改变舵机的转角。对于使用差速进行转弯的车型，则是左右电机的 PWM 值分别加上或者减去计算后的转角值，因为左右两电机的转速不同，智能汽车会进行转向操作。

6．速度控制算法

通过对提取出来的赛道信息进行分析，能够计算出当前赛道情况下的理想速度，然后根据理想速度通过 PI 控制算法来计算输出到电机的 PWM 波的占空比大小，从而达到对速度进行控制的效果。比如，在进入直道时，智能汽车的速度应当很快地提升至用户设定的最大速度；而当进入弯道时，应当及时将速度调节到用户设定的最小速度。

7．电机输出控制

智能汽车对于电机的控制是通过单片机引脚输出 PWM 波实现的，单片机引脚可设置为

PWM 输出模式，然后通过程序改变 PWM 波形。单片机直接输出的 PWM 波形电流非常小，并不足以控制电机转动，因此需要将 PWM 波输出至电机的驱动板，由驱动板对 PWM 波进行处理，最后再输出至电机。

7.2 基本输入输出

对于智能汽车来说，是通过对单片机对外部硬件的输出信号以及外部硬件对单片机的反馈输入的处理来进行控制的，通过程序来使外部硬件做到某些功能，以及检测外部硬件反馈的相应信息，经处理后再输出，如图 7-4 所示。

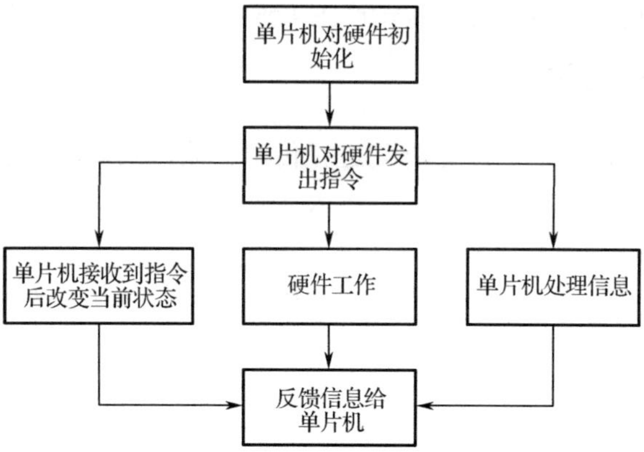

图 7-4　基本输入输出流程图

7.2.1　蜂鸣器的使用

蜂鸣器程序框图如图 7-5 所示。

图 7-5　蜂鸣器程序框图

蜂鸣器是为方便用户在跑车过程中了解车模是否处在特殊元素处而设计的。在没有检测到特殊元素时，蜂鸣器对应引脚输出状态持续为低电平，检测到特殊元素时变为高电平，也就是让蜂鸣器持续发声，提醒用户车模进入了特殊元素状态，直到脱离特殊元素时，蜂鸣器对应引脚才会重新置为低电平。

7.2.2　按键及拨码开关的使用

按键及拨码开关程序框图如图 7-6 所示。

按键是智能汽车控制中一种重要的硬件，用户可以通过按键与单片机进行人机交互，完成想要的功能，单片机检测到按键的输入信号之后，执行按键对应的功能

拨码开关是用于测试智能汽车的某种状态的，一个拨码开关可以控制一种元素或者参数，也可以将多个拨码开关结合起来使用，如两个拨码开关的输入信号同时满足某种状态，就执行

相应程序

按键和拨码开关都是智能汽车中必不可少的硬件。

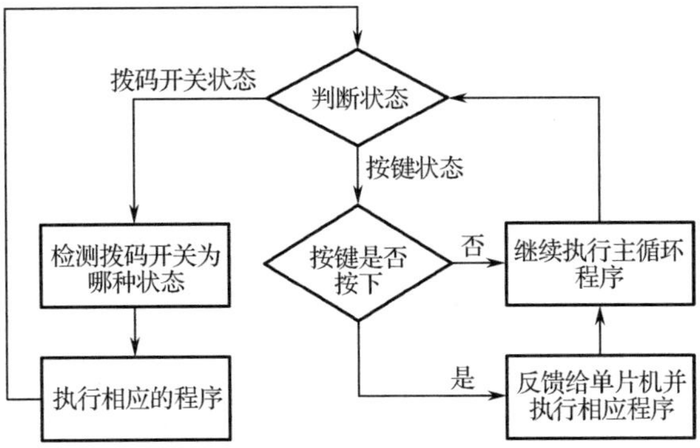

图 7-6　按键及拨码开关程序框图

7.2.3　显示器的使用

显示器程序框图如图 7-7 所示。

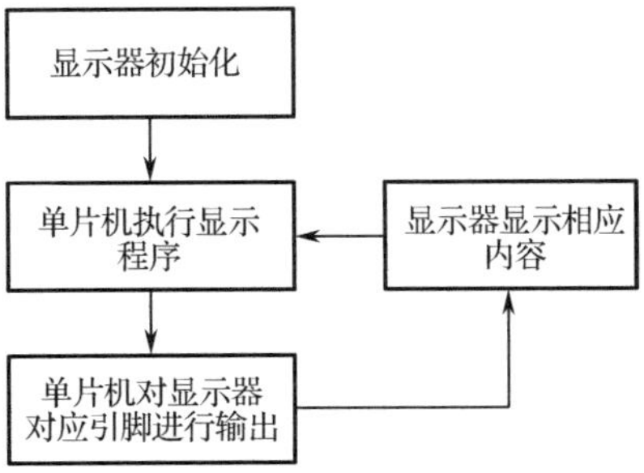

图 7-7　显示器程序框图

显示器是智能汽车中的显示器件，单片机内部数据、赛道信息、赛道图像等都可以在显示器中进行显示。对于不同的显示器件，初始化程序的内容及单片机对显示器引脚的输出信号的时序是不同的。单片机执行显示程序时，是通过显示器与单片机相连的引脚进行控制的，显示不同的内容时，单片机所输出的信息不同，程序执行时间也会变化，如在屏幕上画一条线，就需要重复执行画点函数。

7.2.4　编码器的使用

编码器程序框图如图 7-8 所示。

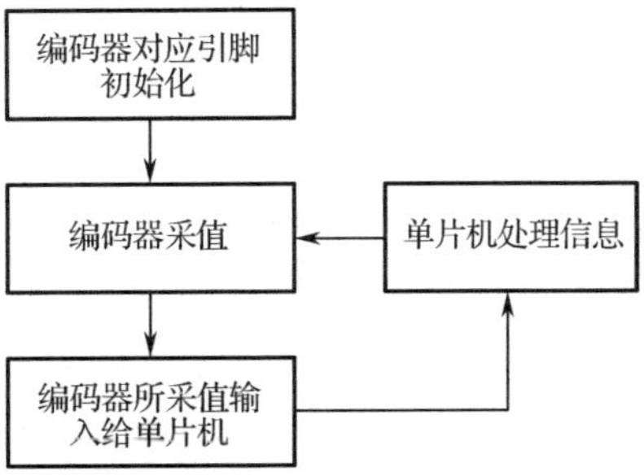

图 7-8　编码器程序框图

编码器用于实时向单片机反馈智能汽车的行驶速度和方向。单片机采用两个引脚接收编码器的输入信号，一个用于判断行驶速度，即电机转速，一个用于判断方向，即电机正反转。单片机会不停地对编码器采集的值进行处理，并改变智能汽车电机的状态。

7.2.5 电机的使用

电机程序框图如图 7-9 所示。

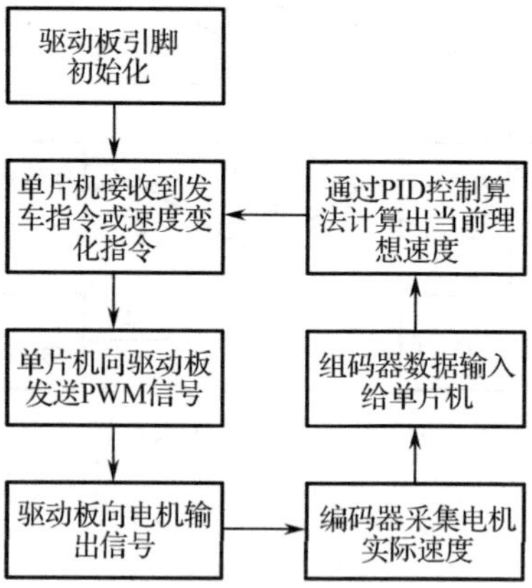

图 7-9 电机程序框图

电机是驱使智能汽车运行的最重要的一部分，是让智能汽车能动起来的硬件。要使用电机，就必须将单片机连接驱动板，再通过驱动板来驱动电机运行。单片机连接驱动板的引脚输出模式为 PWM 模式，PWM 波形占空比越高，电机运行的速度越快。单片机通过编码器采集的数据和 PID 控制算法来进行理想速度和实际速度的计算，计算完成后单片机会重新向输出引脚发送信号，控制电机更改速度。

7.2.6 舵机的使用（四轮车）

舵机程序框图如图 7-10 所示。

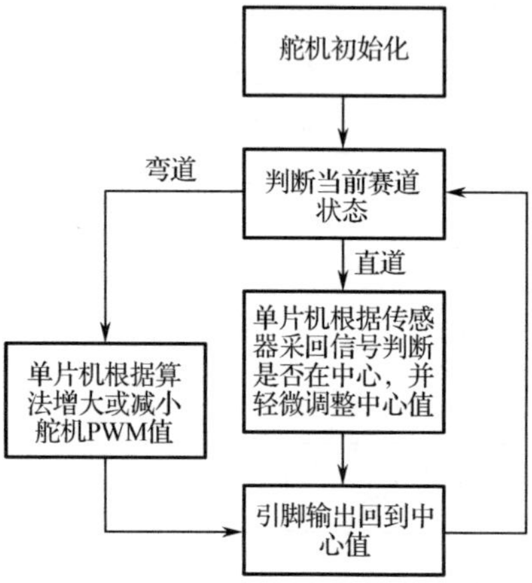

图 7-10 舵机程序框图

舵机是四轮车才会用到的硬件，它采用 PWM 模式单引脚输出，初始化时需提前测试好它的中心值，也就是输出多少时舵机指向正中间。在行车过程中，舵机是用于控制四轮车转向的，传感器会采集赛道信息，单片机处理这些赛道信息，判断当前为哪种赛道，舵机该转还是保持，该转多少等。

7.3 赛道信息采集

智能汽车主要通过各类电磁传感器和摄像头进行赛道信息的采集。本节主要介绍获取原始数据的不同方式，以及单片机如何处理原始数据从而获取赛道的信息。

7.3.1 摄像头

智能汽车通过摄像头获取的数据往往不能直接用于对赛道情况的判别，需要通过单片机进行处理后才能成为判别赛道情况的有用信息，具体流程如图 7-11 所示。

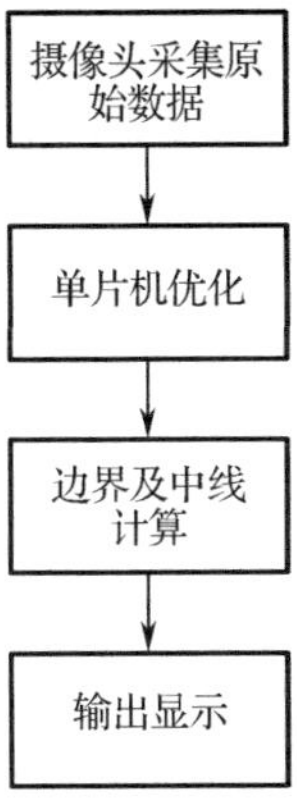

图 7-11　摄像头数据处理流程图

1．原始数据

单片机获取图像信号之后，必须对其进行处理以提取关键的赛道信息。然而，由于交叉道、起跑线等特殊元素，以及光线变化、噪点干扰和远处赛道图像的模糊，图像的质量可能会受到影响。因此，需要在软件层面消除这些干扰，有效地识别赛道，并提供尽可能多的赛道信息以供决策。

在图像信号处理过程中，主要提取以下赛道信息：赛道左右边界的位置，通过校正计算得到的赛道中心位置，中心点的规划面积，赛道的变化幅度，以及赛道类型。

由于摄像头的特性，图像可能会产生梯形失真，这使得摄像头捕获的信息与实际情况不符。因此，需要创建函数以恢复真实的赛道信息。原始图像是一个二维数据矩阵，这个矩阵是通过模拟电路将模拟图像转换而来的，矩阵的每一个元素对应一个像素点。在图像中，第一行像素点对应最远处的图像，而最底部一行对应最近的图像。远处的图像较小，近处的图像较大，赛道两侧边界呈现出梯形。

2．左右边界的提取

提取赛道左右边界的主要思路如下：

（1）直接逐行扫描原始图像，根据设定的阈值来识别黑白跳变点；

（2）赛道宽度是有一定范围的，只提取在这个宽度范围内的有效赛道边界，这样可以排除不在此宽度范围内的干扰；

（3）利用赛道的连续性，参考上一行像素点的白块位置和边界位置来确定当前行的边界；

（4）在求取边界点时，由于近处的图像较为稳定，而远处的图像较为不稳定，所以采用从近到远的方法来进行。

在获取左右边界后，将左右边界值相加再除以二，则可获得中线数据。

7.3.2 电磁传感器

在电磁车组中，赛道信息的采集基于电磁感应原理。根据电磁感应原理，当通过导线的电流发生变化时，导线周围的磁场也产生相应变化，这个磁场的变化与电流变化是同步的。若将线圈排列成一行置于此变化的磁场中，则线圈中会产生感应电动势，且该感应电动势的大小与穿过线圈的磁通量变化率成正比。因此，不同位置的线圈会产生不同的感应电动势，通过检测线圈的感应电动势可以推断车模的相对位置。具体流程如图 7-12 所示。

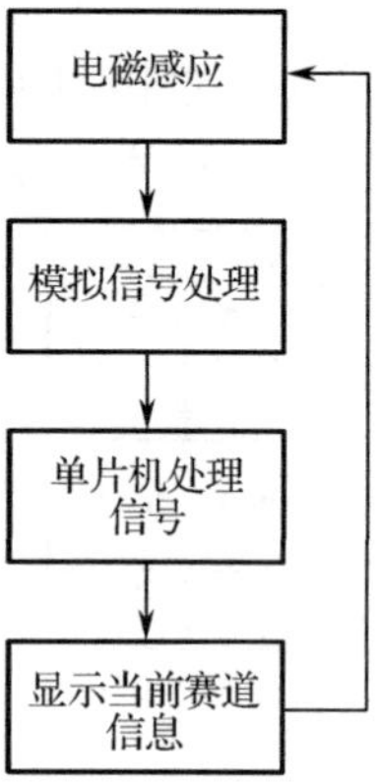

图 7-12　电磁车组赛道信息处理流程图

1．模拟信号的处理

电感被用作检测导线的传感器，但由于其产生的感应信号通常比较微弱且含有噪声，因此必须对信号进行一系列处理才能得到清晰的结果。这一处理主要包括三个步骤：首先进行滤波以去除干扰噪声，接着通过放大增强信号强度，最后通过检波提取有用信号。

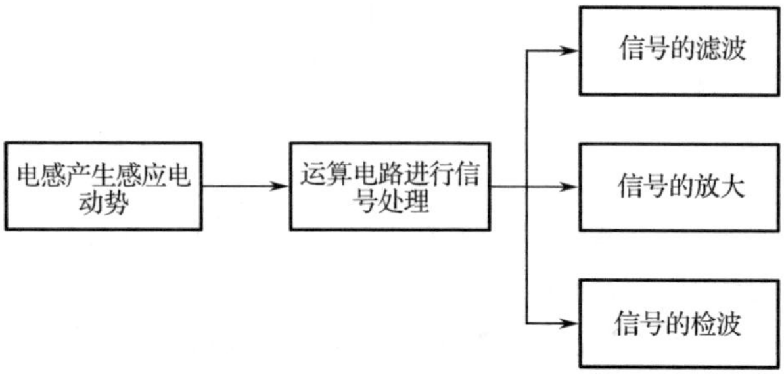

图 7-13　模拟信号处理流程图

（1）滤波

在竞赛中，选用频率为 20kHz 的交变磁场作为导航路径的信号源。为了有效规避赛道周围其他磁场的干扰，必须对信号进行选择性放大，确保信号得到有效增强，同时消除其他干扰信号。为此，可以采用 LC 谐振电路来构建滤波电路，如图 7-14 所示。

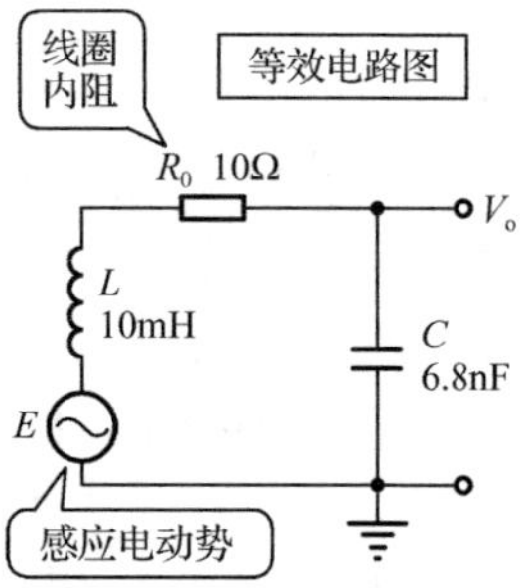

图 7-14　LC 谐振电路

（2）放大

经过初步处理后，得到的电压波形是一个较规则的 20kHz 正弦波，但其幅值较小，并且随着距离的增加而迅速衰减，这不利于进行电压采样。因此，需要对信号进行放大，这里使用集成运算放大器来执行信号放大任务，如图 7-15 所示。集成运放电路具有高精度、受温度影响极小且可靠性高的优点。

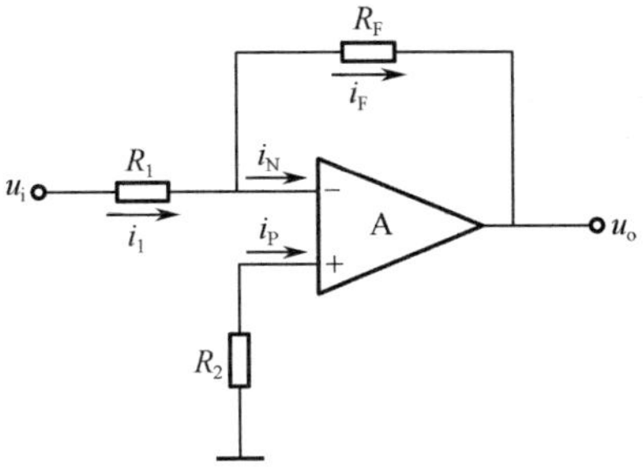

图 7-15　集成运放电路

（3）检波

经过滤波和放大处理的模拟信号，随后会通过二极管检波电路转换为直流信号。这一过程将交变的电压信号转换为直流形式，从而使得通过单片机的模数转换器能够采集到与感应电动势幅值成正比的数字信号值。

2．赛道信息的处理

对模拟信号进行处理后，将模拟信号接入单片机的 ADC 端口。单片机不断采集 ADC 端口信号，对采集的数字信号进行归一化、动态滤波、阈值设置等处理，获取当前赛道信息。具体流程如图 7-16 所示。

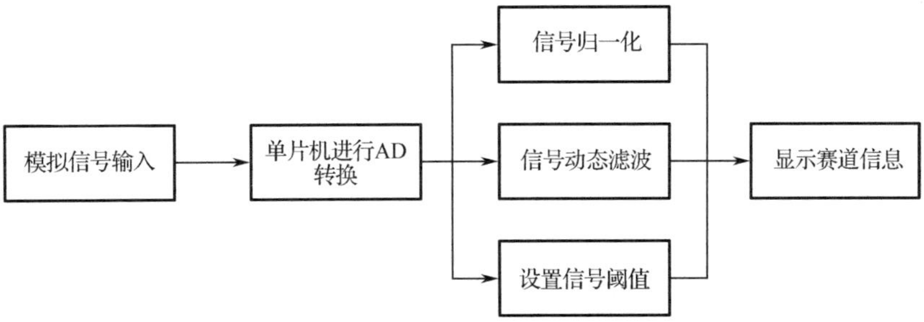

图 7-16　赛道信息处理流程图

（1）信号归一化处理

归一化处理将数据转换为介于 0 和 1 之间的小数，从而将具有量纲的表达式转换为无量纲的表达式，得到一个纯量。这种转换的主要目的是便于数据处理，将数据映射到 0~1 范围内可以更加方便快速地进行操作，有利于根据即时的赛道信息对车模进行有效控制。

（2）信号动态滤波处理

信号的动态滤波主要是通过不断采值和一系列数据处理得到一个相对平缓、稳定的数值。这样可以减小磁场波动对赛道信息收集、车模整体运行的影响。

（3）信号阈值设置

磁场受地理环境影响较大，为了避免数据剧烈变化对车模造成较大的影响，对最后的信号进行上限阈值和下限阈值设置后再使用信号对车模进行控制。

7.4 转向方案设计

根据不同的车模类型，智能汽车的转向方式主要分为两种，分别是舵机转向和差速转向。

7.4.1 舵机转向方案

舵机转向指将图像处理后获取的转角数据输出到舵机，通过舵机对车模进行转向控制。这里所使用的转向方案为一、二次项的参数拟合，将根据图像计算出来的转角数据进行一次项的比例放大之后再加上二次项的比例放大，得到一个关于转角数据的函数

$$\text{Angle} = K_1 \times A_n + K_2 \times A_n^2$$

其中，Angle 为最终得出的转角值，A_n 为根据图像计算出来的转角数据，K_1 和 K_2 分别为一、二次项的比例系数。

在速度较慢的情况下，仅使用一、二次项就可以使车模跑出一个比较完美的路线。速度较快时，需要引入微分量，通过在一、二次项拟合的基础上加上比例放大的微分量，可以使车模在速度较快时也能保持一个较完美的路线，公式为

$$\text{Angle} = K_1 \times A_n + K_2 \times A_n^2 + D \times (A_n - A_{n-1})$$

其中，新增了一个系数 D，是微分量的放大比例系数，该项使车模在转弯时可以提前预判。最后将拟合之后的数据输出到舵机就完成了车模的转向控制。

7.4.2 差速转向方案

普通的差速转向方案可以参考舵机转向方案，通过一、二次项及微分量计算出一个转角值，然后将转角值直接拟合到电机的 PWM 输出上，只要一边电机的 PWM 输出增加，另一边电机的 PWM 输出减小，就可以通过左右两轮之间的差速使车模转向。

这样的差速转向方案比较直接，响应也比较快速，但是也会容易使车模左右抖动，这时就需要通过陀螺仪的值来抑制车模的抖动，同样也是将陀螺仪的值经过比例放大或者缩小之后直接拟合到电机的 PWM 输出即可。

7.5 控速方案设计

在智能汽车设计中，速度控制是非常重要的一环，车模在直道、弯道及不同的特殊元素之间，如果有一个非常顺滑的速度变化曲线，那么其整体速度将会有一个质的提升。

本节介绍的控速方案中，认为车模应该有一个最小速度和一个最大速度，而决定速度的就是车模的前端距离和特殊元素。在图像处理的时候，统计图像中间几列的远端白点距离，作为车模的前端距离。车模前端的赛道越远，则前端距离越小，反之越大。设置一个前端距离的最大值，用来进行加减速控制，公式为

$$\text{Ideal\_Spd} = \text{Spd\_Max} - (\text{Spd\_Max} - \text{Spd\_Min}) \times \text{Dis} \div \text{Dis\_Max}$$

其中，Ideal_Spd 为最终的理想速度，Spd_Max 和 Spd_Min 分别是最大和最小速度，Dis 则是前端距离，Dis_Max 为设定的前端距离的最大值，可以看出，前端距离越大，则理想速度越低，所以车模遇到弯道的时候会减速，而出弯之后则会加速。

但是在实际运行中，这样的加减速控制会感觉有些疲软，车模在直道上的最大速度始终不够猛烈，所以可以允许车模在前端距离较小时进行超级加速，并且可以溢出最大速度。根据经

验得出，直道加速不超过最大速度的 120%就不会太影响弯道的正常减速。

7.6 特殊元素处理

特殊元素是编写智能汽车程序时比较难处理的一个部分。本节将简单介绍一些特殊元素的识别方法。

7.6.1 十字路口

十字路口是一个比较经典的特殊元素，识别起来也较为简单，它的图像如图 7-17 所示。

图 7-17 十字路口

可以很明显地看到，十字路口的主要特征为：

（1）左右边界出现断点；

（2）左右边界有呈 90°的拐点。

根据这两点可以很轻松地判断车模是否遇到十字路口。可以通过冒泡法求得左右边界的拐点，然后再对比拐点前后的斜率，就可以确定拐点的角度，从而确定是否为十字路口。图 7-18 所示为斜入十字路口的图像，也可以很明显地看出有呈 90° 的拐点存在，所以不管是斜入还是直入十字路口，都可以通过求拐点角度的方式来判断是否为十字路口。

图 7-18 斜入十字路口

7.6.2 坡道

坡道的识别相比于十字路口来说更加简单，它的图像如图 7-19 所示。

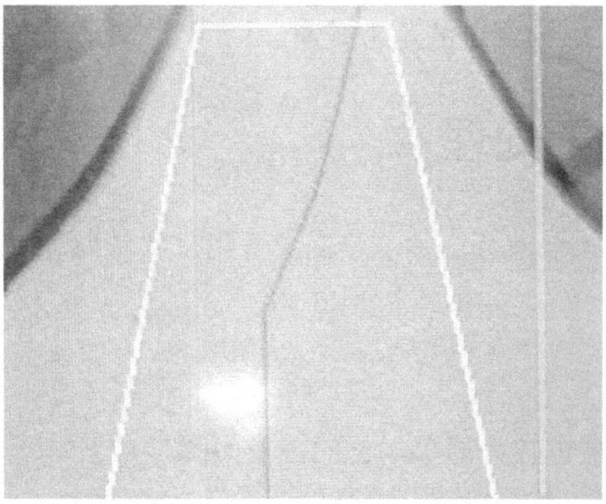

图 7-19　坡道

图 7-20　直道

将坡道图像与图 7-20 所示的直道图像相对比，可以很明显地看出坡道的左右边界的斜率会逐渐变大，同时前端的赛道宽度也比直道图像中更宽，所以坡道的特征为：

（1）边界斜率逐渐增大；

（2）前端赛道宽度增大。

因此，坡道识别只需要判断边界斜率或者赛道宽度即可。同时，上坡和下坡会导致陀螺仪数据急剧增大或者急剧减小，所以坡道的后续状态也可以通过陀螺仪来进行辅助判断。

7.6.3　圆环

圆环是所有特殊元素中最难处理的一项，它需要将特殊元素识别、转向控制、速度控制相结合，才能得到一个特别丝滑的车模运行路径。

本节将圆环部分分为几个不同的状态，分别进行简单的讲解。

1．圆环状态 1

圆环图像如图 7-21 所示，从图像中可以看到，右下方有较为尖锐的拐点，同时伴随着边界断点，右前方也有较为尖锐的拐点，两个拐点中间还有一段圆弧，左边界则是正常的直道边界。通过判断前后拐点以及中间圆弧和左边界，可以认定这是一个圆环。

图 7-21　圆环状态 1

2．圆环状态 2

圆环状态 1 的右下方拐点消失则进入圆环状态 2，如图 7-22 所示。

这时需要将图像参考列强行锁定到右侧圆弧的旁边，并改变左边界的值，把右前方的拐点和右边界环岛最突出的点与对应的左边界的点相连，把前方的直道模拟成入圆环的弯道。

图 7-22　圆环状态 2

3．圆环状态 3

圆环状态 3 与圆环状态 2 类似，如图 7-23 所示，判断条件为右边界环岛最突出点为图像最近点，也就是说模拟的弯道需要更大才能完成入环动作，这时可以调节左边界补线的大小，使车模有更大的转角值，让车模直接入环。

图 7-23　圆环状态 3

4．圆环状态 4

圆环状态 4 就是完成入环动作后，前方的拐点和直道都消失，并且呈现出弯道内的图像，如图 7-24 所示。这个状态时不需要进行任何处理，直接当作正常弯道即可。

图 7-24　圆环状态 4

5．圆环状态 5

圆环状态 5 图像如图 7-25 所示，可以发现，左边界出现了一个比较大的拐点，这说明车模即将出圆环。如果是正常的弯道，是没有这个突出的拐点的，所以同入环操作一样，需要将拐点消掉，继续模拟出弯道的边界，使车模进行出弯动作。可以通过计算拐点内侧的斜率，然后利用斜率计算拐点外侧的坐标值，从而进行一个模拟的边界延伸，达到模拟弯道的效果。

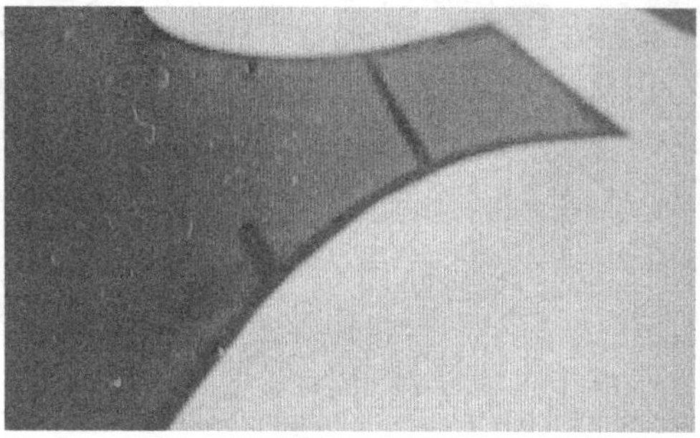

图 7-25　圆环状态 5

6. 圆环状态 6

圆环状态 6 图像如图 7-26 所示，可以看到，拐点依旧存在，但是按照圆环状态 5 的处理方法进行斜率延伸，很明显已经完全不够模拟弯道了，因此需要将拐点和最右侧的远端点相连，强行模拟一个较大的转角，迫使车模进行转向。

图 7-26　圆环状态 6

7. 圆环状态 7

圆环状态 7 就是在状态 6 的基础上，没有了左边界的拐点，如图 7-27 所示。这时需要锁定状态 6 的转角值，直到车模识别到左边界为止，识别到左边界之后就不用继续操作了，车模会自己进行转正动作。

图 7-27　圆环状态 7

8. 圆环状态 8

圆环状态 8 其实就是在状态 7 的基础上，车模几乎转正时的状态，如图 7-28 所示。这时图像中又重新出现了右边界的拐点，这说明即将结束圆环，在右边界拐点看不到时，便可以解除圆环的状态了。

图 7-28　圆环状态 8

7.6.4　三岔路口

三岔路口的识别与十字路口容易产生混淆，摄像头的高度越低，三岔路口的识别和十字路口的识别越容易混淆。三岔路口的图像如图 7-29 所示。

图 7-29　三岔路口

从图中可以看到三岔路口有一些很明显的特征：

（1）左右边界出现拐点，拐点角度偏大；

（2）前端距离偏近；

（3）前端也出现拐点，同样角度偏大。

因此，在三岔路口识别中，可以通过与十字路口识别类似的方法进行判断，只需将拐点的角度判断增大，同时再加上前端拐点的判断即可。

7.6.5　起跑线

起跑线的识别同其他特殊元素都不一样，因为起跑线是类似于斑马线的图形，所以需要以跳变点的方式来进行判断，它的图像如图 7-30 所示。

图 7-30　起跑线

从图中可以看到赛道中间明显的黑白斑马线，这便是起跑线唯一的特征，通过统计前端距离数组的跳变数量即可判断是否遇到起跑线。一般来说，有起跑线的跳变点数量比没有起跑线的跳变点数量多 5 倍以上，因此可以很明确地判断是否有起跑线。

最后，有些特殊元素之间需要互锁，也需要进行优先级锁定，这样可以稳定特殊元素的判断，减少特殊元素识别中相互干扰造成的 BUG。

第 8 章　整车调试

第 8 章的内容是对车模的整车调试，可以说是智能汽车设计与制作的最后一个部分。本章将从机械调试、传感器调试、舵机电机调试、基本赛道调试和特殊元素调试等方面来讲解。

8.1　机械调试

机械对称性决定了车模的速度上限，机械对称性越好，速度上限就越高，反之就越低。

8.1.1　左右前车轮

对于使用舵机的车模来说，前车轮的对称性对左右转的影响非常大，如果前车轮的对称性不高，那么很可能出现左转比右转更大或者更小的结果，这肯定不是我们想要的，所以需要对前车轮的对称性进行调试。

对前车轮的调试主要是调节车轮与舵机之间的连杆，如图 8-1 和图 8-2 所示，调节连杆的长度就可以调节车轮的角度，通过调节车轮连杆使两个车轮达到对称即可。

图 8-1　车轮连杆 1

图 8-2　车轮连杆 2

8.1.2　齿轮啮合

齿轮啮合对于车模的整体动力来说是非常重要的，齿轮啮合过紧或者过松都会导致车模的加减速控制出现明显的问题，如果齿轮啮合一边紧一边松，就会直接造成齿轮啮合的不平衡，也就是一边加减速强一边加减速弱，所以需要将车模的齿轮啮合调节至一个合适的啮合度，如图 8-3 所示。

图 8-3　齿轮啮合

可以看到，齿轮和齿轮之间保持了一定的间隙，不过松也不过紧，这便是一个比较合适的啮合度。具体可以通过用手快速拨动车轮进行测试，如果感觉阻力很大，就是啮合过紧；如果齿轮声音很大，就是啮合过松。每个车模的齿轮啮合都不一样，需要比较细致且轻微的调节。

8.1.3 底盘

底盘一直是一个比较不引人注意的地方，但是底盘调节依旧是车模机械调试必不可少的部分。很多全新的车模，其底盘高度并不是我们想要的。在赛道上飞速行驶的车模，如果其底盘越低，那么重心也就越低，过弯和直道加速也会更加猛烈，不容易因为速度过快而翻车。这里以 B 车模的底盘为例，如图 8-4 所示。

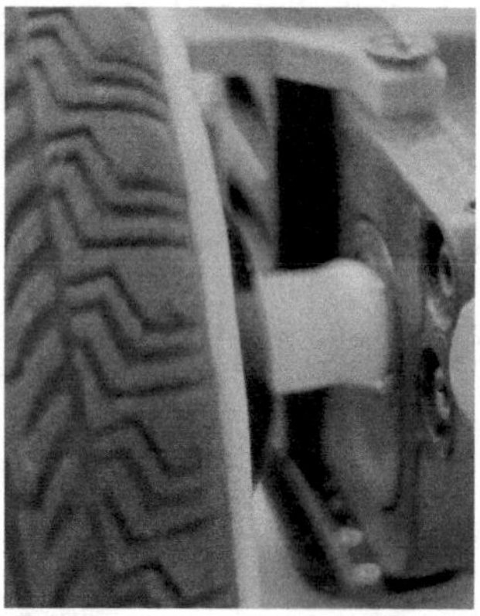

图 8-4 B 车模底盘

可以看到，白色连轴与车模之间的连接部分有一个椭圆形零件，连轴并不处于椭圆形零件的中心，而是靠近一侧，所以如果将椭圆形零件与连轴都翻转一下，车模的底盘也会随着翻转而增高，虽然这并不符合我们想要的低底盘效果，但是对于刚出厂的全新车模，后轮连轴与椭圆形零件就是翻转过来的，如果不进行调整，那么车模的上限也就无法更高了。

8.1.4 H 车模车轮

H 车模车轮采用的是麦克纳姆轮的组合，每个车轮均由多个小轮子组成，如图 8-5 所示。因此对于车轮的处理需要更加精细，应根据实际情况来对车轮进行处理。

图 8-5 H 车模车轮

如果车轮在转起来的时候左右晃动，很可能是连轴不够平整。如果小轮子胶皮出现左右滑动并且卡住小轮子的情况，那么就需要将小轮子的胶皮粘住，这里推荐使用双面胶，并不是因为双面胶的粘性有多强，而是因为双面胶可以大大增加小轮子胶皮和轴之间的摩擦力，这样小轮子胶皮就相当于被固定了。

8.2 传感器调试

8.2.1 摄像头

摄像头的调试主要是调节摄像头支架的左右上下，以调整摄像头的前瞻和方向，如图 8-6 所示。

图 8-6 摄像头调节

通过调节图 8-6 中所示的两个位置即可调整摄像头的前瞻和方向，具体调节多少需要参考摄像头采集到的图像。把车模放到直道上，通过调节支架的左右，将摄像头调整到中心位置。使用程序计算摄像头采集的图像中赛道左右面积，如果面积相等或者差距不大，则调整到了中心位置。调整好摄像头方向后进行前瞻调整，一般来说，不同的车模有不一样的前瞻，所以根据实际情况配合图像和量尺进行调整即可。

8.2.2 编码器

编码器的调试主要分为两个步骤，一是查看编码器是否能够采集到数据，二是查看车模的编码器是否对称。

对于编码器是否能够采集到数据的问题，一般情况下，都是可以顺利采集的，但是也不排除由硬件问题导致无法采集到数据的情况。如果编码器采集不到任何数据，那么可能是编码器的线没接上或者接错了，导致采集失败。

对于编码器是否对称的问题，由于有些车模使用的编码器不止一个，而且编码器的精度也可能不一样，所以需要给电机设置固定的 PWM 值（占空比），然后查看编码器的采值是否有成倍的差距。如果有的话，就需要将有差异的数据以一定比例进行放大或者缩小。例如，同时使用 1024 线编码器和 512 线编码器，采集出来的数据肯定是呈倍数关系的，所以可以将 1024 线编码器的数据除以二或者将 512 线编码器的数据乘二。

8.2.3 陀螺仪

陀螺仪是检测车模姿态的传感器，它可以检测车模的加速度和角速度。因此，需要尽量将陀螺仪安装到车模重心的位置，使得不管车模姿态怎么变化，陀螺仪都能精确地检测到。

陀螺仪的调试主要是初始化部分，初始化的时候，如果单片机卡死，很可能是由于接线错误或者断开。陀螺仪采值一般使用 IIC 或 SPI 方式，这两种方式都需要先检测陀螺仪是否正常连接。初始化成功之后，查看每个轴的数据是否正确，晃动车模，查看数据是否有变化。

8.3 舵机电机调试

8.3.1 舵机

舵机的调试主要是对舵机的位置及响应速度的调节。舵机一般安装在车模前轮的中间位置，但是这只决定了舵机一个方向的位置，舵机的高度和前后位置依旧需要根据实际情况进行细微的调整，如图 8-7 所示。

图 8-7 舵机位置调节

对舵机响应速度的调节主要是调节舵机的电源电压，一般使用稳压模块将舵机电压调节至 6.5V，稍微偏高的电源电压可以提高舵机的响应速度，电压太低响应会很慢，电压太高会造成舵机烧毁。

8.3.2 电机

电机的对称性一直是一个很让人头疼的问题，刚拿到的车模很可能电机内阻差距很大，极其不对称。但是这其实影响不是很大，而且电机经过反复的加减速，到后期时会越来越丝滑，因此无须过于担心，电机的调试最主要的还是电机齿轮和车轮齿轮的啮合。

8.4 基本赛道调试

本节所介绍的调试步骤是车模上赛道之前必须经历的调试过程，一环扣一环，能保证车模调试完成之后，上赛道跑车不会出现某些不应该出现的问题，造成不必要的损失。

8.4.1 PWM 开环

PWM 开环调试的意思是直接根据赛道参数给电机不同的 PWM 值，而与当前速度无关。通过 PWM 开环调试，可检查车模的传感器安装是否对称，舵机中心值是否准确，转角和速度的算法是否合理，车模是否能正常地进行加减速等。

例如，若车模在直道上低速行驶时不能在赛道中心线附近行驶，那么需要进行以下几个步骤的检查：

（1）如果是舵机小车，那么检查其舵机中心值是否准确。此时对转角不进行控制，在直道上轻推车模，观察其行进路线是否为直线向前，如果不是，则修改舵机中心值，直到车模走直线为止。

（2）将车模放在直道上的中间处，并用尺子精确地测量前后轮左右两边赛道宽度，保证其处于中心位置。此时将传感器原始数据、转角等参数显示在显示屏上，观察原始数据是否左右对称、转角是否几乎为零，如果不是，那么应调整传感器位置或修改转角计算公式。

（3）若前两步做好后仍然不能让车模在直道上跑正，应检查其机械，如底盘安装、车轮安装、电机安装、电机齿轮啮合等问题。

又如，检查车模在直道上不能加速或加速太多，在弯道上减速太少而冲出赛道，以及舵机在弯道上转向不及时等现象是否存在，都是 PWM 开环调试时进行的。

8.4.2 匀速闭环

匀速闭环调试是使用 PID 控制，通过编码器监测电机转速，让电机达到预先设定的固定速度的调试过程。此时车模的速度不会根据赛道的变化而改变，由此可检测编码器采值方向是否正确，编码器采值大小是否正常，PID 控制算法是否正确。如果车模在开环时能正常行驶，在低速匀速时却冲出赛道，则需要依次检查编码器相关的软件和硬件连接、机械安装问题以及 PID 控制算法和参数问题。经过匀速闭环调试后，车模应该能够在赛道上匀速、低速且行驶路线较为完美地运行。

8.4.3 直道 PID 调节

直道 PID 调节是在前两项基础上的进一步调节，主要调节车模的 PID 参数，让车模在运行时能够更加迅速且稳定地达到理想速度，让车模运行更加丝滑。一般使用无线串口和虚拟示波器进行 PID 参数调试，将车轮的实际速度通过无线串口发送到上位机，再通过虚拟示波器查看加减速曲线，调节到一个波动较小且迅速稳定的曲线后即完成 PID 参数调试。

8.4.4 转角

转角的调试一般使用一个闭合的环形赛道，让车模一直处于弯道状态，观察车模的运行路径，初步调节车模转角公式中的 P、D 等参数，让车模不管是左转还是右转都能跑出一个稳定的正圆形路径即完成初步的转角调试。车模经常会出现行驶路径为椭圆形的情况，此时可以通过降速、减小转角让其先在低速时跑出圆形，然后逐步提速，调节转角参数或转角公式，让其在中高速时也可以保证路径接近圆形。

8.4.5 普通赛道

完成前面 4 项调试后，就可以让车模在普通赛道，即没有特殊元素的赛道上进行综合调试了。此时主要调节的是车模的转角和速度的契合，加减速时车身的稳定性，以及车模机械和电路的稳定性。

调试时以适当修改参数为先，逐步提速，如修改转角公式 P、D 值和速度的最小值等。

若车模提速到某个速度后无论怎么调节参数都不能跑出较好的路径，则可以适当修改程序，如速度控制算法、转角控制算法、数据采集范围等。

在车模达到瓶颈速度后，就需要对车模的机械进行打磨，以提高车模的运行速度上限。当车模可以以一个较快的速度以及一个较为完美的路径运行时即完成了车模的所有基本赛道调试。

8.5 特殊元素调试

特殊元素调试是基于基本赛道调试的一项调试，主要是检验特殊元素函数写得是否完整，特殊元素的检测之间是否有互斥性。

可以通过两种方法进行特殊元素的鲁棒性检测。一是通过固定特殊元素状态的方式来检测，将特殊元素的标志位一直置位或者清除，查看特殊元素的检测区间。二是通过无线串口和虚拟示波器来查看特殊元素的检测和状态衔接是否正确，可以使用状态图配合手机视频录制的方法反复查看特殊元素的检测是否出现问题，能较为方便地分析出现问题的原因，如查看圆环的状态衔接是否正确的时候，可以将圆环的状态发送到虚拟示波器，如图 8-8 所示。

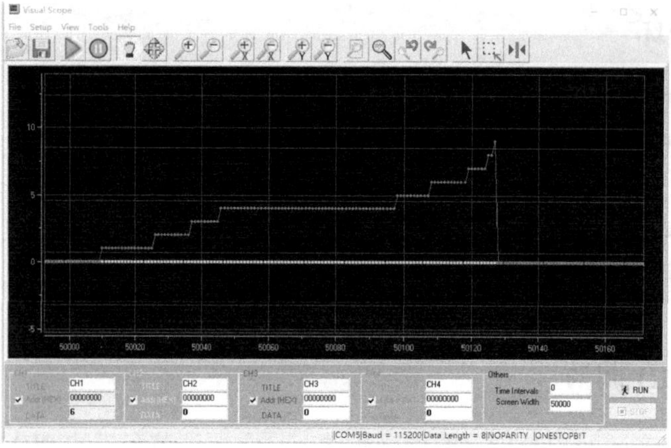

图 8-8　上位机调试

图 8-8 中的状态曲线很明显是一个完整的状态曲线，每个状态都有自己的持续时间，也可以通过分析不同的持续时间来判定特殊元素是否识别正确。如果发现状态曲线改变了两个状态之后，就被锁定了，这时车模的运行肯定也会出问题，所以需要去查看状态锁定的原因。这就是使用虚拟示波器的好处，可以很方便地看到出现问题的原因。